2018年改定の保育所保育指針では、乳児期は、排せつや食事や睡眠に関わるケアを行なうだけでなく、指導計画においても、保育者の願いが5領域の窓から見て、子どもの発達過程に合致していることが望まれています。特に、乳児から幼児前期における心と体の発達は著しく、今、どの発達段階（P.26～P.29）にいるかを見極めることが重要です。そのうえで、ひとりひとりの子どもに対しての指導計画（P.39～）を立案し、幼児期の育ちにつながるような視野で、受容的・応答的な保育を目指していきたいと思います。

　1歳児は、探索活動が盛んになります。安全な広い空間を確保することはもちろんのこと、それぞれの子どもたちがじっくりと五感を使った遊びができるような「環境づくり」を計画しましょう。「援助・配慮」としては、自我が芽生え"自分でやりたい"という意欲が出始めると同時に、拒否する意思も生まれるため、子どもの意志や意欲を見守るという援助の仕方がポイントになります。また、午前中の充実した遊びの程よい疲れと、昼食後の満腹感も伴い、まとまった時間のお昼寝をするようになります。保育現場では、乳児期の睡眠中に起こるSIDS(乳幼児突然死症候群)の発生を防ぐため、1歳児は10分ごとに1回の睡眠チェックを行なうことが望ましいとされています。本書の「日の記録」は、SIDSのチェックを1歳児は10分に1回、観察して記録する書式にしています。忘れないようにアラームをつけるなどの工夫をして睡眠中の子どものようすを見守るようにしましょう。このチェック表の存在は、子どもの命を守るということが1番の目的ですが、こうやって書面に残すことでSIDSによる事故が起きたときに、保育者がきちんと見守りをしていたという証（あかし）ともなるのです。本書に掲載された資料は、実際の保育の現場にて記録されたものが土台とされています。日々、子どもたちの笑顔の中で、時には迷いつつも、乳児保育に"やりがい"を感じる保育者たちが記入したものとして参考にしていただけたら幸いです。

奈良・ふたば保育園　田中三千穂

本書の特長

指導計画への理解と、
子どもひとりひとりの姿の理解がより深まる1冊です！

1 個別の指導計画がたっぷり！

15人の子どもの1年間の発達を見通せる指導計画例で、
目の前の子どもに沿った指導計画を立案するヒントになります！
毎月の指導計画には、ふりかえりが付いて、
次月の計画立案もさらにわかりやすくなります！

2 書ける！ 指導計画のための工夫が満載！

巻頭ページでは、指導計画を書くための基本をわかりやすく説明！
さらに、すべての月案・個人案・日の記録には、よい表現を示し、
ひとりひとりの育ちや実践的なポイントがわかる解説付きです。
指導計画を書くこと、そして保育が楽しくなる工夫が満載です！

3 多様なニーズにこたえる計画がいっぱい！

月案はもちろん、全体的な計画や食育、避難訓練、健康支援など、
様々な計画を網羅しています。指導計画のつながりがわかります！

子どもたちのことは
大好きなんです。

▶ しょうこ先生
指導計画に苦手意識があり、
わかりやすく教えて
もらえないか悩んでいる。

指導計画のことなら
なんでもお任せ！
いっしょに学んでいこうね。

◀ ふくろう先生
悩める保育者のもとにかけつける
指導計画のプロ。
著者・川原佐公先生の弟子。

第1章 指導計画の基本

ふくろう先生といっしょに！
楽しく学ぶ！ 指導計画

第1章 項目別！立案のポイント

子どもの姿 について書く！

立案のポイント：発達のポイントとなる姿をとらえる

子どもがその時期ごとに示す発達の特性や、それまでに見られなかった育とうとしている姿を特に取り上げ、記入します。

→ P.8のマンガへ

書き方のヒント！ 生活、遊びの場面からとらえよう！

記録を取る！	深める！	文章にしてみる！
●発達のポイントとなる姿 ●前月に見られなかった姿 ●成長を感じる場面 ●ひとつの言動を詳しく観察する　など	●何を楽しんでいただろう？ ●何に興味を持っていたのだろう？ ●なぜ、何に、こだわっていたのだろう？　など	●抽象的な表現でなく、子どもの姿が目に浮かぶように書く。 （抽象的→具体的な表現の例は次ページ参照） ●事実（実際の子どもの姿）と、解釈（保育者の視点で感じたこと、思ったこと）を分けて書こう！

例：ハイハイしているときの手足の動きは？ 背骨はどうなっている？ など。

子どもの言動ひとつひとつに意味がある！ それを探ろう！

例：積み木を高く積み、「ア〜」と言って、うれしそうにしている。
　　解釈　　　　　　　　事実

指導計画の基本

Q 4月の初めの姿はどうとらえて書けばよいのでしょうか？

A 前年の担任や保護者とのやりとりをヒントに！

進級児の場合は、前年のクラス担任に話を聞いておき、新入園児の場合は、入園前に保護者とやりとりをしておきます。そのうえで予想をたてながら、4月の初めの姿を実際に見て記入するようにしましょう。

書き方のヒント！ 抽象的 ➡ 具体的に書こう！

抽象的	具体的
●手づかみでこぼしながら食べている。	●スプーンを持っているが、手づかみで口に運ぶこともあり、こぼしながらも自分で食べている。
●眠くなると特定のサインを見せている。	●耳をかいたり目をこすったり、眠くなると保育者に決まった動作で知らせる。
●靴の脱ぎ履きをひとりでできない。	●靴に足を入れることはできているが、かかとの部分を引っ張って足を全部入れることは、保育者に手伝ってもらいながらしている。
●おしぼりを渡すとふいている。	●食後おしぼりを渡すと、汚れた手を自分でふき、にっこりと笑っている。
●ハイハイして移動している。	●両手とひざを床に着け、おなかを浮かせながらハイハイして前へ進んでいる。
●両手で持ったものを打ち合わせている。	●両手に持った玩具を打ち合わせて鳴らし、喜んでいる。
●「いないいないばあ」を喜んでいる。	●保育者が「いないいないばあ」をすると、手をたたいて喜んでいる。
●指さして、声に出して知らせようとしている。	●知っているものを指さして、保育者に「ワンワン」などと言って知らせようとしている。

第1章 項目別！立案のポイント

ねらい について書く！

立案のポイント：育とうとしているところ ＋ 保育者の願いで

子どもの姿から読み取れる、育とうとしているところに、保育者の願いを込めてねらいをたてます。発達のことや月齢、季節も考慮したうえで作成しましょう。

書き方のヒント！ よく使う文末表現

指針、教育・保育要領のねらいの文末表現を特に抜き出しました。「感覚が芽生える」や「〜を感じる」「関心をもつ」というように、この時期に「できる」ということを目指すのではなく、今後育っていった際の、「力の基盤を養う」ことを大切にしましょう。

0歳児
- 〜する心地よさを感じる。
- 〜をしようとする。
- 〜の感覚が芽生える。
- 喜びを感じる。
- 〜に興味や関心をもつ。
- 〜に自分から関わろうとする。

例
- ゆったりとした環境の中で、保育者や友達と共に過ごす喜びを感じる。
- いろいろな食材を進んで食べ、食べることにも興味や関心を持つ。

1歳以上3歳未満児
- 〜を楽しむ。
- 〜しようとする気持ちが育つ。
- 〜する心地よさを感じる。
- 〜に気付く。
- 〜に興味や関心をもつ。
- 〜を味わう。
- 〜が豊かになる。

例
- 進んで友達や保育者と体を動かすことを楽しむ。
- 保育者と関わる中で、自分なりに思いを表現しようとする。
- 身近な自然物に関わりながら、様々なものに興味や関心をもつ。

指導計画の基本

内容について書く！

立案のポイント　「ねらい」を達成するための子どもが経験する事項

ねらいに向けて、子どもがどのようなことを経験する必要があるかを考えて、内容をたてます。

前のページでたてたねらいに向けて、Aちゃんには
ってしてほしいかな

保育者のそばで「デタ」と言ったり、ズボンの前をたたいたりする。

養護はもちろん、
- 身の回りのことを自分でする「健康」
- 自分の思ったことを相手に伝える「人間関係」
- 気持ちを言葉で表現する「言葉」

っていう教育的要素が含まれてるんだよ！0歳児なら、身体、精神、社会性、どれも入っているね！

➡ P.10のマンガへ

ねらいを達成するための
- 保育者が適切に行なう事項
- 保育者が援助して子どもが環境にかかわって経験する事項が内容です。

決して保育者側からの押し付けにならないように、「子どもがみずからかかわって」経験できるように考えましょう。

書き方のヒント！　よく使う文末表現

ここでも、指針、教育・保育要領の文末表現から抜き出しています。参考にしましょう。5歳の修了時も念頭に置く一方で、この乳児期に必要な「気持ちの芽生え」や「意欲の育ち」などを大切に考えていきましょう。

0歳児

- 生活をする。
- 体を動かす。
- 楽しむ。
- 過ごす。
- やり取りを楽しむ。
- 意欲が育つ。
- 気持ちが芽生える。
- 豊かにする。
- 見る。
- 遊ぶ。

例
- 保育者や友達と室内で体を動かす。
- 保育者に見守られて、安心して過ごす。
- 型はめなど、指先を使って遊ぶ。

1歳以上3歳未満児

- 生活をする。
- 楽しむ。
- 身に付く。
- 自分でしようとする。
- 感じる。
- 過ごす。
- 遊ぶ。
- 気付く。
- 育つ。
- 親しみをもつ。
- 興味や関心をもつ。
- 使おうとする。
- 聞いたり、話したりする。
- 体の動きを楽しむ。
- 自分なりに表現する。

例
- 落ち葉やドングリに親しみをもつ。
- 簡単な衣服の脱ぎ着を自分でしようとする。
- パスや絵の具で、自分なりに表現する。

第1章 項目別！立案のポイント

環境づくりについて書く！

立案のポイント：子どもがみずからかかわれるように

ねらいや内容を達成するために、どのようにすれば子どもがみずからかかわるか、具体的な方法を考えましょう。

→ P.12のマンガへ

書き方のヒント！

人的環境 子どもによい刺激を与えることで発達を助長します。

保育の現場では

- 保育者 ……………… 保育者が率先して遊んで、楽しんでいる姿を見せる。
- ほかの子ども ……… 意欲的に食べる子とそうでない子を並べる。
- 保護者、兄弟 ……… 保護者、兄弟への信頼・安心感を伝える。
- 異年齢の子ども …… あこがれを抱くことができるふれあう機会をつくる。
- 地域住民 …………… 敬老の日などに、地域の高齢者とかかわる。　など

人的環境と援助の違いは？

人的環境　子どもによい刺激を与える	援助　子どもの思いを受け止めてかかわる
 保育室で保育者がピアノをひとりで弾いて歌っているときに子どもが近づいてくる場面	 ひとりで歌っている子どもに気づいた保育者がピアノ伴奏をつけている場面

 季節の歌を弾き、子どもといっしょに歌えるようにする。

 子どもが歌っているときにはピアノ伴奏をつけ、歌への興味が増していけるようにする。

指導計画の基本

Q 初めにたてた環境と子どもの姿がずれてしまったらどうしたらよいのでしょうか。

A 子どもに寄り添って環境の再構成を。
活動の途中で子どもの興味・関心が変わったり、夢中になってかかわり、物が足りなくなったりすることがあります。柔軟にとらえ、必要に応じて物の補充を行なったり、コーナーを作っている場合はその内容を変更したりするなど、子どもに寄り添いながら再構成しましょう。また子ども自身で環境を発展させていけるようにしておくことも重要です。

書き方のヒント！ 物的環境
大きく、生活のための環境と、遊びの環境に分けられますが、一体化している場合もあります。

生活
日々の生活を快適に過ごせるように、生活習慣の自立に向けて子どもが自分からしたくなるように、環境を構成するようにしましょう。

例
- スプーンとフォークを用意しておき、自分で選んで食事できるようにしておく。
- ひとりでパンツやズボンの脱ぎ着をできるように、低い台を用意しておく。

遊び
子どもたちは遊びを通して多くのことを学びます。環境に意欲的にかかわっていけるように、発達に合った環境を用意しましょう。

例
- 巧技台やマットを用意しておき、広い環境で存分に体を動かせるようにする。
- コーナーに人形などままごとの道具を準備しておき、ごっこ遊びを十分に遊び込めるようにする。
- のびのびとなぐり描きを楽しめるように、四ツ切の画用紙を用意しておく。

書き方のヒント！ 空間・雰囲気
人的環境と物的環境が互いに関係し合いながら、総合的につくり出すようにします。

例
- にっこりと温かい笑みでかかわることを心がけたり、家庭で慣れ親しんだ玩具を持ってくることができるようにしたりして、ゆったりとした温かい雰囲気をつくる。

書き方のヒント！ 時間
時間配分を考えたり、子どもがひとりでする時間を取ったりするのも環境のうちです。

例
- 着替えに時間がかかっても、自分でしようとする姿を大切にし、ゆったりとひとりで着替えられる時間を取るようにする。
- 戸外で体を動かして遊んだあとは、ゆったりと汗をふいたり水分補給をしたりできるような時間を取る。

書き方のヒント！ 自然事象
季節によって変わる自然事象にふれられるように心がけましょう。

例
- 落ち葉やドングリなどにかかわって遊べるように、たくさん落ちている場所を事前に確認しておく。

11

第1章 項目別！立案のポイント

保育者の援助 について書く！

立案のポイント：子どもの育ちを支える手助けを

子どもに寄り添い、受容したり共有したり共感したり、必要に応じて働きかけることが援助になります。

→ P.14のマンガへ

書き方のヒント！　0・1・2歳児保育で特に重要な援助

子どもの主体性を育てるために、0・1・2歳児のころに特に大切にしていきたい援助として以下のものが挙げられます。

- 子どもの行動をそのまままねて返す。
- 子どもの発した音声や言葉をまねて返す。
- 子どもの行動や気持ちを言葉で表す。
- 大人の行動や気持ちを言葉で表す。
- 子どもの言い誤りを正しく言い直す。
- 子どもの言葉を意味的、文法的に広げて返す。

例
- 子どもがほほを触りにっこり笑うなどのしぐさをしたときに、保育者も同じようにほほを触って笑い、まねて返す。
- 「アー」と子どもが喃語を発したとき、思いを十分に受け止めてかかわり「アー」と返すようにする。
- 友達と玩具の取り合いになり、手が出てしまったときには、「玩具が欲しかったんだね」と子どもの思いを言葉にして返す。
- 手を洗うとき、黙って洗わずに保育者が「ああ手を洗うと気持ち良いな」と言葉にしながら手を洗うようにする。
- 戸外へ出るとき、靴を「クチュー」と言ったときには「そうね、靴ね」と優しく語りかけながら、ひとりで履こうとするようすを見守る。
- 散歩のとき、車を指さして「ブーブー」と言うと「車だね、速いね」と子どもの思いを認める。

指導計画の基本

Q 介助と援助と指導の違いは？

A かかわり方に違いがあります。

介助は子どもがひとりでできずに手助けを必要とするときに直接助けて解決すること。援助は子どもが環境にかかわって行なっている活動の過程で、必要に応じて働きかけていくことです。指導はより広い意味を持ちます。つまり子どもが発達に必要な体験を得ることを促すために、適切に行なう保育者の営みすべてを指します。

書き方のヒント！ 援助の手だて9つと文末表現のヒント

	援助の具体的な手だて	子どもの心に育つもの	文章表現のヒント
受容	● 大人の考えで評価せず、子どもの価値を丸ごと受け入れる ● 子どもの小さなつぶやきも、聞き逃すことなく聞き取る ● 子どもが「何をしたいのか」「何をしようとしているのか」ということを探る ● 子どもを信じて、温かいまなざしで見守る ● 子どもの関心、好奇心を見守り受け止めていく ● ひとりひとりの発達のようすを把握し、子どもの内面を理解し受け止める ● 気後れしている子に対しては、そっとひざに抱いたりして、優しく受容する	● 子どもの心が開放される ● 自分を見てくれているという安心感、愛情を感じる ● 子どもの感情や生活を豊かにしていく	例 ● ～見守る ● ～受け止める　など
共有	● 行動の共有 ● 視線の共有 ● 指さしの共有 ● 音声の共有 ● 感情の共有	● 子どもの心が安定して信頼関係が生まれる ● コミュニケーションが図れる ● 子ども自身が自分の存在感を感じることができる	例 ● 子どもと同じ動きをする ● 子どもと同じほうを見る ● 子どもと同じほうを指さす ● 子どもと同じ言葉を言う　など
共感	● 感情を共にする ● 子どもと同じ目線に立ち、子どもの感じていることをそのまま感じ取る	● 心を通わせ、信頼関係が生まれる ● 大人との共感関係で自信を持つようになり、心豊かになる ● 同じイメージを持って遊ぶことで、遊びが持続し発展していく	例 ● 子どもがびっくりしたとき、「びっくりしたねえ」と言いながら共感する　など
承認・認める	● 「○○のところがいい」と具体的に褒める	● 「これでいいんだ」と自信が持てる	例 ● 子どもがちょっとした段差を跳べたら「○○ちゃん、跳べたね。すごいね」と褒める　など
支援	● 目的を持ち、子どもにとって有益な支援をする ● しゃべりすぎない	● 子ども自身の行動目的がはっきりする	例 ● 子どもと視線を合わせてうなずく　など
誘導・提案	● 子どもに考える余地を残して働きかける ● 子どもが言葉で返せるように引き出していく ● 子どもが迷ったり、つまずいたりしているときは、子どもみずから、答えが出せるようにかかわる ● 遊びに取り組んでいる過程を大切にし、子ども自身が考えて遊べるように誘導しすぎないようにする。結果を気にしない	● 子どもに気づかせることができ、遊びが発展する ● 自分で考えて行動できるようになる	例 ● 「○○くんは、どうしたいかな？」と問いかける　など
疑問・質問	● 保育者はわかっていても考えるチャンスを与える ● 年齢に応じて、単純でわかりやすい言葉にする ● 年長児には、子どもの中に疑問を投げかける。反論することが効果的	● 考えるきっかけをつくり、創意工夫が生まれる	例 ● 「これって、どうするんだっけ、教えて！」と投げかける　など
物的補充	● 活動している過程で、子どもが必要としているものをタイミングよく補充していく	● 必要な物を補充していくことで遊びが発展する	例 ● 欲しそうにしている色の折り紙をそっと見える場所に置く　など
達成感・成就感	● 困難にぶつかっているとき、思いを受け止め、解決の糸口を与える	● やった！できた！という思いを味わう	例 ● おイモの色がない…と困っている子どもといっしょに、絵の具を混色して納得できるまでつき合う　など

© 川原佐公

第1章 項目別！立案のポイント

評価・反省・課題について書く！

立案のポイント：ねらいと、子どもの育ちとみずからの保育の振り返り

たてた計画に対して、ねらいを達成できたか、そして子どもがどのように育ったか、みずからの保育はどうであったか、という視点から振り返ります。

書き方のヒント！ ポイントをしぼって振り返ろう！

- **ねらいに照らして反省する**
  みずからたてたねらいが子どもの発達に合っていたか、その時期に適切なものであったかを振り返ります。

- **子どもの育ちとみずからの保育を振り返る**
  子どもが1か月でどのように育ったか、また立案した環境や援助に基づいてどのように保育を進められたか振り返ります。

例
- **ねらい**
  友達や保育者とふれあって遊ぶことを楽しむ。
- **評価・反省・課題**
  隣で同じ遊びをしている子どもに「〇〇ちゃんも遊んでるよ」と仲立ちをしたことで、友達とかかわって遊ぶ姿が見られるようになってきた。これからも、子どものようすを見ながら、友達関係が発展していくように仲立ちやことばがけをしていきたい。

質の向上のスパイラル

©川原佐公

指導計画の基本

健康・食育・安全　毎月の保育の中で大切にしたいことを具体的に

これらの項目は、別に計画をたてることもありますが、毎月の保育の中で特に大切にしたいことを記入していきます。季節ごとにふれておきたい事柄や、クラス全体で留意していきたい事柄にふれます。

例
- 朝夕の気温が低くなったこともあり、頻尿の子どもがいるので、室温・湿度を調節する。また、くしゃみや鼻水の出る子に注意し、適切なタイミングで排尿を促すようにする。

保育者間の連携　役割の確認や個別の配慮事項の確認から

複数担任制を敷く乳児保育では特に連携が求められます。それぞれの人員の役割の把握や、共通認識するべき事柄について記入します。

例
- 保育者間で、子どもたちの排尿のサインについて共通理解をしておき、同じかかわりができるようにする。

家庭・地域との連携　保護者や地域との共育ての思いで

保護者との信頼関係を築き、保護者への支援と、保育への理解を深めてもらうとともに、※エンパワメントを支援していくことが目的です。

例
- 排せつの自立について保護者にも伝えながら、家庭と連携して支援をしていく。

※エンパワメントとは、保護者が就労などみずからの生活を創りあげていけるようなしくみを指します。

第1章 項目別！立案のポイント

書き方のコツ

指導計画を書くうえで、押さえておきたい実践的な書き方のルールから、より書きやすくなるためのヒントまで、全体にわたって活用できる8つの項目をご紹介します。

1 子ども主体で書く

「させる」という表現を使うと、保育者主導の従わせる保育のニュアンスが強まってしまいます。子どもがみずから環境にかかわって保育するためにも、子ども目線の文章を心がけましょう。

ねらい × 夏の自然に触れさせ、興味や関心を持たせる ➡ ○ 夏の自然に触れ、興味や関心を持つ。

2 現在形で書く

指導計画はその月のその時期の子どもの姿をイメージして書くものです。ですが、すべて現在形で書くようにします。

内容 × パスでのびのびとなぐり描きをするだろう ➡ ○ パスでのびのびとなぐり描きをする。

3 子どもを肯定的にとらえる

子どもの姿をとらえるとき、「〜できない」とばかり書くのではなく、「〜はできるようになってきた」など、プラス視点でとらえることを心がけましょう。子どもがどこまでできるようになってきたかを見る目も養えます。

子どもの姿 × ズボンをひとりではくことができない ➡ ○ ズボンに足を入れるようになっているが、おしりまで引き上げるのは保育者に手伝ってもらいながらしている。

4 目に浮かぶように書く

保育を進めるためにはある程度の具体性が必要です。子どもの姿を見極めてもう少し詳しく書くことで、子どもの姿を書きやすく、ねらいをたてやすく、援助を考えやすくなります。

子どもの姿 × 積み木で遊んでいる ➡ ○ 積み木を高く積み、「ア〜」と言ってうれしそうにしている。

指導計画の基本

5 前の月の計画を参照する

前の月の計画は子どもの育ちを知るための重要な手がかりです。発達の連続性を踏まえて、子どもの育ちにつなげましょう。

6 より大きな計画を参照する

全体的な計画や年の計画など、より長期で子どもの姿をとらえた計画を参照し、月の計画に下ろしていくことが大切です。

7 子どもの24時間の生活を考慮する

当然ながら家庭での生活と園での生活は不可分のものです。例えば家庭で寝ている時間が短い子には園では午睡の時間を長く取るよう配慮するなど、24時間を見通していくことが求められます。

8 ひとりひとりの体調、性格、成長・発達のテンポをとらえる

ひとりひとりに合わせた計画を立案するためには、個別の特徴をしっかり把握しておくことが欠かせません。時には前年の担任保育者にも確認することも必要です。

第1章 よくわかる！指導計画の全体

指導計画作成の流れ

子どもたちの実態を把握し、発達と保育内容を見通して、指針、教育・保育要領に寄り添いながらそれぞれに計画を立案します。

指針、教育・保育要領をもとに

0歳児　1歳児　2歳児　3歳児　4歳児　5歳児

全体的な計画（0〜5歳児）

入園から卒園までを見通して、保育の目標に向けてどのような道筋で保育を進めていけばよいか、園全体で考えます。いちばん長期的な視点を持った計画だね。

年間計画（4月〜3月）　　月案（月初〜月末）

1年間の発達を見通しながら、年齢別に作成します。1年をいくつかの期に分けて、ゆるやかに全体的な計画でたてた内容の達成を目ざします。

いちばん実践に近い具体的な計画です。その月の子どもの生活の流れを見通して作ります！ 日々の保育をイメージしながら具体的にねらいや内容を考えていきます。

右ページの基本のきを見ると、全体がもっとよくわかるよ！

指導計画の基本

指導計画基本の き

全体的な計画が、園の指導計画とどのような関係性になっているか図解で説明します。

※認定こども園の場合は、教育・保育要領を参考にしながら全体的な計画を立案していきます。

© 川原佐公

第1章 よくわかる！指導計画の全体

全体的な計画

P.40〜45 参照

立案のポイント　園生活でどのように育つかを示す

入園から卒園までの保育期間に、在園する子どもの成長の見通しを持ち、目標に向かってどのような道筋で保育を進めていくかを示した全体計画です。

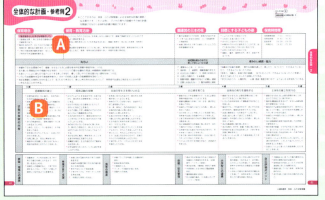

A 保育理念、目標、方針

児童福祉施設としての保育所の社会的機能や役割を押さえ、どのような姿を目ざすか目標を明確にし、どのような方法で運営するか保育の基盤となる考えや姿勢を記入していきます。

B ねらい・内容

保育理念を念頭に、また発達過程を踏まえたうえで、保育者の願いとしてねらいを設定します。保育の養護のねらいと教育の3つの視点・5領域のねらいは分けずに、相互に関係しながら展開できるようにします。

※本書では保育所における全体的な計画の根幹となる部分を掲載しています。

● 認定こども園では

3歳以上児の教育課程に係る時間、保育を必要とする子どものための計画や、一時預かり事業など子育て支援の内容も含めた、教育及び保育の内容並びに子育て支援等に関する全体的な計画を作成します。これらは、個別に作成するのではなく、一体的に作成します。

指導計画の基本

年の計画

P.46～47 参照

立案のポイント

1年間で子どもの育ちをとらえる

1年間の発達を見通して、それぞれの発達の時期にどのような保育内容にしていくかを、書きます。月案作成のよりどころになります。

A ねらい

入園から修了までの発達を見通したうえで、その年齢の中で1年の間に育てたい目標を記入します。

B 期のねらい・内容

この時期に育てたいことを、全体的な計画を念頭に置き、子どもの前の時期の姿と次の時期の姿とを見通したうえで設定します。

C 行事

その時期ならではの留意する点を記入します。

D 家庭との連携

時期ごとの保育内容に応じて、地域や家庭と連携していく事柄を記入します。年間を通して共育てを目ざします。

E 評価・反省・課題

実践したうえで、1年間の子どもの育ちや、保育者がたてたねらいが適切であったかを振り返ります。翌年の子どもの育ちや、指導計画の改善に生かします。

Aのねらいと、Bの期のねらい・内容は、Bのほうをより具体的に書きます。

第1章 よくわかる！指導計画の全体

月の計画（週案的要素を含む）

4月はP.50～53参照
（4月～3月の各ページに掲載）

立案のポイント：月の中で具体的に子どもの育ちを考える

その月における子どもの生活の流れを見通して作成します。子どもが充実した生活を送ることができるよう、具体的なねらいや内容、環境の構成、援助を考えていきます。特にひとりひとりの発達に大きな差のある低年齢児保育については、個別に指導計画を立案することが求められます。

月案

クラス全体として留意したい点も含めてまとめています。

A 今月のねらい（クラス）
クラス全体での今月のねらいは、クラス全体でどのようになってほしいか、方向性を記入します。

B 前月の子どもの姿（今月初めの子どもの姿）
前月末の子どもの生活する姿の記録を読み返し、これまでには見られない今の時期に特に現れてきた姿をとらえて記入します。ひとりひとりの姿をつぶさにとらえることがよりよいねらい・内容の立案につながります。

C ねらい（個別）
前月末の子どもの姿から見えてくる子どもの育とうとしていることに、保育者の願いを込めてねらいをたてます。上記 A のクラスのねらいともつながっていきます。

D 内容
ねらいを達成するために、保育者が適切に指導する事項と、子どもが環境にかかわる中で経験したい事柄を記入します。

E 環境づくり
ねらいや内容を実際に経験できるように、子ども自身がかかわりたくなるような場や空間、人や物、自然事象をとらえて環境を構成します。月の半ばでも、子どもの気づきを取り入れて、再構成していくことも求められます。

F 保育者の援助
子どもがみずから主体的に活動できるように、保育者の具体的なかかわりを書きます。

指導計画の基本

● 認定こども園の2歳児クラスでは

満3歳以上では、保育時間によって1号認定子どもと2号認定子どもに分かれます。多様な子どもの姿が生まれますが、そういった際に無理なく保育を進められるように各担当者間で話し合っておきましょう。

個人案

より多様な個別の指導計画の例としてさらにページを設け、計15人の計画を掲載しています。

G 子どもの発達と評価・反省・課題

ひと月の保育を終えて、子どもがどのように育ったか、またねらいに対してみずからの保育がどうであったかを評価・反省し、翌月以降の計画に生かします。

H 健康・食育・安全

心身の発達がまだ十分でない0・1・2歳児にとっては、健康・安全への配慮の記載が重要です。また、食育についても、その月に特に留意したい点を記入します。

I 保育者間の連携

複数担任で行なう0・1・2歳児保育では、特に保育者間の連携が欠かせません。また、調理担当者など園職員との協働にも留意します。

J 家庭・地域との連携

保護者との「共育て」が求められる乳児保育では、保護者への支援や家庭と連携してよりよい保育を進めていくための内容を記入します。

週案的要素を含む

K 生活と遊び

ひと月を4週に割り、月の計画と合わせて週案的な要素も持ちながら、保育を具体的に見通していきます。月齢による発達が大きい4～8月は個別に見通し、発達差の縮まる9月以降は月齢の近い子どもをクラス集団で見通しています。

週案的要素を含む

L クラスの行事・生活・遊びの計画

その月の保育でどのようなことをするかイメージし、またねらいを達成するためにどのような遊具などが必要か、保育資料としても活用します。

よくわかる！ 指導計画の全体

日の記録

4月はP.57参照
（4月～3月の各ページに掲載）

立案のポイント　保育と指導計画の質の向上のために

指導計画ではありませんが、毎日の保育を記録することは毎月の指導計画の改善につながります。

A 健康状態のチェック

朝の体温や与薬がある場合は忘れずに記載をします。

B 食事・排せつ・睡眠

食事、排尿・排便、どの時間まで寝ていたかなど、記録します。

C SIDSチェック

園としてSIDS（乳幼児突然死症候群）防止への対応が必要です。睡眠中には0歳児は5分に1回、1歳児は10分に1回、2歳児は15分に1回チェックしましょう。

D 主な保育の予定

登園時・降園時に留意したい点や、その日のねらい・環境づくりについて、月案に沿って考え、記入します。

E 保育の実際と評価・反省・課題

その日の保育について、健康観察で異状があれば記入し、養護・環境づくり・援助の視点からその日の保育がどうだったか、振り返ります。

月齢の近い6人を1グループとしてまとめてとらえて、環境づくりや反省をしているよ。

指導計画の基本

その他の保育にかかわるさまざまな計画
P.169～参照

立案のポイント 園生活全体をとらえて

全職員で共通理解を持ったり、家庭や地域と協力したりしながら立案します。

施設の安全管理

保育中の事故防止を目的に、保育室内外の安全点検が求められます。全職員で共通理解を持つためにも、特に気をつけておきたい項目について、チェックリストを作成しておくことは有効です。

健康支援

ひとりひとりの子どもの健康の保持及び増進に努めるために、日々の健康観察や、家庭・嘱託医と連携して行なう内容についても、把握しておくようにしましょう。

避難訓練

火災や地震などの災害発生に備えて、園全体で避難訓練を実施したり、職員の役割分担について把握したりすることが重要になります。日常の防災教育では、子どもが自分で「災害時に取るべき行動を知り、身につける」ことをねらいに進めましょう。

食育

乳児期にふさわしい食生活を展開できるように、食育の年間計画に加え、調乳やアレルギーへの対処など、食事の提供も含めて計画するようにします。

子育て支援

保育所に通所する子どもの保護者に対する支援も必要ですが、地域での子育て支援の拠点としても、保育所の役割があります。そしてどのようなことを実施するか、計画をたてます。

第1章 指導計画 作成のヒント！

0〜3歳の発達を学ぼう　生活編

0・1・2歳児の場合、特に生活面での発達の理解が大切です。この見開きでは、いわゆる5大生活習慣といわれる5つの面から、3歳ごろまでの成長・発達の主な特徴を挙げています。

おおむね6か月／おおむね1歳

排せつ
- 膀胱に尿が一定量たまると、しぜんに排尿が起こる（7か月ごろまで）
- お乳を飲むたびに排せつする
- オムツがぬれると泣き、替えてもらうと泣きやむ
- 1日の尿回数が減り、1回の量が増す
  - 小便　1日　約10〜20回
  - 大便　1日　約1〜4回
- 食事と排せつの間にはっきり間隔が生じる
- 排尿の時刻が一定化していく
- 投げ座りができるようになり、オマルに座っても安定する
- 排せつの間隔が定まってくる（1日に10回程度）
- オムツを取ると喜ぶ

食事
- 2〜3時間ごとに1日7〜8回の授乳（1回の哺乳量は約120〜150cc）
- スープ状のものが食べられる（ゴックン期）
  →おかゆ、野菜の裏ごしが食べられる
- 舌でつぶして食べる（モグモグ期）
- 下から歯が生えてきて歯と歯茎で食べる（カミカミ期）
- 離乳食が完了してくる
- 好き嫌いや味の好み、食べ方がはっきりしてくる
- スプーンは持っているものの手づかみで食べることが多い

睡眠
- 1日に20〜22時間寝る
- 日中3〜4回の睡眠を取る。睡眠リズムはひとりひとり異なる
- 昼夜の区別がつくようになり、ぐずらないでぐっすり眠れるようになる
- 全体の睡眠時間が13〜15時間くらいになる
- 寝返りができるようになる
- 眠たくなるとぐずったり、しぐさで知らせたりするようになる
- 夜間の睡眠時間が9時間30分、全体の睡眠時間は12時間くらいになる
- 耳をかいたり、目をこすったりと、眠くなる前にその子なりの決まった動作をする

衣服の着脱
- ぬれたオムツが冷えると、不快に感じて泣く
- 肌着やオムツを替えてもらいながら、大人とスキンシップすることを喜ぶ
- 脱ぐことのおもしろさを知る
- 自分からそでに腕を通したり、パンツに足を通したりする
- 脱いだ衣服を、自分のロッカーやカゴの中に入れる
- パンツをひとりではこうとする

清潔
- いやがらずに顔をふいてもらう
- 新陳代謝が激しく、発汗が目だつ
- 母体免疫が薄れて、病気にかかりやすくなってくる
- 皮膚がカサカサしたり、発疹が出やすかったりする
- 目の前の物をパッとつかみ、口に持って行く
- 何でも口に入れる
- おしぼりを渡すと口や顔に持って行き、ふこうとする
- 自分の歯ブラシがわかり、口の中に入れて動かす

指導計画の基本

※あくまでもめやすです。発達には個人差があります。

おおむね1歳6か月

- オムツが外れている子どももいる
  - トイレに興味を持ち、他児のしているようすを見る
  - 漏らすと「シーシ」「タ、タ」と伝えにくる

- 口の中で食べ物を舌で動かしながら、奥のほうへ持って行く
- 器に残っている食べ物をスプーンで寄せ集めて、ひとりで食べ終える子もいる

- 2回寝から1回寝になる

- 帽子をかぶったり、ミトンの手袋をはめたりする

- 衣服が砂や泥などで汚れたら払おうとする

おおむね2歳

- 大人が付き添えば、ひとりで排せつできる

- 食べさせようとすると「ジブンデ」と言う
- スプーンやフォークをじょうずに使えるようになる
- はしを持って食べられるようになる

- 昼寝の途中で目覚めても、続いて眠ることがある
- 一般的な睡眠時間のめやすは、1日11〜12時間、うち午睡は1〜2時間になる
- 「おやすみ」とあいさつをして寝る

- 脱ぐことをおもしろがる
- 自分で時間をかけてでも着ようとする
- 衣服の前後、表裏がわかってくる
- 脱いだ物を、自分できちんと畳んで、決められた場所にしまう

- 手が汚れるとふいてもらいたがる
- 不潔、清潔の違いがわかる
- ブクブクうがいをする

おおむね3歳

- 大便はほとんど漏らさなくなる
- 遊んでいて、尿を漏らしてしまうことがある
- 排便後、便器に水を流し、手を洗い、ふく
- 「トイレまでがまんしてね」と言われ、しばらくがまんできる

- 食前・食後のあいさつをして食べる。
- 食事前のテーブルをふいたり、食器を運ぶなどの手伝いを喜んでしたりする

- ひとりで眠ることができるようになる
- ひと晩中、ずっと眠るようになる
- 友達と寝ることを喜ぶ

- 大きなボタンを留め外しする
- 鏡の前に立って、声をかけられると身だしなみを整える
- 服の好みがはっきりとしてくる
- 裏返った衣服を表に返す

- 短いガラガラうがいをする
- せっけんを使ってきれいに手を洗う
- 手の指をくっつけて水をすくい、顔を洗う

※弊社刊『発達がわかれば保育ができる！』(川原佐公・著)より変更を加えつつ掲載

第1章 指導計画 作成のヒント！

0～3歳の発達を学ぼう　遊び編

生活にももちろんかかわってくるところでもありますが、この見開きでは遊びなどを考えるときに参考になる5つの面について0～3歳の成長・発達の主な特徴を挙げています。

	おおむね6か月		おおむね1歳
運動機能	● 動く物に反応して顔を向ける ● 腹ばいで頭を持ち上げる ● 把握反射（手に触れた物をつかむ）を行なう 	● 足を投げ出し、投げ座りをする ● 玩具を一方の手から他方の手へ持ち替える ● ハイハイをする 	● 伝い歩きを始める ● きちんと1本の指を立てて指さしをする ● ひとり歩きを始める ● くぐる、またぐ、段を上る、下りる、などの簡単な運動をする 
表現活動	(造)は特に造形に関するもの (音)は特に音楽に関するものです ● 身の回りのさまざまな物に触れたり、口に入れたりして感触を楽しむ ● 玩具を握った手を振ると、もう一方の手も振る 	● 物を引っ張ったり、つまんだりする 	● 両手に持っている物を打ち合わせる (音) ● 楽しいテンポの曲を聴くと体を揺する (音) ● 紙を破って遊ぶ (造) ● シールはりを楽しむ 
人とのかかわり	● 大人の顔を見るとほほ笑み、なくなると泣く ● 「いないいないばあ」を喜ぶ 	● 不快が、怒り・嫌悪・恐れに分化する ● 人見知りが始まる 	● 愛情が大人に対して表れ始める ● 「いや」という言葉を使うようになる 
言葉の獲得	● 泣き声が自分の快・不快の気持ちを訴えるような発声になる ● 音節を連ね、強弱、高低をつけて喃語をしゃべる 	● 多音節、母音が出る（アバアバ、アウアウ） ● 喃語で大人とやりとりをする 	● 「ブーブー」「マンマ」など、一語文で話す ● 片言で話そうとする ● 名前を呼ばれると返事をする 
概念形成	● 動く人や物を目で追う ● 人の声や音のする方向に首を回す 	● 目と手が協応するようになり、目についた物を取ろうとする。手に持つとよく遊ぶ ● 大人が指さしたほうを見る 	● 見慣れた玩具がなくなると気づく ● 指さしが増える ● 自分のマークがわかる 

指導計画の基本

※あくまでもめやすです。発達には個人差があります。

おおむね1歳6か月 / おおむね2歳 / おおむね3歳

おおむね1歳6か月	おおむね2歳	おおむね3歳
●コップの水を違うコップに移す ●でこぼこ道を転ばずに歩く	●段（低め）から飛び降りる ●容器のふたを開ける	●転ばずにバランスを取って走る ●ひもに大きめのビーズを通す ●片足で着地（ケン）をし、両足を開いて着地（パー）を1回する	●土踏まずができてくる ●鉄棒のぶら下がりを少しの間する ●三輪車をこぐ（ペダルを踏む）

●フェルトペンやパスなどを使い、腕全体を動かして線を描く（造）	●立方体5〜6個を積む（造） ●ハサミで1回切りをして喜ぶ（造） ●のりを使って大きい紙に小さい紙などをはる（造）	●水平の線、十字形、丸を描く（造）	●経験したことや想像したことを描く（造） ●"頭足人"を描く（造） ●フィンガーペインティングを楽しむ（造） ●簡単な童謡を最後まで歌う（音）

●人形やぬいぐるみを抱き締めて愛情を示す	●何かを見せようとして人を引っ張る ●「みててね」の言葉が多くなる	●自己主張が始まる ●生活の中の簡単な決まりを守ろうとする	●けんかを通して譲り合いや思いやり、自己抑制力などを身につけていく ●喜怒哀楽のほとんどの感情が出そろう ●気の合う友達ができる ●「なんで」と質問が多くなる

●知っている物の名前を指さしたり、言葉で言ったりする ●「マンマちょうだい」など二語文で話す ●絵本などに出てくる簡単な繰り返しのせりふを模倣する	●盛んに「なに？」と質問をする	●三語文が出始める（「パパ かいしゃ いったね」） ●日常の簡単なあいさつをしようとする	●「ぼく」「わたし」の一人称や「あなた」の二人称を理解し使えるようになる ●保育者や友達の話を、興味を持って最後まで聞く ●ごっこ遊びの中で、日常会話を楽しむ

●色に興味を持ち、同じ色の物を集めて遊ぶ ●冷たさや熱さがわかる	●大人の喜怒哀楽の表情がわかる ●物の大小、量の多少がわかる ●3原色（赤、青、黄）の名前がわかり、正しい色を示す		●丸、三角、四角などの名前がわかる ●10くらいまで数唱できるが、計数は5くらいから乱れる ●上下前後の空間把握ができる ●長い・短い、大きい・小さい、強い・弱いという対立関係の概念ができる

※弊社刊『発達がわかれば保育ができる！』（川原佐公・著）より変更を加えつつ掲載

第1章 指導計画 作成のヒント！

指針、教育・保育要領から ねらい・内容をチェック！

保育所保育指針と、幼保連携型認定こども園教育・保育要領では、乳児と、1歳以上3歳未満児のねらいがほぼ共通の表現です。じっくり読んで、指導計画に生かしましょう。

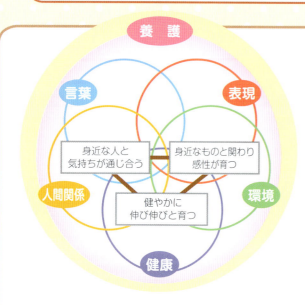

0歳児

ア 健やかに伸び伸びと育つ
健康な心と体を育て、自ら健康で安全な生活をつくり出す力の基盤を培う。
（ア）ねらい
① 身体感覚が育ち、快適な環境に心地よさを感じる。
② 伸び伸びと体を動かし、はう、歩くなどの運動をしようとする。
③ 食事、睡眠等の生活のリズムの感覚が芽生える。
（イ）内容
① 保育士（保育教諭）等の愛情豊かな受容の下で、生理的・心理的欲求を満たし、心地よく生活をする。
② 一人一人の発育に応じて、はう、立つ、歩くなど、十分に体を動かす。
③ 個人差に応じて授乳を行い、離乳を進めていく中で、様々な食品に少しずつ慣れ、食べることを楽しむ。
④ 一人一人の生活のリズムに応じて、安全な環境の下で十分に午睡をする。
⑤ おむつ交換や衣服の着脱などを通じて、清潔になることの心地よさを感じる。

イ 身近な人と気持ちが通じ合う
受容的・応答的な関わりの下で、何かを伝えようとする意欲や身近な大人との信頼関係を育て、人と関わる力の基盤を培う。
（ア）ねらい
① 安心できる関係の下で、身近な人と共に過ごす喜びを感じる。
② 体の動きや表情、発声等により、保育士（保育教諭）等と気持ちを通わせようとする。
③ 身近な人と親しみ、関わりを深め、愛情や信頼感が芽生える。
（イ）内容
① 子ども（園児）からの働きかけを踏まえた、応答的な触れ合いや言葉がけによって、欲求が満たされ、安定感をもって過ごす。
② 体の動きや表情、発声や喃語等を優しく受け止めてもらい、保育士（保育教諭）等とのやり取りを楽しむ。
③ 生活や遊びの中で、自分の身近な人の存在に気付き、親しみの気持ちを表す。
④ 保育士（保育教諭）等による語りかけや歌いかけ、発声や喃語等への応答を通じて、言葉の理解や発語の意欲が育つ。
⑤ 温かく、受容的な関わりを通じて、自分を肯定する気持ちが芽生える。

ウ 身近なものと関わり感性が育つ
身近な環境に興味や好奇心をもって関わり、感じたことや考えたことを表現する力の基盤を培う。
（ア）ねらい
① 身の回りのものに親しみ、様々なものに興味や関心をもつ。
② 見る、触れる、探索するなど、身近な環境に自分から関わろうとする。
③ 身体の諸感覚による認識が豊かになり、表情や手足、体の動き等で表現する。
（イ）内容
① 身近な生活用具、玩具や絵本などが用意された中で、身の回りのものに対する興味や好奇心をもつ。
② 生活や遊びの中で様々なものに触れ、音、形、色、手触りなどに気付き、感覚の働きを豊かにする。
③ 保育士（保育教諭）等と一緒に様々な色彩や形のものや絵本などを見る。
④ 玩具や身の回りのものを、つまむ、つかむ、たたく、引っ張るなど、手や指を使って遊ぶ。
⑤ 保育士（保育教諭）等のあやし遊びに機嫌よく応じたり、歌やリズムに合わせて手足や体を動かして楽しんだりする。

（満）1歳以上3歳未満児

ア 健康
健康な心と体を育て、自ら健康で安全な生活をつくり出す力を養う。
（ア）ねらい
① 明るく伸び伸びと生活し、自分から体を動かすことを楽しむ。
② 自分の体を十分に動かし、様々な動きをしようとする。
③ 健康、安全な生活に必要な習慣に気付き、自分でしてみようとする気持ちが育つ。
（イ）内容
① 保育士（保育教諭）等の愛情豊かな受容の下で、安定感をもって生活をする。

指導計画の基本

② 食事や午睡、遊びと休息など、保育所（幼保連携型認定こども園）における生活のリズムが形成される。
③ 走る、跳ぶ、登る、押す、引っ張るなど全身を使う遊びを楽しむ。
④ 様々な食品や調理形態に慣れ、ゆったりとした雰囲気の中で食事や間食を楽しむ。
⑤ 身の回りを清潔に保つ心地よさを感じ、その習慣が少しずつ身に付く。
⑥ 保育士（保育教諭）等の助けを借りながら、衣類の着脱を自分でしようとする。
⑦ 便器での排泄に慣れ、自分で排泄ができるようになる。

イ 人間関係
他の人々と親しみ、支え合って生活するために、自立心を育て、人と関わる力を養う。
（ア）ねらい
① 保育所（幼保連携型認定こども園）での生活を楽しみ、身近な人と関わる心地よさを感じる。
② 周囲の子ども（園児）等への興味や関心が高まり、関わりをもとうとする。
③ 保育所（幼保連携型認定こども園）の生活の仕方に慣れ、きまりの大切さに気付く。
（イ）内容
① 保育士（保育教諭）等や周囲の子ども（園児）等との安定した関係の中で、共に過ごす心地よさを感じる。
② 保育士（保育教諭）等の受容的・応答的な関わりの中で、欲求を適切に満たし、安定感をもって過ごす。
③ 身の回りに様々な人がいることに気付き、徐々に他の子どもと関わりをもって遊ぶ。
④ 保育士（保育教諭）等の仲立ちにより、他の子ども（園児）との関わり方を少しずつ身につける。
⑤ 保育所（幼保連携型認定こども園）の生活の仕方に慣れ、きまりがあることや、その大切さに気付く。
⑥ 生活や遊びの中で、年長児や保育士（保育教諭）等の真似をしたり、ごっこ遊びを楽しんだりする。

ウ 環境
周囲の様々な環境に好奇心や探究心をもって関わり、それらを生活に取り入れていこうとする力を養う。
（ア）ねらい
① 身近な環境に親しみ、触れ合う中で、様々なものに興味や関心をもつ。
② 様々なものに関わる中で、発見を楽しんだり、考えたりしようとする。
③ 見る、聞く、触るなどの経験を通して、感覚の働きを豊かにする。
（イ）内容
① 安全で活動しやすい環境での探索活動等を通して、見る、聞く、触れる、嗅ぐ、味わうなどの感覚の働きを豊かにする。
② 玩具、絵本、遊具などに興味をもち、それらを使った遊びを楽しむ。
③ 身の回りの物に触れる中で、形、色、大きさ、量などの物の性質や仕組みに気付く。
④ 自分の物と人の物の区別や、場所的感覚など、環境を捉える感覚が育つ。
⑤ 身近な生き物に気付き、親しみをもつ。
⑥ 近隣の生活や季節の行事などに興味や関心をもつ。

エ 言葉
経験したことや考えたことなどを自分なりの言葉で表現し、相手の話す言葉を聞こうとする意欲や態度を育て、言葉に対する感覚や言葉で表現する力を養う。
（ア）ねらい
① 言葉遊びや言葉で表現する楽しさを感じる。
② 人の言葉や話などを聞き、自分でも思ったことを伝えようとする。
③ 絵本や物語等に親しむとともに、言葉のやり取りを通じて身近な人と気持ちを通わせる。
（イ）内容
① 保育士（保育教諭）等の応答的な関わりや話しかけにより、自ら言葉を使おうとする。
② 生活に必要な簡単な言葉に気付き、聞き分ける。
③ 親しみをもって日常の挨拶に応じる。
④ 絵本や紙芝居を楽しみ、簡単な言葉を繰り返したり、模倣をしたりして遊ぶ。
⑤ 保育士（保育教諭）等とごっこ遊びをする中で、言葉のやり取りを楽しむ。
⑥ 保育士（保育教諭）等を仲立ちとして、生活や遊びの中で友達との言葉のやり取りを楽しむ。
⑦ 保育士（保育教諭）等や友達の言葉や話に興味や関心をもって、聞いたり、話したりする。

オ 表現
感じたことや考えたことを自分なりに表現することを通して、豊かな感性や表現する力を養い、創造性を豊かにする。
（ア）ねらい
① 身体の諸感覚の経験を豊かにし、様々な感覚を味わう。
② 感じたことや考えたことなどを自分なりに表現しようとする。
③ 生活や遊びの様々な体験を通して、イメージや感性が豊かになる。
（イ）内容
① 水、砂、土、紙、粘土など様々な素材に触れて楽しむ。
② 音楽、リズムやそれに合わせた体の動きを楽しむ。
③ 生活の中で様々な音、形、色、手触り、動き、味、香りなどに気付いたり、感じたりして楽しむ。
④ 歌を歌ったり、簡単な手遊びや全身を使う遊びを楽しんだりする。
⑤ 保育士（保育教諭）等からの話や、生活や遊びの中での出来事を通して、イメージを豊かにする。
⑥ 生活や遊びの中で、興味のあることや経験したことなどを自分なりに表現する。

これなら書ける！1歳児の指導計画

CONTENTS

はじめに ……………………… 2
本書の特長 …………………… 4

第1章　指導計画の基本　5

● ふくろう先生といっしょに！
　楽しく学ぶ！ 指導計画 ……… 5

項目別！ 立案のポイント ……… 6

子どもの姿 について書く！ ……… 6
ねらい について書く！ ……… 8
内容 について書く！ ……… 9
環境づくり について書く！ ……… 10
保育者の援助 について書く！ ……… 12
評価・反省・課題 について書く！ ……… 14
書き方のコツ ……………… 16

よくわかる！ 指導計画の全体 ……… 18

指導計画作成の流れ ………… 18
指導計画基本のき …………… 19
全体的な計画 ………………… 20
年の計画 ……………………… 21
月の計画 ……………………… 22
日の記録 ……………………… 24
その他の保育にかかわるさまざまな計画 ……… 25

指導計画 作成のヒント！ ……… 26

0〜3歳の発達を学ぼう　生活編 ……… 26
0〜3歳の発達を学ぼう　遊び編 ……… 28
指針、教育・保育要領から
ねらい・内容をチェック！ ……… 30

● 15人の子どもの特徴早わかり表 ……… 36
● お悩み解決！ Q&A ……… 38

本書では、15名の子どもたちの発達を見通した指導計画の例を紹介しています。

各月の子どもたちの特徴は、P.36～37の 15人の子どもの ★特徴早わかり表★ をご参照ください。

第2章　子どもに合わせて計画をたてよう　39

- 全体的な計画・参考例1 ……… 40
- 全体的な計画・参考例2 ……… 44
- 1歳児の年の計画 ……… 46
- この本で！ 指導計画が書きやすくなる理由（ワケ）！ ……… 48

4月　49

- 月案（A～C児） ……… 50
- 個人案（D～H児） ……… 52
- 個人案（J～N児） ……… 54
- これも！ おさえておきたい
  4月の計画のポイントと文例 ……… 56
- 日の記録 ……… 57
- 4月のふりかえりから5月の保育へ ……… 58

5月　59

- 月案（A～C児） ……… 60
- 個人案（D～H児） ……… 62
- 個人案（J～O児） ……… 64
- これも！ おさえておきたい
  5月の計画のポイントと文例 ……… 66
- 日の記録 ……… 67
- 5月のふりかえりから6月の保育へ ……… 68

6月　69

- 月案（A～C児） ……… 70
- 個人案（D～I児） ……… 72
- 個人案（J～O児） ……… 74
- これも！ おさえておきたい
  6月の計画のポイントと文例 ……… 76
- 日の記録 ……… 77
- 6月のふりかえりから7月の保育へ ……… 78

CONTENTS

第2章　子どもに合わせて計画をたてよう　39

7月　79
- 月案（A～C児） …… 80
- 個人案（D～I児） …… 82
- 個人案（J～O児） …… 84
- これも！　おさえておきたい
  7月の計画のポイントと文例 …… 86
- 日の記録 …… 87
- 7月のふりかえりから8月の保育へ …… 88

8月　89
- 月案（A～C児） …… 90
- 個人案（D～I児） …… 92
- 個人案（J～O児） …… 94
- これも！　おさえておきたい
  8月の計画のポイントと文例 …… 96
- 日の記録 …… 97
- 8月のふりかえりから9月の保育へ …… 98

9月　99
- 月案（A～C児） …… 100
- 個人案（D～I児） …… 102
- 個人案（J～O児） …… 104
- これも！　おさえておきたい
  9月の計画のポイントと文例 …… 106
- 日の記録 …… 107
- 9月のふりかえりから10月の保育へ …… 108

10月　109
- 月案（A～C児） …… 110
- 個人案（D～I児） …… 112
- 個人案（J～O児） …… 114
- これも！　おさえておきたい
  10月の計画のポイントと文例 …… 116
- 日の記録 …… 117
- 10月のふりかえりから11月の保育へ …… 118

11月　119
- 月案（A～C児） …… 120
- 個人案（D～I児） …… 122
- 個人案（J～O児） …… 124
- これも！　おさえておきたい
  11月の計画のポイントと文例 …… 126
- 日の記録 …… 127
- 11月のふりかえりから12月の保育へ …… 128

12月　129
- 月案（A～C児） …… 130
- 個人案（D～I児） …… 132
- 個人案（J～O児） …… 134
- これも！　おさえておきたい
  12月の計画のポイントと文例 …… 136
- 日の記録 …… 137
- 12月のふりかえりから1月の保育へ …… 138

1月 139

月案（A～C児）......140
個人案（D～I児）......142
個人案（J～O児）......144
これも！おさえておきたい
　1月の計画のポイントと文例......146
日の記録......147
1月のふりかえりから2月の保育へ......148

2月 149

月案（A～C児）......150
個人案（D～I児）......152
個人案（J～O児）......154
これも！おさえておきたい
　2月の計画のポイントと文例......156
日の記録......157
2月のふりかえりから3月の保育へ......158

3月 159

月案（A～C児）......160
個人案（D～I児）......162
個人案（J～O児）......164
これも！おさえておきたい
　3月の計画のポイントと文例......166
日の記録......167
3月のふりかえりから次年度の保育へ......168

第3章　計画サポート集　169

● 施設の安全管理......170
　施設の安全管理チェックリスト......170
● 健康支援......172
　健康支援のポイント......172
　健康観察チェックポイント......172
　健康支援年間計画表......173
● 避難訓練......174
　避難訓練のポイント......174
　3歳未満児の防災って？......174
　避難訓練年間計画表......175
● 食育......176
　1歳児の立案のポイント......176
　食育ってなに？......176
　1歳児の食育計画・参考例1......177
　1歳児の食育計画・参考例2......178
　園における食物アレルギー対応10原則......179
● 子育て支援......180
　子育て支援年間計画表......180
　1日の流れを表した例......182

CD-ROMの使い方......183

15人の子どもの 特徴早わかり表

	A児	B児	C児	D児	E児	F児	G児
4月 P.49〜	1歳1か月 物音で目が覚める	1歳3か月 人見知りする	1歳6か月 自分で食べたい	1歳2か月 友達にかかわりたい	1歳2か月 親から離れるのをいやがる	1歳4か月 新しい保育者に不安を示す	1歳4か月 午睡中に泣いて目覚める
5月 P.59〜	1歳2か月 いやなことを泣いて伝える	1歳4か月 ひとり遊びを楽しむ	1歳7か月 型はめが好きな	1歳3か月 虫や花に興味津々	1歳3か月 不安で泣きだす	1歳5か月 曲に合わせて体を揺らす	1歳5か月 お気に入りの毛布で安心
6月 P.69〜	1歳3か月 野菜が苦手	1歳5か月 ズボンを脱ごうとする	1歳8か月 友達とかかわることがうれしい	1歳4か月 食事中にウトウトする	1歳4か月 自分でできるがうれしい	1歳6か月 歩くことが大好き	1歳6か月 苦手な食べ物で遊ぶ
7月 P.79〜	1歳4か月 湿った砂の感触が苦手	1歳6か月 自分で脱ぎたい！	1歳9か月 水が顔にかかるのがいや	1歳5か月 スプーンを握って食べている	1歳5か月 「いないいないばあ」が好き	1歳7か月 暑さで食欲減退気味	1歳7か月 言葉のやりとりを楽しむ
8月 P.89〜	1歳5か月 手をつないで歩きたい	1歳7か月 好き嫌いがある	1歳10か月 なぐり描きが楽しい	1歳6か月 水遊びができないといやがる	1歳6か月 自分のペースで食べている	1歳8か月 水に興味が出てきた	1歳8か月 汁物を欲しがる
9月 P.99〜	1歳6か月 指先を使って遊ぶ	1歳8か月 便器で排尿しようとする	1歳11か月 食事中、落ち着きがない	1歳7か月 探索活動が盛ん	1歳7か月 戸外遊びが大好き	1歳9か月 「せんせい」と呼びかける	1歳9か月 午睡時間が長くなっている
10月 P.109〜	1歳7か月 手を洗っている	1歳9か月 興味を保育者に伝える	2歳 寝つきに時間がかかる	1歳8か月 絵本に興味を持っている	1歳8か月 自分で靴を履こうとしている	1歳10か月 砂掘りを楽しんでいる	1歳10か月 なぐり描きをしている
11月 P.119〜	1歳8か月 三輪車に乗っている	1歳10か月 トイレに興味を持っている	2歳1か月 なぐり描きを楽しんでいる	1歳9か月 手遊びを楽しんでいる	1歳9か月 戸外探索を楽しんでいる	1歳11か月 靴を履こうとしている	1歳11か月 指先を使って遊んでいる
12月 P.129〜	1歳9か月 苦手なものも食べようとする	1歳11か月 自分の思いを伝えようとする	2歳2か月 手先を使って遊んでいる	1歳10か月 スプーンの使い方がじょうずになってきた	1歳10か月 秋の自然物をたくさん拾った	2歳 靴の脱ぎ履きをしている	2歳 トイレでの排尿に慣れてきた
1月 P.139〜	1歳10か月 絵本を見ている	2歳 友達の遊びに興味を持っている	2歳3か月 なぐり描きをしている	1歳11か月 便器でも排尿している	1歳11か月 保育者に言葉で知らせる	2歳1か月 靴の脱ぎ履きに慣れてきた	2歳1か月 ボール遊びが好きな
2月 P.149〜	1歳11か月 絵本を読んで楽しんでいる	2歳1か月 洗濯バサミで遊んでいる	2歳4か月 食材に興味を示す	2歳 保育者とブロックで遊んでいる	2歳 脱ぎ着に興味を持っている	2歳2か月 タオルを保育者に渡しに来る	2歳2か月 保育者に介助されながら脱ぎ着する
3月 P.159〜	2歳 好き嫌いがある	2歳2か月 保育者に思いを伝える	2歳5か月 ごっこ遊びを楽しむ	2歳1か月 自分で脱ぎはきしようとする	2歳1か月 自分で食べようとしている	2歳3か月 ズボンをはこうとする	2歳3か月 のびのびと描いている

個別の指導計画をたてる際には、ひとりひとりの子どもの姿をとらえることが大切です。本書で紹介する15名の子どもたちの各月の特徴的な姿を一覧表にしました。立案時の参考にしてください。

QUICK LIST

H児	I児	J児	K児	L児	M児	N児	O児
1歳5か月 タンポポに触りたい		1歳8か月 不安になって泣く	1歳8か月 体を使って遊ぶのが好きな	1歳10か月 衣服の脱ぎ着に興味がある	1歳10か月 排尿時間が一定	1歳11か月 登園時に不安そうに泣く	5月から途中入所(園)
1歳6か月 穴落としを夢中で楽しむ	6月から途中入所(園)	1歳9か月 食べ物で遊ぶ	1歳9か月 友達に手が出てしまう	1歳11か月 排尿後、腰をモゾモゾする	1歳11か月 苦手な食べ物に挑戦！	2歳 ブロックを見たてて遊ぶ	1歳8か月 途中入所(園)で人見知りがある
1歳7か月 梅雨期の自然を楽しむ	1歳5か月 途中入所(園)児	1歳10か月 好き嫌いがある	1歳10か月 自分でズボンをはこうとする	2歳 オマルに慣れはじめた	2歳 体を動かすのが好き	2歳1か月 砂遊びが大好き	1歳9か月 食事量が少ない
1歳8か月 感触遊びに興味津々	1歳6か月 徐々に園に慣れてきた	1歳11か月 保育者をまねて話そうとする	1歳11か月 かみつきがある	2歳1か月 おしぼりで手や口の周りをふく	2歳1か月 両足でジャンプする	2歳2か月 排せつの自立に向かう	1歳10か月 よく食べるようになっている
1歳9か月 自分で水着に着替えようとする	1歳7か月 あせもができている	2歳 バッタに興味津々	2歳 夏の遊びを満喫している	2歳2か月 トイレで遊ぶ	2歳2か月 玩具の取り合いでもめる	2歳3か月 不思議な感触に夢中	1歳11か月 興奮して寝つけないことも
1歳10か月 自分で脱ぎたい！	1歳8か月 ブロックを車に見たてて遊ぶ	2歳1か月 便器での排尿に挑戦	2歳1か月 友達といっしょに遊びたい	2歳3か月 手洗いの習慣がついている	2歳3か月 食具で食べられるよ	2歳4か月 なぐり描きに集中	2歳 友達の名前を呼ぶ
1歳11か月 歌うのが好きな	1歳9か月 ブロック遊びに夢中	2歳2か月 食事に興味を持っている	2歳2か月 自分の思いを出す	2歳4か月 ひとりでズボンを脱ごうとしている	2歳4か月 保育者の動きをまねている	2歳5か月 砂場遊びを楽しんでいる	2歳1か月 言葉でかかわろうとする
2歳 食べ物の名前が気になる	1歳10か月 友達とのかかわりが増えてきた	2歳3か月 してほしいことを知らせる	2歳3か月 食事中、気が散る	2歳5か月 戸外に出て楽しんでいる	2歳5か月 保育者に見つけたものを伝える	2歳6か月 保育者にトイレを知らせる	2歳2か月 鼻をかもうとしている
2歳1か月 嫌いなものを少し食べようとしている	1歳11か月 乗り物の絵本が好きな	2歳4か月 手遊びや歌を楽しんでいる	2歳4か月 思いを保育者に伝えようとする	2歳6か月 ジブンデしようとする	2歳6か月 友達に興味を持っている	2歳7か月 見たてて遊ぶことを楽しんでいる	2歳3か月 衣服を自分で畳もうとする
2歳2か月 友達とも遊んでいる	2歳 戸外遊びを楽しんでいる	2歳5か月 衣服の脱ぎ着が上達してきた	2歳5か月 ブロックで遊んでいる	2歳7か月 衣服の脱ぎ着を自分でしている	2歳7か月 友達の名前を呼ぶ	2歳8か月 言葉で保育者に伝える	2歳4か月 ボタンはめに興味を持っている
2歳3か月 歌を楽しんでいる	2歳1か月 たこ揚げをしている	2歳6か月 絵本を読む保育者のまねをする	2歳6か月 パスでなぐり描きしている	2歳8か月 音楽を喜んでしている	2歳8か月 音に喜んで体を揺らす	2歳9か月 畳むことにも興味が出てきた	2歳5か月 スプーンをじょうずに使っている
2歳4か月 自分でしようとする	2歳2か月 便器での排尿に慣れてきた	2歳7か月 自分で畳もうとしている	2歳7か月 言葉のやりとりを楽しむ	2歳9か月 三輪車が好きな	2歳9か月 パスを使って楽しんでいる	2歳10か月 前後ろの区別もついてきた	2歳6か月 保育者や友達に話しかける

37

お悩み解決！ Q&A

指導計画をつくるとき よくある悩み、困りごとに おこたえします。

Q 文章を作るのが苦手です。考えを整理して、うまく文章にするには、どうしたらいいですか？

A 書きたいものを箇条書きにしてみましょう！

文章を書くには、何を書くのか目的を明確にすることが第一です。例えば、子どもの姿が目に見えるように客観的に描写するのか、自分の主観的な主張を的確に述べたいのか、まず箇条書きにして主なものを書き始めます。イメージを明確に文章化する訓練をしましょう。

Q ひとりひとりの個人差があって、クラス全体としてのねらいや配慮事項をつくるのが難しいです。

A 個人差を考慮し、平均的な段階をねらおう！

子どもの成長・発達に個人差があるのはあたりまえのことです。クラス全体のねらいは、月の季節感、発達の節の課題、集団の成長過程などを踏まえて、発達の早い遅いを考慮しながら、平均的な段階をねらいます。配慮は全体を目配りしてから考えていきましょう。

Q クラス全体のねらいから、個別に考えていくのに苦戦してます。

A 月の行事などから考えてOK！

個別の指導計画は、あくまでもその子どもの前月の発達の姿を押さえて、もう少しで到達する発達段階へ押し上げていくめやすを書くものです。しかし、その月の行事などがあれば、個人の現在の姿に下ろして参加のありようを、取り入れていくことは大切です。例えば、1歳児の運動会などの場合は、5～6歩あるいて7～8cmくらいの高さのブロックをまたぎ、保護者の待っているゴールへ行く運動遊びを取り入れます。

Q 見通しを持って計画をたてるにはどうしたらいいですか？

A 全体的な計画、年の計画などを参考に！

各園にある「全体的な計画」には、園の運営目標、方針など目ざすべきものが書かれていて、それを基盤に年の計画へ具体化され、さらに月の計画に展開されます。これらの計画には子どもの成長・発達の見通しが踏まえられていますので、絶えず参考にしましょう。

Q 個人案を書き分けるコツを教えてください。

A 個別の性格に注目しよう！

発達が近いと、発達しつつある運動機能や、興味・関心も近くなり、ねらいや内容が同じようになってしまいますが、個別の性格があります。引っ込み思案な子ども、大胆な子どもなど、それぞれの子どもへの適した環境、取り組む際の援助・配慮に個別性を持たせて書きましょう。

第2章

立案のおおもとになる全体的な計画から、年間、各月の計画例を掲載しています。「15人の子どもたちの発達を見通せる」「各月の振り返りを次月に生かせる」など、立案に役だつ内容がたっぷりです！ 子どもに寄り添い、見通しを持った計画をたてましょう。

子どもに合わせて計画をたてよう

全体的な計画 ・・・・・ P.40	8月 ・・・・・・・ P.89
年の計画 ・・・・・・・ P.46	9月 ・・・・・・・ P.99
この本で！ 指導計画が書きやすくなる理由（ワケ）！・・・ P.48	10月 ・・・・・・ P.109
4月 ・・・・・・・・ P.49	11月 ・・・・・・ P.119
5月 ・・・・・・・・ P.59	12月 ・・・・・・ P.129
6月 ・・・・・・・・ P.69	1月 ・・・・・・・ P.139
7月 ・・・・・・・・ P.79	2月 ・・・・・・・ P.149
	3月 ・・・・・・・ P.159

全体的な計画・参考例 1

ここで示すのは、川原佐公先生(元・大阪府立大学教授)による全体的な計画の参考例です。あくまでも、全体像の例としてご覧ください。本書の指導計画例とのつながりはありません。

保育の理念

- 児童福祉法に基づき保育に欠けるすべての子どもにとって、もっともふさわしい生活の場を保障し、愛護するとともに、子どもの最善の利益を守り、保護者と共にその福祉を積極的に増進する。
- 地域の子育て家庭に対して、さまざまな人や場や専門機関などと連携を図りながら、保育のスキルを生かして応答し、地域に開かれた育児文化の拠点としての役割を果たしていく。

保育の目標

- 安全で保健的な、文化的で豊かな保育環境の中で、健康な体と感性を育て、生命の保持と情緒の安定を図り、意欲的に生活できるようにする。
- 食事、排せつ、睡眠、着脱、清潔、安全などの、生活に必要な基本的な習慣態度を養い、主体的に見通しを持って生活できる自律と、生きる力の基礎を培う。
- 歩く、走る、跳ぶなどの基礎的な運動能力を養い、積極的に運動する態度を身につける。
- 保護者や保育者等との愛着・信頼関係を基に、積極的に園での生活や遊びを通して友達とふれあい、相手の人権を尊重することや思いやりの心、社会性を育てる。
- 地球上のありとあらゆる生命、自然や社会の事象にふれて興味や関心を育て、それらに対する豊かな心や科学心、創造的な思考、環境への関心の芽生えを培う。
- 日常の保育における経験や感動体験を通して、子どもの内面世界を豊かにし、話したり聴いたりする言葉への興味や関心を育て、相手の思いを理解するなど、言葉の知識や技能などを養い、自分をコントロールする力や表現力を培う。
- さまざまな生活や虚構の世界を楽しみ豊かな感性を身につけ、感じたこと考えたことを、いろいろな手段で表現する意欲を育て、仲間に伝える喜びや、創造性を培う。

保育方針

- 保育にかかわる専門職同士が協力したり、それぞれの専門性を発揮したりしながら、養護と教育の一体的な展開を図り、保育の内容の質を高め、充実させる。
- 子どもの主体的な発達要求に応答する環境を豊かに整え、みずから興味や関心を持って環境にかかわり、チャレンジしたことへの充実感や満足感を味わわせ、年齢なりの心情、意欲、態度を養う。
- 子どもの 24 時間の生活を視野に入れて、家庭との連携を密にして、積極的に子どもの発達過程に応じた育ちを築き、保護者の共感を得て養育力の向上を支援しつつ、エンパワメントを引き出していく。
- 子どもが育つ道筋や生涯教育を見据えた長期的視野を持って、後伸びの力をつけ、小学校と情報交換したり、交流を密にしたりして積極的に連携していく。

家庭・地域との連携

- 保護者の思いをしっかり受け止め、子どものようすを伝え合い、子育てを話し合うことで信頼関係、協力関係を築いていく。
- 保育所における子どもの生活、健康状態、事故の発生などについて、家庭と密接な連絡ができるように体制を整えておく。
- 保育所は日常、地域の医療・保健関係機関、福祉関係機関などと十分な連携を取るように努める。また、保育者は保護者に対して、子どもを対象とした地域の保健活動に積極的に参加することを指導するとともに、地域の保健福祉に関する情報の提供をする。
- 保護者の余裕のある時間に保育参観をしてもらい、子どもの思いに気づいたり、保育者の援助のしかたを知ったりして子どもとかかわる経験をしてもらう。
- 保護者や、地域の子育て中の保護者が、保育所の行事に参加することで、子どもに対する関心が芽生え、親子でふれあう楽しさを知ったり、保護者同士のつながりが深まるように援助していく。
- 子育ての悩みや生活の困難な問題などを、相談できる窓口を常に開放し、遠慮なく相談できるシステムを設置し、適切に必要な情報の提供や、専門機関への紹介や具体的な援助をしたり、保護者自身の力を引き出して、自己解決できるよう、援助したりしていく。

		～0歳		～1歳
発達過程		❶ おおむね6か月未満 ・心身の未熟性 ・著しい身体的成長と感覚の発達 ・首が据わる・寝返り・腹ばい ・表情の変化、体の動き、喃語などによる表現	❷ おおむね6か月から1歳3か月未満 ・座る、はう、立つ、伝い歩き、手を使う等、運動機能の発達により探索活動が活発になる ・大人とのかかわりが深まり、やりとりが盛んになる ・愛着と人見知り	❸ おおむね1歳3か月から2歳未満 ・歩行の開始と言葉の習得 ・さまざまな運動機能の発達による行動範囲の拡大 ・周囲への関心や大人とのかかわりの意欲の高まり
ねらい・内容	養護・教育	**0歳児** ◎保健的で安全な環境をつくり、常に身体の状態を細かく観察し、疾病や異状の発見に努め快適に生活できるようにする。 ●身体発育や健康状態を的確に把握しながら、ひとりひとりの子どもの生理的欲求を十分に満たし、保育者の愛情豊かな受容により、清潔で気持ちの良い生活ができるようにする。 ◎ひとりひとりの子どもの生活のリズムを重視して、食欲、睡眠、排せつなどの生理的欲求を満たし、生命の保持と生活の安定を図り、甘えなどの依存的欲求を満たし、情緒の安定を図る。 ●オムツが汚れたら、優しく言葉をかけながらこまめに取り替え、きれいになった心地良さを感じることができるようにする。また、ひとりひとりの排尿間隔を把握し、徐々にオマルなどの排せつにも興味が持てるようにする。 ◎安全で活動しやすい環境を整え、姿勢を整えたり、移動したりして、いろいろな身体活動を十分に行なう。 ●寝返り、ハイハイ、お座り、伝い歩き、立つ、歩くなどそれぞれの状態に合った活動を十分に行なうとともに、つまむ、たたく、引っ張るなどの手や指を使っての遊びをする。 ◎個人差に応じて授乳や離乳を進め、いろいろな食品に慣れさせ幼児食への移行を図る。 ●楽しい雰囲気の中で、ゆったりした気持ちで個人差に応じて授乳を行ない、ひとりひとりに合わせてミルク以外の味やスプーンから飲むことに慣れるようにし、離乳を進めて、次第に幼児食に移行する。 ◎優しく語りかけたり、発声や喃語に応答したりして、発語の意欲を育てる。 ◎喃語や片言を優しく受け止めてもらい、発語や保育者とのやりとりをする。 ◎聞く、見る、触るなどの経験を通して、感覚器官や手指の機能の働きを促す。 ◎保育者の歌を楽しんで聞いたり、歌やリズムに合わせて手足や体を動かして遊ぶ。 ◎安心できる人的物的環境の下で絵本や玩具、身近な生活用具などを、見たり、触ったりする機会を通して、身の回りのものに対する興味や好奇心の芽生えを促していくようにする。 ●保育者に見守られて、玩具や身の回りの物でひとり遊びを十分にする。		**1歳児** ◎健康的で安全な環境づくり、ひとりひとりの子どもの身体の状態を観察し、睡眠など適切な休息を用意し、快適な生活ができるようにする。 ●ひとりひとりの子どもの生活リズムを大切にしながら、安心して午睡などができ、適切な休息ができるようにする。 ◎ひとりひとりの子どもの生理的欲求や甘えなどの依存的欲求を満たし、生命の保持と情緒の安定を図る。 ●身体発達や健康状態を的確に把握しながら、ひとりひとりの子どもの生理的欲求を十分に満たし、保育者の愛情豊かな受容により、清潔で気持ちの良い生活ができるようにする。 ◎安心できる保育者との関係の下で、食事、排せつなどの活動を通して、自分でしようとする気持ちの芽生えを促す。 ●楽しい雰囲気の中で、スプーンやフォークを使って、ひとりで食事をしたり間食を食べるようにする。 ◎ひとりひとりの子どもの排尿間隔を知り、オムツが汚れていないときは、便器に誘い、便器での排せつに慣れるようにする。 ◎さまざまな生活、遊びを通して、自由な活動を十分に行ない、体を動かすことを楽しむ。 ●登る、降りる、跳ぶ、くぐる、押す、引っ張るなどの運動を取り入れた遊びや、いじる、たたく、つまむ、転がすなどの手や指を使う遊びをする。 ◎身の回りのさまざまなものを自由にいじって遊び、外界に対する好奇心や関心を持つ。 ●保育者に見守られ、戸外遊び、ひとり遊びを十分に楽しみ、好きな玩具や遊具、自然物に自分からかかわり十分に遊ぶ。 ◎絵本、玩具などに興味を持って、それらを使った遊びを楽しみ、子ども同士のかかわりを持つ。 ●保育者の話しかけを喜んだり、自分から片言でしゃべったりする。 ◎身近な音楽に親しんだり、体の動きを楽しんだりする。 ●保育者といっしょに歌ったり簡単な手遊びをしたり、絵本を見たり、また、身体を動かしたりして遊ぶ。
保育者の援助・配慮		**0歳児** ●身体機能の未熟性が強く、病気や生命の危険に陥りやすいため、ひとりひとりの体質、発達、家庭環境などをよく理解し、それに応じて、適切に対応できるよう個別に保育を進めていく。 ●愛情豊かで適切な保育者のかかわりが、子どもの人間形成の基盤となり、情緒や言葉の発達に大きく影響することを認識し、子どものさまざまな欲求を適切に満たし、子どもとの信頼関係を十分に築くようにする。 ●食事、排せつなどへの対応は、ひとりひとりの子どもの発育、発達状態に応じて無理のないように行ない、うまくできたときは褒めるなどの配慮をする。 ●玩具などの色彩や音色、形、感触などに留意し、目、耳の感覚機能が発達するような働きかけをする。 ●保育者や子どもの身の回りの環境や衣類、寝具、玩具などの点検を常に行ない、また、温度湿度などの環境保健に注意を払うとともに、室内環境の色彩やベッドなどの備品の配置などにも配慮する。		**1歳児** ●感染症にかかることが多いので、発熱などの身体の状態、きげん、食欲、元気さなどの一般的状態にも十分に注意を払って観察を行なう。 ●食欲や食事の好みに偏りが現れやすい時期なので、ひとりひとりの子どもの健康状態に応じ、無理に食べさせないようにし、いっしょにかむなどのまねをして見せ、かむことの大切さが身につくように配慮する。 ●歩行の発達に伴い行動範囲が広がり、探索活動が活発になり、予測できない行動も多くなるので、環境の安全性、多様な環境づくり、子どもの活動の状態、相互のかかわりなどには、十分に注意をする。 ●子どもの相互のけんかが多くなるが、自己主張を尊重しながら、保育者の優しい語りかけなどにより、互いの存在に気づくように配慮する。

全体的な計画・1

全体的な計画・参考例1 続き

	～2歳	～3歳
発達過程	❹おおむね2歳 ・基本的な運動機能の伸長や指先の機能の発達 ・食事・衣類の着脱・排せつなど、自分でしようとする ・語彙の増加、自己主張の高まり、自我の育ち ・模倣やごっこ遊びが始まる	❺おおむね3歳 ・基本的生活習慣の形成 ・話し言葉の基礎の形成、知的興味・関心の高まり ・予想や意図、期待を持った行動
ねらい・内容（養護・教育）	**2歳児** ◎ひとりひとりの子どもの欲求を十分に満たし、生命の保持と情緒の安定を図るとともに、適切に休息の機会をつくり、集団生活による緊張の緩和を図る。 ・生活環境を清潔な状態に保つとともに、身の回りの清潔や安全の習慣が少しずつ身につくようにする。 ◎楽しんで食事、間食をとることができるようにする。 ・楽しい雰囲気の中で、自分で食事をしようとする気持ちを持たせ、嫌いなものでも少しずつ食べられるようにする。 ・安心できる保育者との関係の下で、簡単な身の回りの活動を自分でしようとする意欲を持たせる。 ・落ち着いた雰囲気の中で、気持ち良く午睡をする。 ・簡単な衣服は、ひとりで脱ぐことができるようになり、手伝ってもらいながらひとりで着るようにする。 ・保育者といっしょに全身や手指を使う遊びを楽しむ。 ・戸外遊びや道具で遊ぶ機会を多くして、基礎的な運動機能の発達を図る。 ・身の回りのものや、親しみの持てる小動物や植物を見たり、触れたり、保育者から話を聞いたりして、興味や関心を広げる。 ・身近な小動物、植物、事物などに触れ、それらに興味、好奇心を持ち、探索や模倣などをして親しむ。 ・保育者を仲立ちとして、生活や遊びの中で、ごっこ遊びや言葉のやりとりを楽しむ。 ・保育者が仲立ちとなり、生活や遊びの中で、言葉のやりとりをする。 ◎興味のあることや経験したいことなどを生活や遊びの中で、保育者と共に好きなように表現する。 ・保育者といっしょに、水、砂、土、紙などの素材に触れて遊ぶ。	**3歳児** ◎ひとりひとりの子どもの欲求を十分に満たし、生命の保持と情緒の安定を図る。 ・保育者にさまざまな欲求を受け止めてもらい、保育者に親しみを持ち、安心感を持って生活する。 ・食事・排せつ・睡眠・衣服の着脱等の身の回りの生活の始末のしかたや生活のしかたを身につける。 ・食事、排せつ、睡眠、休息など生理的欲求が適切に満たされ、快適な生活や遊びをする。 ・戸外遊びを十分にするなど遊びの中で身体を動かす楽しさを味わう。 ・戸外で十分に体を動かしたり、さまざまな遊具や用具などを使った運動や遊びをする。 ・身近な人とのかかわり、友達と喜んで遊ぶ。 ・身近な人々の生活を取り入れたごっこ遊びをする。 ・身近な環境に興味を持ち、自分からかかわり、生活を広げていく。 ・身近な動植物や自然事象をよく見たり、触れたりなどして、親しみや愛情を持つ。 ・生活に必要な言葉がある程度わかり、したいこと、してほしいことを言葉で表す。 ・自分の思ったことや感じたことを言葉に表し、保育者や友達と言葉のやりとりをして遊ぶ。 ◎さまざまなものを見たり、触れたりして、おもしろさ、美しさなどに気づき感性を豊かに持つ。 ・さまざまな素材や用具を使って、描いたり、もてあそんだり、好きなように造形遊びをする。 ◎感じたことや思ったことを描いたり、歌ったり、身体を動かしたりして、自由に表現しようとする。 ・動物や乗り物などの動きをまねて身体で表現する。
保育者の援助・配慮	**2歳児** ・生活に必要な基礎的生活習慣については、ひとりひとりの子どもの発育・発達状態、健康状態に応じ、十分に落ち着いた雰囲気の中で行なうことができるようにし、その習慣形成に当たっては、自分でしようとする気持ちを損なわないように配慮する。 ・戸外遊びや遊具で遊ぶ機会を多くし、自主性に応じて遊べるように工夫する。 ・衝動的な動作が多くなるので、安全に十分に注意し、保育者がすぐ介助できる位置で見守りながら、冒険的な活動に挑戦させ、満足感を味わわせる。 ・子ども同士のぶつかり合いが多くなるので、保育者は互いの気持ちを受容し、わかりやすく仲立ちをして、根気よくほかの子どもとのかかわりを知らせていく。 ・子どもの話は優しく受け止め、自分から保育者に話しかけたいという気持ちを大切にし、楽しんで言葉を使うことができるようにする。 ・話したい気持ちが高まっても十分に言葉で表現できないときは、子どもの気持ちを受け止めながら、言いたいことを言葉で代介し、表現ができた満足感を味わわせる。	**3歳児** ・子どもの気持ちを温かく受容し、優しく応答し、保育者といっしょにいることで安心できるような関係をつくる。 ・身の回りのことは、一応自分でできるようになるが、自分でしようとする気持ちを大切にしながら、必要に即して援助する。 ・食事は摂取量に個人差が生じたり偏食がでたりしやすいので、ひとりひとりの心身の状況を把握し、食事は楽しい雰囲気の中でとれるよう配慮する。 ・友達との関係については、保育者や遊具そのほかのものを仲立ちとして、その関係が持てるように配慮する。 ・思ったことや感じたことを言葉で表現できるよう保育者が落ち着いて聞き取り、表現したい気持ちを受け止める。 ・身近なものに直接触れたり、扱ったり、新しいものに驚く、不思議に思うなどの感動をする経験が広がるように環境を整え、感動などを共感していく。

〜4歳	〜5歳	〜6歳
❻ おおむね4歳 ●全身のバランス力、体の動きが巧みになる ●自然など身近な環境へのかかわり方や遊び方を体得 ●自意識の高まりと葛藤の経験、けんかが増える	❼ おおむね5歳 ●基本的生活習慣の確立 ●運動遊びをしたり、全身を動かしたりして活発に遊ぶ ●仲間と共に遊ぶ中で規範意識や社会性を体得 ●判断力・認識力の高まりと自主性・自律性の形成	❽ おおむね6歳 ●滑らかで巧みな全身運動、意欲旺盛で快活 ●仲間の意思の尊重、役割分担や協同遊びの展開 ●思考力や認識力の高まり、自然・社会事象などへの興味・関心の深まり

4歳児
- ◎ひとりひとりの子どもの欲求を十分に満たし、生命の保持と情緒の安定を図る。
- ●自分の気持ちや考えを安心して表すことができるなど、情緒の安定した生活ができる。
- ◎自分でできることに喜びを持ちながら、健康、安全など生活に必要な基本的な習慣を次第に身につける。
- ◎保育者や友達とのつながりを広げ、集団で活動することを楽しむ。
- ●年下の子どもに親しみ思いやりの気持ちを持ったり、地域の高齢者など身近な人に、いたわりの気持ちを持つ。
- ●友達と楽しく生活する中で、決まりの大切さに気づき、守ろうとする。
- ◎身近な環境に興味を持ち、自分からかかわり、身の回りの事物や数、量、形などに関心を持つ。
- ●自然や身近な事物、事象にふれ、驚いたり、感動したりして興味や関心を深める。
- ●具体的な物を通して、数や量などに関心を持ち、簡単な数の範囲で数えたり、比べたりする。
- ◎人の話を聞いたり、自分の経験したことや思っていることを話したりして言葉で伝える楽しさを味わう。
- ●日常生活に必要なあいさつをし、友達と会話をする。
- ◎感じたことや思ったこと、想像したことなどさまざまな方法で自由に表現する。
- ●童話、絵本、視聴覚教材などを見たり、聞いたりしてイメージを広げ描いたり、作ったり、さまざまに表現して遊ぶ。
- ●身近な生活経験をごっこ遊びに取り入れて、遊ぶ楽しさを味わう。

5歳児
- ◎健康、安全に必要な基本的な習慣や自主強調の態度を身につけ、理解して行動できるようにする。
- ●健康、安全など生活に必要な基本的な習慣や態度が身につき、自分の体を大切にしようとする気持ちが育ち、自主的に行動することができるようにする。
- ●保育者との信頼関係の中で、自分の気持ちや考えを安心して表すことができるなど、情緒の安定した生活をする。
- ●食事のしかたやマナーが身につき、体と食物の関係に関心を持つ。
- ●さまざまな遊具、用具を使い集団遊びや、やや複雑な行動を行なうなどさまざまな遊びを楽しむ。
- ◎身近な環境や自然などにみずからかかわり、さまざまな事物や事象と自分たちの生活との関係に気づき、それらを生活や遊びに取り入れ、生活の経験を広げる。
- ●近隣の生活に興味や関心を持ち、人々がさまざまな営みをしていることに気づく。
- ●異年齢の子どもとのかかわりを深め愛情を持ったり、地域の高齢者など身近な人に感謝の気持ちを持つ。
- ●絵本や童話、視聴覚教材などを見たり、聞いたりして、さまざまなイメージを広げるとともに言葉に対する感性が豊かになる。
- ●人の話を注意して聞き、相手にもわかるように話す。
- ●日常生活に必要な標識や身近にある文字などに興味や関心を持つ。
- ◎感じたことや思ったこと、想像したことなど工夫して、目標を持っていろいろな方法で表現する。
- ●感じたこと、想像したことを言葉や体、音楽、造形などで自由に表現したり、演じたりするなど、さまざまな表現をする。

4歳児
- ●健康、安全などの生活に必要な習慣は、ひとりひとりの子どもと、保育者の信頼関係に基づいて、日常生活の直接的な実体験の中で身につくようにする。
- ●ひとりひとりの子どもの冒険心を大切にし、新しい運動に対する不安や恐れを、保育者がいっしょにしたり、介助したりなどして取り除くようにして、生き生きとした活動が展開できるように配慮する。
- ●友達とのぶつかり合いを経験しながら、必要なルールをつくっていき、集団で活動することの楽しさを味わうことができるようにする。
- ●数、量、形などについては、生活や遊びの中で子ども自身の必要に応じて、具体的に体験できるようにして数量的な感覚を育てるようにする。
- ●子どものイメージがわきでるような素材、玩具、用具、生活用品などを用意して、のびのびと表現して遊ぶことができるように配慮する。

5歳児
- ●子どもの気持ちを温かく受容し、個人差を考慮して子どもが安定して活動できるように配慮する。
- ●身近に住んでいるさまざまな人と交流し、共感し合う経験を通して人とかかわることの楽しさや大切さを味わうことができるような機会を多く持つ。
- ●動植物とのふれあいや飼育・栽培などを通して、自分たちの生活とのかかわりに気づき感謝の気持ちや生命を尊重する心が育つようにする。
- ●本を見ることや身近なさまざまな文字を読む喜びを大切にし、言葉の感覚が豊かになるように配慮する。
- ●自分の伝えたいことがしっかり相手に伝わる喜びを味わうため、人前で話す機会や場面をできるだけ多く用意する。
- ●表現しようと思うもののイメージがわくような雰囲気をつくり、さまざまな材料や用具を適切に使えるようにしながら表現する喜びを知らせ、創造性が豊かになるように配慮する。

※資料提供　川原佐公

全体的な計画・参考例 2

※ここで示すのは、奈良・ふたば保育園による全体的な計画の根幹となる部分です。これとは別に、子どもの育ちの詳細やその他の計画を関連させながら全体的な計画が構成されます。

保育理念

「生き生きとした子どもを目ざして」
- 児童福祉法第 1 条に定める児童福祉の理念に基づき運営を行なう。
- 集団生活の中で、ひとりひとりの能力を最大限に発揮させ、豊かな人間性を持った子どもを育成する。
- 子育ての負担感の緩和を図り、安心して子育て・子育ちができる環境を整える。

保育・教育方針

- ひとりひとりの子どもが自己を発揮しながら活動ができ、健康で情緒の安定した生活ができるよう環境を整える。
- 豊かな人間性を持った子どもを育成するために、養護と教育が一体となった教育・保育を行なう。
- 職員は豊かな愛情を持って子どもに接し、専門的な知識の習得と保育・教育技術の向上に努めるとともに、教育・保育内容の評価を行ない、実践の改善に努める。

ねらい

- 保健的で安全な環境の中で、健康・安全など生活に必要な基本的な習慣や態度を身につける。
- 落ち着いた雰囲気の中で情緒の安定を図り、ひとりひとりの豊かな個性の発達と仲間関係の基礎を育てる。
- 友達といっしょに遊んだり協力したりする楽しさを知り、優しく思いやりのある豊かな人間性を身につける。
- いろいろな経験をする中で達成感を味わい、自分への自信と友達への信頼関係を深めていく。
- 身近な事象に主体的にかかわることで、気づいたり考えたり、新しい考えを生み出したりして、保育者や友達など身近な人に自分の思いを伝えることができる。

目指す保育の内容

	0 歳	1 歳	2 歳
	信頼関係の確立	探索活動の保障	自我の芽生えを受け止める
	● 生理的欲求を十分に満たし、気持ち良い生活が出来るようにする。 ● 保育者の愛情豊かな受容により情緒の安定を図り、心身の成長を援助する。 ● 活動しやすい環境を整え、寝返り、ハイハイ、お座り、伝い歩き、立つ、歩くなど、身体機能の発達を促す。 ● 安心できる環境の中で離乳食を喜んで食べ、いろいろな食べ物を味わう。 ● 歩行の発達を促し、探索活動を十分に楽しめるようにする。 ● つまむ、たたく、引っ張るなど、手や指を使って遊ぶ。 ● 保育者に仲立ちしてもらい、友達とのかかわりを楽しむ。 ● 自然に親しみ、草花に興味を示す。 ● 喃語や片言を優しく受け止めてもらい、発語や保育者とのやりとりを楽しむ。	● 自分でしようとする気持ちをくみ取りながら、基本的生活習慣を身につけるようにする。 ● 自分で手を洗ったり顔をふいたりして、きれいになることを喜ぶ。 ● 安全で活動しやすい環境の中で歩行の完成とともに行動範囲を広げる。 ● 生活の流れがわかり、簡単な身の回りのことを手伝ってもらいながらも自分で進んでしようとする。 ● 身の回りのいろいろなものに関心を持ち、開けたり閉めたり、押したり引いたり、投げたり追いかけたりと試してみようとする。 ● 身近な自然に触れ、興味を持ったことを友達や保育者に言葉で伝える。 ● 語彙数が増え、生活や遊びの中で簡単な会話を楽しむ。 ● 好きな歌をうたったり、リズム遊びを楽しんだりする。	● 保育者に見守られる中で、基本的生活習慣が身につくようにする。 ● 身体のバランスが良くなり、坂道やでこぼこ道を喜んで歩く。 ● 赤、青、黄など、色の名前を知り、身近な物の色の違いに関心を持つ。 ● 地域の人に親しみを持つ。 ● 友達とのかかわりを通して、いっしょに行動したり同じ遊びを楽しんだりする。 ● 生活や遊びに約束や決まりがあることを知り、守ろうとする。 ● 見たり触れたり感じたりしたことを言葉で伝えたり、やりとりを楽しんだりする。 ● 感じたこと、考えたことを伝えようとしたり、友達とのかかわりの中で、言葉のやりとりや表現を楽しんだりする。 ● 手遊びをしたり、リズムに合わせて身体を動かしたりする。

家庭・地域との連携

- 保護者が、子どもの成長に気づき子育ての喜びが感じられるよう、その思いを受け止める。
- 地域住人の理解のもと、子育てを支援するとともに、子育てへの関心や継承につながるように配慮する。

地域子育て支援

- 地域における総合的な子育て支援を推進する。
- 地域の未就園児親子の交流の場の提供と交流の促進。
- 育児不安について相談指導。
- 子育てサークル・サポーターに対する育成支援。
- 一時預かり保育への対応。

食育の推進

- 栄養バランスを考慮した自園給食の提供。
- 給食試食会の実施。
- 行事食の工夫。
- クッキング活動の計画と実施。
- 菜園作りの実施。

園運営の三本の柱
- 豊かな環境の中での保育・教育の内容の充実
- "子育ては立派な社会参加"という意識啓発と情報発信
- 地域に開かれた子育て支援センターとしての保育園機能の充実

目標とする子どもの姿
- じょうぶで体力のある子ども
- 元気良く友達と遊ぶ子ども
- 自分のことは自分でする子ども
- 仲間の中で自分の主張を言うことができ、皆で力を合わせることを大切にする子ども
- 自然に目を向けられる子ども
- 感動し、驚き、疑問を持ち、考え、表現できる子ども

保育時間等
保育標準時間	7:00～18:00
保育短時間	8:30～16:30
延長保育	18:00～19:00
一時預かり	9:30～15:30

幼児期の終わりまでに育ってほしい10の姿
ア．健康な心と体　イ．自立心
ウ．協同性　エ．道徳性・規範意識の芽生え
オ．社会生活との関わり　カ．思考力の芽生え
キ．自然との関わり・生命尊重
ク．数量や図形、標識や文字などへの関心・感覚
ケ．言葉による伝え合い　コ．豊かな感性と表現

育みたい資質・能力
「知識及び技能の基礎」…豊かな体験を通じて、感じたり、気づいたり、わかるようになったり、できるようになったりする。
「思考力、判断力、表現力等の基礎」…気づいたことや、できるようになったことを使い、考えたり試したり工夫したり表現したりする。
「学びに向かう力、人間性等」…心情・意欲・態度が育つ中で、よりよい生活を営もうとする。

3歳	4歳	5歳　　　　　　6歳
自立感を育てる	自発性の育ちを援助する	主体性の確立を見守る
・健康で安心できる環境の中で、生活に必要な習慣や態度が身につくようにする。 ・基礎的運動能力が身につき、走る、跳ぶなどを喜んでする。 ・地域の人や外国の人などとふれあい、親しみを持って遊ぶ。 ・自分が思ったことや感じたことを言葉で表し、保育者や友達との言葉のやりとりを楽しむ。 ・さまざまな身の回りのものに興味を持ち探索活動を楽しむ。 ・身近な動植物や自然事象に関心を持ち、見たり触れたりすることを喜ぶ。 ・自然物や身近な素材で好きなものを作り、それを使って遊ぶことを楽しむ。 ・さまざまに素材や用具を使い、自由に描いたり作ったりすることを楽しむ。 ・リズムに合わせて体を動かすなど、表現遊びを楽しむ。	・健康で安全な生活に必要な習慣が身につき、自分でできることに喜びを持つ。 ・いろいろな用具を使って運動遊びをすることを楽しむ。 ・集団やグループの遊びの中で、思いやりの気持ちを持ち、簡単な約束を守ろうとする。 ・友達と簡単なルールのあるゲームなどをし、友達と協力しあって遊ぶことを喜ぶ。 ・地域の人や外国の人などとふれあい、親しみを持って遊ぶ。 ・身近な動植物に触れ関心を持つ。 ・身近な物の、色や形、数量、性質に関心を持つ。 ・保育者や友達との会話を楽しみ、さまざまな言葉に興味を持つ。 ・友達といっしょに歌ったり楽器演奏したりすることを楽しむ。	・健康で安全な生活に必要な習慣が身につき、自分でできることに喜びを持つ。 ・簡単な運動競技をする中で、安全に必要な態度や習慣を身につける。 ・集団の中で必要な約束事がわかり、相手の立場に立って行動し、自分の気持ちを調整し折り合いをつけながら遊ぶ。 ・地域の人や外国の人などとふれあい、親しみを持って遊ぶ。 ・身近な動植物の飼育や栽培を通して自然物への愛情を持つ。 ・物の性質や数量、文字や記号などに関心を持ち、扱ったり比べたり分けたりする。 ・保育者や友達との会話を楽しみ、さまざまな言葉に興味を持つ。 ・友達といっしょに考えを出し合いながら、共通の目的を持ち、工夫したり協力したりして表現することを喜ぶ。 ・友達といっしょに歌ったり楽器演奏したりすることを楽しむ。

保健・安全管理	小学校との連携	自己評価ポイント
・感染予防対策指針の作成と実施及び保護者との情報を共有する。（症候群サーベイランス参照） ・熱中症対策。（環境省：WBGT参照） ・外部業者による点検及び園庭整備・防犯。 ・警察署指導安全教室。 ・防災訓練の徹底。（大和郡山市ハザードマップ参照）	・日々の保育が小学校以降の生活や学習の基盤につながるよう、幼児期にふさわしい生活を通じて、創造的な思考や主体的な生活態度などの基礎を培う。 ・小学校との意見交換や研究の機会などを通して、保育所保育と小学校教育との円滑な接続に努める。	・児童福祉法に基づいた園の運営状況。 ・教育目標等の設定は適当か。 ・保育指針の内容に沿った子どもの発達段階に即した指導の状況。 ・環境を通して行なう教育・保育の実施の状況。 ・遊びを通した総合的な活動の状況など。

※資料提供　奈良・ふたば保育園

1歳児の年の計画

ねらい	●生活リズムが安定し、1日の保育の流れに沿って食事を喜んで食べ、排せつや睡眠などの生活活動を保育者といっしょにする。 ●歩行が安定し、安全で活動しやすい環境の中で、自分なりに活動範囲を広げる。 ●保育者に親しみ、感情を素直に表に出してきげん良く過ごす。友達にも関心を示し、保育者に仲介してもらい同じ遊びをいっしょにする。 ●自然物や身近な用具や玩具に興味を持ち、進んで触れたり試したりして遊ぶ。 ●保育者とかかわる中で、少しずつ言葉を覚え、要求や自分の気持ちを簡単な言葉で伝えようとする。 ●見たて遊びやつもり遊びを楽しむ。	
	1期（4月～5月）	2期（6月～8月）
期のねらい・内容（養護・教育）	●新しい生活の場に慣れ、保育者に親しみ、安心して自分の気持ちを表す。 ●園の食事に慣れ、食べさせてもらったりスプーンで食べようとしたりする。 ●オムツをぬらす時が多いが、便器に座れるようになる。 ●保育者についてもらって安心して眠る。 ●保育者に見守られている中でひとりでパンツを脱ぐ。 ●顔をふいてもらったり、いっしょに手を洗ってもらったりして、気持ちよくなったことを知る。 ●屋外で砂場など好きなところを歩き回ったり、探索遊びを楽しんだりする。 ●自然物や身近なものに対して好奇心や興味を持ち、見たり触ったりしてきげん良く遊ぶ。 ●砂の感触や不思議さに興味を持ち保育者といっしょに砂遊びを楽しむ。 ●他人のものと自分のものがわかる。 ●したいこと、してほしいことを表情や指さし、動作や一語文などで表す。 ●名前を呼ばれたら、身振りや声で返事をする。 ●絵本を見たり、お話を喜んで聞いたりする。 ●いろいろな快い音や音楽を聞いて全身で楽しむ。 ●春の自然に興味を持ち、見たり触ったりすることを楽しむ。 ●イチゴの生長を観察し、できていくようすを興味を持ち見たり採ったりして楽しむ。	●安心して生活を送れるようになる。 ●少しずつスプーン、フォークに慣れ、手助けされながら食べようとする。 ●タイミングが合うと便器で排せつをする。 ●汗をこまめにふき、下着を替えたりして清潔にする。 ●汗で衣服が脱ぎ着しにくくなるのでさりげなく援助し、水分補給をこまめに行ない、休息を十分に取り、ゆったりと過ごせるようにする。 ●気温、湿度に応じてエアコンを使用し快適に過ごせるようにする。 ●保育者といっしょに水、砂、泥などを使った遊びを楽しむ。 ●健康チェック表を記入してもらい健康をもとに夏ならではの遊びを楽しめるようにする。 ●梅雨期には、草花についた滴に関心を持ったり、水たまりの上を歩いたりし楽しめるようにする。 ●梅雨期で戸外に出られない時はホールで体を動かして遊ぶことを楽しめるようにする。 ●ボディペインティングや片栗粉粘土遊びなど感触を楽しめる遊びを用意し、楽しめるようにする。 ●夏野菜を育てて水やりや収穫を楽しむ。
行事	●入園・進級式　●内科検診　●交通安全教室	●眼科検診　●歯科検診　●保育参観　●七夕の集い
家庭との連携	●保護者が安心できるように、送迎時や連絡帳を通して、家庭や園での子どもの生活ぶりをできるだけていねいに説明し合う。 ●荷物の始末のしかたや、持ってきてもらうものなどわかりやすくしておく。 ●持ち物には名前を記入してもらうようにする。 ●子どもの状態により慣らし保育を調整し、子どもの負担にならないようにする。	●皮膚や健康の状態、夏に流行する病気についての情報を保護者に提供し、連絡をこまめにする。 ●健康チェック表に記入してもらい毎日の健康をチェックできるようにする。 ●汗をかき着替えをすることが多くなるので着替えを十分に用意してもらう。 ●夏の感染症や流行している病気など予防してもらえるよう情報を知らせられるようにする。

1歳児の年の計画

	評価・反省・課題	生活リズムが安定して、食事では苦手なものも食べようとしたり、便器で排せつしたり、一定時間睡眠を取ったりし生活活動を安心して送ることができた。歩行も安定し、かけっこをしたり台の上から跳んだりし、体を動かすことを楽しめた。さまざまな遊びや植物などにも興味を持ち、積極的に遊ぶ姿が見られた。また、友達にも関心を持ち、保育者の仲立ちを通していっしょに遊ぶ姿も見られてきている。言葉も単語や二語文を話すようになってきているので、やりとりを通し促していく。

3期(9月～12月)	4期(1月～3月)
● 1日の生活の流れがわかり、園の生活リズムに合わせて行動しようとする。 ● 食べ物に興味を持ちスプーンやフォークを握って食べようとする。 ● 排尿、排便の時間が大体決まってくる。子どもの状態を見てパンツをはきトイレトレーニングを進めていく。 ● 保育者が近くにいると、ひとりでふとんに入り眠る。 ● ひとりでパンツをはこうとする。 ● 介助してもらい、せっけん液を使い、手をゴシゴシと洗おうとする。 ● 手すりを持って階段を上ったり下りたり、坂道をひとりで上ったりする。 ● 玩具や空き箱、いろいろな道具を使って、見たて遊びやつもり遊びを楽しむ。 ● 玩具で遊んだ後は保育者といっしょにかたづける。 ● いろいろな実物に触れ、「これなに？」と聞いて言葉に関心を持つ。 ● 保育者といっしょに歌をうたったり、簡単な手遊びをしたり、また体を動かしたりして楽しく遊ぶ。	● きげん良く、進んで園に来る。 ● スプーンの持ち方に関心を持ち2点で挟んで持って食べられるようにする。 ● 食前、食後のあいさつを動作や言葉で表す。 ● 排せつしたいときは、保育者に知らせたり、自分からトイレに行こうとしたりする。 ● ズボンをひとりで脱ぎ着したり、服を自分で着ようとしたりする。 ● 自分で手を洗ったり、顔をふいたりして、きれいになることを喜ぶ。 ● 遊びを通して友達とのかかわりを持つ。 ● またいだり、くぐったり、低い段からとび下りたりする。 ● いろいろな物を使ってつもり遊びをする。 ● 決められた所へ物を入れたり、出したりする。 ● 2語文を話しだし、生活や遊びの中で簡単なやりとりができる。 ● 「かたづけようね」や「座りましょう」といった言葉による指示がわかり、自分から行動しようとする ● 少しの間待つようになる。 ● 好きな歌をうたったり、リズム遊びを楽しんだりする。 ● 粘土を使って指先の遊びを楽しみ、作ったもので見たて遊びをする。 ● 掃除ごっこなどを通して保育室で過ごしたことなどわからなくてもいっしょに振り返られるようにする。 ● 2歳児クラスに遊びに行き、1つ大きくなることへの期待や楽しみなど味わえるようにする。 ● トイレやイスなど新しい環境に変わるので使用していき、慣れるようにしておく。
● 運動会　● 焼きイモ大会　● もちつき　● クリスマス会	● たこ揚げ大会　● 生活発表会　● お別れ会　● 修了式　● 卒園式
● 寒くなってくると厚着になりがちなので、日中は薄着で過ごせるように、調節できる衣服を用意するよう伝える。 ● 体調の変化に気を配り、早めの受診や休養を勧める。 ● 子どものようすについて不安に思っていることなど、懇談会を通して取り除けるようにする。 ● 子どもの作品を通して、保護者に成長や遊びのようすなど関心を持ってもらえるようにする。 ● 戸外へ行くときのためのトレーナーを用意してもらう。	● 体調を崩しやすい時期なので、健康状態についてこまめに連絡し合う。 ● ひとりでやろうとする気持ちが育っていることを話し、家庭でも衣服の脱ぎ着などやろうという意欲を大切にしてもらえるようにする。 ● りす組での子どもの成長を振り返ってもらえるようにする。また、来年に向けての準備物など相談にのり、不安のないようにする。

※資料提供　奈良・ふたば保育園

この本で！指導計画が書きやすくなる理由（ワケ）！

本書には、指導計画をより書きやすくするためのヒントや工夫がたっぷり詰まっています！

月案

このクラスとは別の場合のポイントを掲載しています。さまざまな場合の立案の参考にしてください。

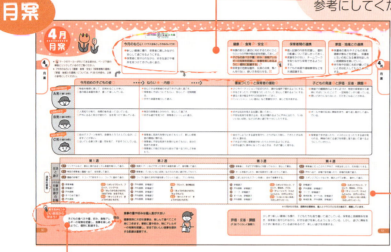

週案的要素を持つ生活と遊びの計画や保育資料です。詳しくはP.23をご覧ください。

指導計画中の、よい表現を特に抜き出しています。

個人案

個人案を読み取るために下の欄では、4～8月はひとりひとりの発達についてまとめ、9月以降はクラス集団としてとらえた環境・配慮を掲載しています。（P.23 参照）

4月のふりかえりから5月の保育へ

あらためて意識できるように、その月のねらいと評価・反省・課題を掲載しています。

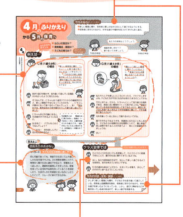

ひとりひとりの保育を振り返っています。子どもの育ちとみずからの保育、そしてたてたねらいを振り返ってクラス全体での振り返りに生かします。

日の記録

子どもの評価から、具体的な保育の進め方についてのアドバイスです。

毎月、その月の保育を受けて、大切なキーワードをもとに、学びになる部分を設けています。

ひとりひとりの姿を受けて、クラス全体の振り返りにつなげています。

4月

※1歳児クラスの4月から8月は、クラス全体で月齢差による発達の幅があるので、個別の週案的な要素（生活と遊び）と、クラスの週案的な要素（行事 生活 遊びの計画）を掲載しています。

ねらいより
新しい環境に慣れ、安心して過ごす。

月案（A～C児）・・・・・P.50

物音で目が覚める
A児（1歳1か月）

人見知りする
B児（1歳3か月）

自分で食べたい
C児（1歳6か月）

個人案（D～H児）・・・・・P.52

友達にかかわりたい
D児（1歳2か月）

親から離れるのをいやがる
E児（1歳2か月）

新しい保育者に不安を示す
F児（1歳4か月）

午睡中に泣いて目覚める
G児（1歳4か月）

タンポポに触りたい
H児（1歳5か月）

個人案（J～N児）・・・・・P.54

不安になって泣く
J児（1歳8か月）

体を使って遊ぶのが好きな
K児（1歳8か月）

衣服の脱ぎ着に興味がある
L児（1歳10か月）

排尿時間が一定
M児（1歳10か月）

登園時に不安そうに泣く
N児（1歳11か月）

※1歳児クラスでは、4月以降も途中入所（園）児がいることを踏まえ、多様な場面でご参考頂けるよう、本書では13人の個人案からスタートし、5月に1人、6月に1人増え、計15名となります。

これも！おさえておきたい

4月の計画のポイントと文例・・・・・P.56

日の記録・・・・・P.57

4月のふりかえりから5月の保育へ・・・・・P.58

4月 月案

今月のねらい（クラス全体としてのねらいです）
- 新しい環境に慣れ、保育者に親しみながら安心して過ごせるようにする。
- 保育者に見守られながら、好きな遊びや場所を見つけてきげん良く遊ぶ。

※ マークのマーカーが引いてある部分は、ページ下部の解説とリンクしているのでご覧ください。

※「今月のねらい」「健康・食育・安全」「保育者間の連携」「家庭・地域との連携」については、P.56の内容も、立案の参考にしてください。

	今月初めの子どもの姿 ○	ねらい ★・内容 ☆
 物音で目が覚める A児（1歳1か月）	○物音を敏感に感じて、目覚めることが多い。 ○音の鳴る楽器を喜び、振って楽しんでいる。	★安心できる保育者のそばできげん良く過ごす。 ☆保育者にそばについてもらい、安心して一定時間眠る。 ☆手作り楽器を鳴らして遊ぶ。
人見知りする B児（1歳3か月）	○人見知りがあり、母親の後を追って泣いている。 ○戸外に出ると気分が変わり、虫を見つけて喜んでいる。	★特定の保育者とかかわり、安心して過ごす。 ☆好きな遊びを見つけ、保育者といっしょに遊ぶ。
自分で食べたい C児（1歳6か月）	○自分でスプーンを持ち、食事をとろうとしているが、こぼすことが多い。 ○泣いている新入所（園）児を見て、不安そうにしている。	★保育者に気持ちを受け止めてもらって、新しい保育室の環境に慣れる。 ☆保育者に不安な気持ちを受け止めてもらい、自分の気持ちを表す。 ☆保育者に介助されながら自分で食べるうれしさを味わう。

週案的要素

		第1週	第2週
生活と遊び	A児	リングベルなど、振ると音の出るリズム楽器を鳴らして遊ぶ。	洗剤スプーンなどで作った手作り楽器を振って、音を聞いて遊ぶ。
	B児	特定の保育者と園庭へ出て、虫を探して遊ぶ。	保育者に「いないいないばあ」などのふれあい遊びをしてもらう。
	C児	園庭の砂場で、スコップで砂をすくい、コップに詰めて遊ぶ。	コップに詰めた砂を手首を使ってひっくり返し、プリンを作る。
クラスの行事生活遊びの計画	月火水木金	月 保育準備 火 砂場遊び 水 戸外探索 木 すべり台で遊ぶ 金 戸外探索	月 戸外探索、砂場遊び 火 戸外探索、砂場遊び 水 戸外探索、砂場遊び 木 戸外探索、砂場遊び 金 戸外探索、砂場遊び
	玩具・歌・絵本	玩具・スポンジブロック、ブロック、リングベル 歌・『きょうからおともだち』『はるですね　はるですよ』 絵本・『ゆっくとすっく　きょうからおともだち』	玩具・ブロック、音の鳴る玩具 歌・『きょうからおともだち』『ちょうちょう』 絵本・『ゆっくとすっく　きょうからおともだち』

書き方のヒント　いい表現から学ぼう！

子どもの食べ方や量、好み、食物アレルギーの有無を把握し、食事を楽しめるように、個別に配慮する。

理由

食事の量や好みは個人差が大きい
健康保持に大切な食事は、楽しんで食べてこそ身につきます。事前に量や好み、特にアレルギーの有無を把握し、安全でおいしい食事を提供する配慮は重要です。

4月 月案

健康・食育・安全	保育者間の連携	家庭・地域との連携
●体調の変化に適切に対応するためにひとりひとりの平熱や既往症を把握しておく。 ●子どもの食べ方や量、好み、食物アレルギーの有無を把握し、食事を楽しめるように、個別に配慮する。 ●保育室の危険な箇所、玩具の点検、整とんを行ない、使い方を知らせる。	●個人記録の内容を把握し、個別の配慮について話し合っておく。 ●言葉をかけ合い、チームワークを取りながら保育できるようにする。 ●子どもの体調や連絡事項などを共通認識する。	●保護者の意向や子どもの発育、健康状態などを把握し、保護者と互いの気になる事項を話し合い信頼関係を築いていく。 ●持ち物や衣服に名前が書いてないときは記入してもらうようにする。

環境づくり◆と保育者の援助◇	子どもの発達◎と評価・反省・課題✳
◆さくやパーティションで区切られた、静かな場所で眠れるようにする。 ◇手をさすったり、子守歌をうたったりして、安心して眠れるようにする。 ◆振ると音が鳴る手作りの玩具を作っておく。 ◇「シャンシャン、いい音ね」など言葉をかけ、楽しさを共有する。	◎家庭での睡眠時のようすに近づけ、特定の保育者が入眠時にそばについたことで、一定時間ぐっすり眠っている。 ✳思いどおりにならないと、だだをこねることがある。
◆好きな玩具を見える位置に置いておく。 ◇不安な気持ちを受け止め、気分が晴れるように戸外に出たり、「いないいないばあ」などふれあい遊びを十分にしたりする。	◎ボールや車の玩具に興味を持ち、繰り返し動かして遊んでいる。
◇自分でしようとする姿を見守り、さりげなく介助し、できたときはおおいに褒める。 ◆できるだけ同じ保育者がゆったりとかかわるようにする。 ◇好きな遊びに夢中になっているときは、そばで優しく見守る。	✳保育室で歩き回ったり、イスの上に立ったりする姿が見られる。興味の持てる遊びを用意し落ち着いて遊べるようにしていきたい。

第3週	第4週
Ⓐ児 保育者に、そばで子守歌などを歌ってもらい、安心して眠る。	Ⓐ児 保育者にだっこされて戸外で、外気浴をしたり、花を見たりする。
Ⓑ児 ボールを転がしたり、車の玩具を引っ張ったりして遊ぶ。	Ⓑ児 戸外へ出て、砂場で砂を触ったり、砂場の玩具で遊ぶ。
Ⓒ児 こぼしながらもスプーンを使い、自分で食事をする。	Ⓒ児 スポンジブロックなどを、積み上げては倒し、集中して遊ぶ。
月 砂場遊び 火 戸外探索、砂場遊び 水 フープ、砂場遊び 木 すべり台、砂場遊び 金 戸外探索、砂場遊び	玩具・スポンジブロック、ブロック、型はめ、パズル 歌・『チューリップ』『とんとんとん　ひげじいさん』 絵本・『いないいないばあ』『わたしのワンピース』	月 砂場遊び 火 戸外探索、砂場遊び 水 フープ、砂場遊び 木 身体計測、すべり台、砂場遊び 金 身体計測、戸外探索、砂場遊び	玩具・スポンジブロック、ブロック、型はめ、パズル 歌・『チューリップ』『とんとんとん　ひげじいさん』 絵本・『いないいないばあ』『わたしのワンピース』

※4月から8月は、週案的な要素を、個人とクラスでとらえた様式で、掲載しています。

評価・反省・課題（P.58でくわしく説明！）
少しずつ新しい環境にも慣れ、子どもたちも落ち着いて過ごしている。保育者と信頼関係を築き、保育者に見守られながら、好きな遊びを楽しむようになっている。しかし、遊びに興味を示さずに動き回っている姿があるので、楽しい遊びを用意する。

4月 個人案

→ 5月 P.62 へ

	友達にかかわりたい D児（1歳2か月）	親から離れるのをいやがる E児（1歳2か月）	新しい保育者に不安を示す F児（1歳4か月）
今月初めの子どもの姿 ○	○こぼしながらも、パクパク期の食事を自分で食べている。 ○友達に興味があり、近づいてかかわろうとしている。	○好きなものを手づかみで食べようとしている。 ○登園時、母親から離れるのをいやがり、保育者に抱かれると泣きやんで落ち着いているが、下ろそうとすると大声で泣いている。	○不安なようすが見られ、新しい保育者がだっこしようとすると、泣きだしてしまうことがある。 ○戸外に出ることを喜び、花を触ろうとしている。
ねらい ★ 内容 ☆	★好きなものを喜んで食べようとする。 ★保育者や友達といっしょに遊ぶことを楽しむ。 ☆スプーンを持って意欲的に食べる。 ☆保育者に仲立ちされて、友達といっしょに遊ぶ。	★不安な気持ちを受け止められ、安心して園生活に慣れる。 ☆保育者のそばで安心して過ごす。 ☆好きな物を喜んで食べる。	★保育者に慣れ、きげん良く過ごす。 ☆特定の保育者にかかわってもらい、安心して自分の気持ちを表す。 ☆戸外探索をして、喜んで遊ぶ。
環境づくりと保育者の援助 ◇◆	◇後ろからさりげなく介助したり、「おいしいね」など笑顔で声をかけたりして、楽しく食事ができるようにする。 ◆登園して来た友達をいっしょに迎え、誘い合って遊ぶようにする。 ◇「○○ちゃんといっしょ、うれしいね」など、友達とかかわるうれしさに共感する。	◇できるだけ同じ保育者が、ゆったりとかかわるようにし、安心して過ごせるようにする。 ◆手や口をすぐにふけるように、手もとにおしぼりを用意しておく。 ◇「おいしいね」など食事をすることの楽しさを感じられるようにことばがけをする。	◇不安な気持ちを十分に受け止め、笑顔で話しかけたり、スキンシップをたくさん取ったりして、少しずつ保育者に慣れるようにする。 ◆戸外に出て、探索する時間を多く取る。 ◇虫や花など、子どもといっしょの目線で楽しみ、共感する。
子どもの発達と評価・反省・課題 ◎✽	◎友達が登園すると笑顔で近づいている。 ◎戸外探索を喜び、興味のあるところに向かって歩いていっている。	◎食事では好きなものだけ自分で食べようとしている。 ✽日中、泣いたり、泣きやんだりして過ごしている。不安にならないよう保育者と十分にかかわって安心できるようにする。	◎保育者の近くで好きな遊びを楽しみ、安心して過ごしている。 ◎歌や手遊びなど楽しんでおり、保育者のまねをしている。

週案的要素

	生活と遊び	生活と遊び	生活と遊び
第1週	パクパク期の食事を自分で食べる。	保育者に抱かれ、安心して過ごす。	保育者のそばで、好きな遊びをする。
第2週	スプーンを持って好きなものを食べる。	好きなものを、手づかみで食べる。	園庭へ出て、花を見たり虫を探したりする。
第3週	保育者に仲立ちされて、友達と遊ぶ。	保育者にふれあい遊びをしてもらう。	戸外に出て、探索遊びを楽しむ。
第4週	戸外へ出て歩き、探索遊びをする。	食後、手や口をふいてもらい気持ち良くなる。	保育者のまねをして、歌や手遊びを楽しむ。

育ちメモ

新入園児ですが、不安なようすもなく、意欲的に食事をしたり、友達に関心を持つようすから、適応力があることがわかります。

同じ年齢でも、新しい生活の場への適応には個人差が大きいものです。母子の愛着関係が成立しているか観察しましょう。

進級児ですが、新担任の保育者に慣れにくいようですね。しかし、そばで見守られると遊びます。個別対応が必要ですね。

午睡中に泣いて目覚める G児（1歳4か月）	タンポポに触りたい H児（1歳5か月）
○時々、戸外を指さして大泣きしたり、午睡の途中で目覚めて泣きだしたりしている。	○戸外に出ることを喜び、タンポポの花を触ろうと近づいて行っている。 ○音楽が流れると、うれしそうに体を揺らしている。
★保育者に親しみ、安心して園生活を楽しむ。 ☆保育者に見守られて、安心して、一定時間眠る。	★新しいクラスでの生活に慣れる。 ☆保育者といっしょに音楽に合わせて体を動かして遊ぶ。 ☆春の自然に興味を持ち、見たり触ったりしようとする。
◆家庭で使っている愛着のある玩具や毛布を、持ってきてもらうようにする。 ◇不安な気持ちを受け止め、同じ保育者が、スキンシップを十分に取り、信頼関係を築けるようにする。 ◇入眠時は、手を握ったり、子守歌をうたったりし、目覚めたときにそばにいるよう心がける。	◆季節の歌や、なじみのある歌を用意しておく。 ◇タンポポなど自然に触れられた喜びを受け止め、共感していく。 ◇歌や手遊びを、保育者もいっしょに楽しみながら、繰り返し行なう。
◎家でのお気に入りの毛布があると、日中は、落ち着いて、午睡時も眠っている。 ✳遊び始めると毛布の存在を忘れて夢中で遊んでいるので、徐々に取っていきたい。	◎保育者に見守られる中で安心して過ごしている。 ◎手遊びをするとまねをして楽しむ姿が見られる。 ✳保育者とのかかわりを楽しんでいるのでこれからも楽しんでいきたい。

生活と遊び	生活と遊び
特定の保育者に抱かれ、安心して過ごす。	新しいクラスに慣れ、落ち着いて過ごす。
家庭での愛着のある玩具で遊ぶ。	戸外へ出て、タンポポを見たり、触ったりする。
お気に入りの毛布を握って午睡する。	音楽を聴いて、体を揺らして遊ぶ。
好きな毛布のそばで、安定して遊ぶ。	保育者と手遊びや、歌をうたって遊ぶ。

家庭で慣れ親しんだタオル、毛布、玩具などは、母親との愛着の代替物として子どもを安定させます。徐々に離していきましょう。

進級児で月齢が高いこともあり、すんなりと新しいクラスに適応し、音楽を楽しんでいますね。関心を広げていきましょう。

※4月から8月は、個人の週案的な要素（生活と遊び）と、ひとりひとりの育ちの見通し（育ちメモ）を掲載しています。

4月 個人案

4月 個人案

5月 P.64へ

	J児（1歳8か月） 不安になって泣く	K児（1歳8か月） 体を使って遊ぶのが好きな	L児（1歳10か月） 衣服の脱ぎ着に興味がある
今月初めの子どもの姿 ○	○登園時は不安そうな表情をして、保護者の姿を探して泣いている。 ○戸外に出ることを喜ぶ。	○戸外で遊ぶことを喜び、戸外では体を動かすことを楽しんでいる。 ○好きな曲が流れると、体を揺らして楽しんでいる。	○簡単な衣服の脱ぎ着に興味を持っている。 ○絵本を喜んで見て、動物などの動きを体で表現しようとしている。
ねらい★・内容☆	★特定の保育者と安心して過ごす。 ☆好きな遊びを見つけ、保育者といっしょに遊ぶ。	★保育者や友達といっしょに体を動かして遊ぶことを楽しむ。 ☆曲に合わせて体を揺らして遊ぶ。 ☆戸外で探索活動を十分にする。	★簡単な衣服の脱ぎ着を自分でしようとする。 ★保育者といっしょに模倣遊びを楽しむ。 ☆紙パンツをひとりではく。 ☆絵本に出てくる動物のまねをする。
環境づくりと保育者の援助 ◆◇	◆なるべく同じ保育者がかかわるようにする。 ◇不安な気持ちを十分に受け止め、静かな落ち着いた場所で、スキンシップをよく取るようにする。 ◇戸外に出て、気分が発散できるようにする。	◆十分に体を動かして遊べるように、戸外探索や体育遊具での遊びをたくさん取り入れるようにする。 ◇足もとを整理して、けがのないように目を離さないようにする。 ◆K児の好きな曲を把握しておき、流していっしょに楽しめるようにする。	◆ロッカーに、ひとりひとりのマークのシールをはっておき、自分のものだとわかりやすいようにしておく。 ◇「右足はこっちよ」など言葉をかけ、自分でしようとする気持ちを大切にする。 ◆動物が出てくる絵本を用意し、手に取りやすい所に置いておく。 ◇「大きなゾウね」などイメージを共有できるような言葉をかける。
子どもの発達と評価・反省・課題 ◎※	◎歩行が安定し、時々走るなどして戸外探索を楽しんでいる。 ※食べている途中で、飽きて食べ物で遊ぶことがある。	◎戸外遊びでは、走ることに興味を持ち、楽しんでいる。歩くことも安定している。 ※体を十分に動かせるスペースを用意する。	◎簡単な衣服の脱ぎ着に興味を持ち、紙パンツやズボンの脱ぎ着を自分でしようとする。 ◎動物や花などを体で表現して楽しむ。

週案的要素

	生活と遊び	生活と遊び	生活と遊び
第1週	特定の保育者と、タッチング遊びをする。	戸外へ出て、探索活動を十分にする。	紙パンツなどに興味を持って、自分ではく。
第2週	保育者といっしょに、好きな遊びをする。	保育者や友達と、戸外でしっぽ取りなどで体を動かして遊ぶ。	好きな動物の絵本を、繰り返し見る。
第3週	戸外へ出て、歩き回って遊ぶ。	好きな曲に合わせて体を揺らして遊ぶ。	関心を持った動物のまねっこ遊びをする。
第4週	保育者に見守られて、最後まで飽きずに食事をする。	戸外で思い切り走り回って遊ぶ。	自分のロッカーのマークがわかり、物の出し入れをする。

育ちメモ

1歳児は、母子愛着関係が0歳より深まるので、分離不安が強くなります。特定の保育者がふれあい遊びでかかわりましょう。

歩行が習熟すると、障がい物をまたいだり潜ったり、体を動かすことを好むようになります。安全に注意して楽しませます。

握力がつき、靴下を引っ張って脱いでいたのが、自分でパンツなどをはこうとするのですね。成就感（じょうじゅ）を見届けましょう。

M児（1歳10か月） ―排尿時間が一定―

- ○排尿間隔が一定になってきている。
- ○保育者がそばに付くとすぐに眠りにつくようになってきている。

- ★保育者のそばで、安心して過ごす。
- ★オマルにいやがらずに座る。
- ☆一定時間お昼寝をする。
- ☆保育者に見守られながら、オマルに座る。

- ◆肌触りのよい便座シートを付けておく。
- ◇排尿間隔を把握し、タイミングよくトイレに誘うようにする。
- ◇入眠時はなるべく同じ保育者がかかわるようにし、目覚めたときにもそばにいて、安心できるようにする。

- ✳好き嫌いが出てきて、苦手なものは口にしようとしない。少量ずつ食べられるような工夫をしていきたい。
- ◎トンネル遊びを好み、出口で、保育者が「ばぁ」と顔を見せると、とても喜んでいる。

生活と遊び

保育者に見守られ、オマルで排尿する。
食べ物の味の違いがわかり、食べ物を選んで食べる。
保育者に見守られ、一定時間午睡する。
トンネルで、くぐったり、出たりして遊ぶ。

歩行の習熟で脳からの神経支配が足先まで届いたことがわかりますが、排尿の自立の時期を迎えます。うれしさを共感しましょう。

N児（1歳11か月） ―登園時に不安そうに泣く―

- ○母親と離れる際、不安そうに泣く。
- ○好き嫌いがあり少量しか食べない。
- ○曲が流れると体を動かし喜んでいる。

- ★特定の保育者がかかわり安心して過ごせるようにする。
- ☆給食に慣れ、少量ずつ食べようとする。
- ☆体操などの曲に合わせて体を動かすことを楽しむ。

- ◆保育者のそばや、好きな友達の近くで食べられるようにし、楽しい雰囲気づくりを心がける。
- ◇食事量を加減するなどして、自分で食べられた満足感を味わえるようにする。
- ◇なじみのある楽しいテンポの曲を流したり、保育者もいっしょに体を動かしたりして楽しむ。

- ◎登園時、あまり泣かなくなり、不安そうにしていても、保育室に入ると笑顔で落ち着いている。
- ◎ブロックを使って、ひとり遊びを繰り返し、楽しんでいる。

生活と遊び

特定の保育者のそばで、安心して遊ぶ。
食事の量を加減してもらい、自分で食べる。
体操などの曲に合わせて体を動かす。
ブロックを使い、ひとりで集中して遊ぶ。

母子との愛着関係ができていない子どもも情緒不安が強いのです。不安の要因を見極めて、母親の援助も考えていきます。

※4月から8月は、個人の週案的な要素（生活と遊び）と、ひとりひとりの育ちの見通し（育ちメモ）を掲載しています。

これも！おさえておきたい 4月の計画のポイントと文例

本指導計画の月案では、A～H、J～N児に合った今月のねらいなどを掲載しています。より参考にしていただけるように、ここでは、この月によくある、ほかにも押さえておきたいポイントを紹介しています。

4月 ▶文例

今月のねらい

ひとりひとりの子どもには子どもの生育史が刻まれています。体験の刻み込まれた体や心をまず受け止め、その主体に大切に添いながら子どもの発達を加味してゆとりを持たせ、園の生活リズムに徐々に移行します。

文例

ひとりひとりの生活のリズムを大切にしながらゆったりと過ごせるようにする。

健康・食育・安全

園全体の運営管理的な側面ですが、尊い命を預かる以上、まず健康維持のためにその月の気候、時期に即して健康管理、食育、安全の視点を明確にします。日々成長発達する子どもにとって、食事によって体調を整えることは欠かせません。まず好みに合わせます。

文例

体調や好みを見ながら食事を楽しめるようにする。

保育者間の連携

園の運営には、保護者の保育時間の要望に即し開園時間を定めていきますが、保育者の労働時間の規定もあり、時差出勤のローテーションを定めていきます。また、複数担任制を取る場合が多く、絶えず個別の役割分担を確かめ合いチームとして責任を取っていきます。

文例

時差出勤に伴う役割分担を確認し合う。

家庭・地域との連携

4月は新しい園生活に必要なオムツや衣服などを、家庭から持参してもらいますが、決められたロッカーなどに、個別の印があると保護者も安心して整理できます。ひとりの子どもを、園と保護者が連携して信頼関係を築いていくことが、よい子育ての基本となります。

文例

持ち物や荷物の置き場所を図で描いてわかりやすくしておくとともに、保護者ひとりひとりに対応する。

4月 日の記録

保育を振り返るために、また仕事の証（あかし）として、日々の記録は欠かせません。ここでは例として、同じ日の月齢の近い6人を抜き出して掲載しています。次の計画に生かしましょう。

CD-ROM 日の記録フォーマット

4月25日（金）

時刻	A児 (1歳1か月)	B児 (1歳3か月)	E児 (1歳2か月)	F児 (1歳4か月)	G児 (1歳4か月)	H児 (1歳5か月)
8	登園	登園	登園	登園	登園	登園
9	果汁(全) / 戸外遊び	果汁(全) / 戸外遊び	果汁(全) / 戸外遊び	果汁(全) / 戸外遊び	間食(全) / 戸外遊び	果汁(全) / 戸外遊び
10	オ	オ	オ	オ	オ	オ
11	給	給(全)	給(おかず半分残す)	給(全)	給(全)	給(全)
12	オ / 12:50↓	オ / 12:45↓	オ / 12:55↓	オ / 12:40↓	オ / 12:45↓	オ / 12:40↓
13	↓	↓	↓13:50	↓	↓	↓13:55
14	↓14:15	↓14:45		↓14:45	↓14:10	
15	オ / 間食(全)	オ / 間食(全)	オ / 間食(全)	オ / 間食(全)	オ / 間食(全)	オ / 間食(全)
16		降園	降園	降園		降園
	延長保育へ				延長保育へ	
17						
18						

主な保育の予定

本日のねらい
- 保育者に親しみ、好きな場所、遊びを見つけ、安心して過ごす。

登園時に留意すること
- 笑顔で受け入れをする。

環境づくり（歌・絵本・素材・コーナーなど）
- 歌：『チューリップ』
- 絵本：『いないいないばあ』
- 戸外：砂場（砂をほぐしておく、水をまく）

降園時に留意すること
- 園でのようす、けがの有無を伝える。

保育の実際と評価・反省・課題

登園時の健康観察（異常 無・有… ）

養護（生命の保持と情緒の安定）にかかわること
長ズボンをはいている子どもが多い。温かくなり、脱ぎ着もしやすいよう、半ズボンを持ってきてもらうようにする。

環境づくりについて
園庭での他クラスの運動遊びを、子どもたちと見に行き、手をたたいて応援した。興味を持っていたので、これからも見に行きたい。

保育者の援助について（チームワークを含む）
泣き声に起きてしまう子どもが多いので、起きた子どもはテラスで気分転換できるようにする。

降園時の健康観察（異常 無・有… ）

凡例：小：排尿　大：大便　オ：オムツ交換　く：薬　給：給食（全）全食　茶：お茶　↓：睡眠

実践ポイント
春の園庭はぽかぽかと心地良いものです。ほかのクラスの運動遊びを見ることは、気分転換にもなり、自分が走っているようになります。

※ SIDS（シッズ）とは「乳幼児突然死症候群」と呼ばれる、睡眠中突然死する病気です。一定時間ごとに睡眠中の子どものようすを確認しましょう。ここでは10分ごとに複数の保育者でチェックしています。SIDSについて詳しくはP.172をご覧ください。

4月のふりかえりから5月の保育へ

今月のねらい（P.50参照）
- 新しい環境に慣れ、保育者に親しみながら安心して過ごせるようにする。
- 保育者に見守られながら、好きな遊びや場所を見つけてきげん良く遊ぶ。

ふりかえりポイント
- ★ ねらいの設定は？
- ◆ 環境構成・援助は？
- ○ 子どもの育ちは？
- 次月へのつながりは？

T先生（5年目）：私たちの保育はどうでしょう。場面を思い浮かべて振り返ってみましょう。
S先生（2年目）

4月 例えば…

C児（1歳6か月）の場合

★新しい保育室に慣れ、「したい！」と思う遊びを十分にすることをねらいにし、◆「できるだけ同じ保育者がゆったりとかかわる」「夢中で遊んでいるときは、そっと見守る」を心がけたのですが……。

- あまり遊びが続かず、落ち着いて遊んでいる場面が少なかったように見えたわね。
- そうなんです。Cちゃんは0歳児クラスからの継続児だけど、新しい環境で不安になっていたのかも……。Cちゃんが夢中になって遊べるのってなんでしょう…。あ！ ○型はめでは、板をはめたり持ち替えたりして繰り返し遊んでいました。
- Cちゃんほどの月齢になると、可逆操作ができるようになるの。
- なるほど！ パズルなどはどうなんでしょう？
- いいわね！ 何を楽しんでいるかを見極めるのよ！

> 可逆操作とは… 間違えば、「三角ではない、四角だ（〜ではない〜だ）」と操作を変えられる能力です。1歳6か月ごろになると見分ける力（弁別能力）が養われてきます。

G児（1歳4か月）の場合

★園という新しい環境に慣れていけるように、◆家庭での生活環境になるべく近づけるようにしたの。

- 私たち大人でも新しいところに行ったら、ドキドキしますよね。子どもたちが不安になるのはあたりまえのことですね。
- そのとおりよ。だから、Gちゃんにとって落ち着ける場所である、家庭に近い環境をつくってあげないとね。家庭で使っている毛布や玩具を持ってきてもらったり、眠るとき、ごはんを食べるときのようすを保護者に聞いて、できる範囲で取り入れたの。
- 毛布を触っていると安心して眠れるみたいですね。
- 園でのそのようなようすを、保護者に伝えることもしながら、子どもの24時間の生活を視野に入れて、園と家庭で同じ姿勢で育てることが共育てよ！ 常にこの意識を持ちましょうね。
- はい！

伝えたい!! 園長先生のおはなし

キーワード　子どもの生活実態に寄り添う

同じ月齢であっても、家庭での生活リズムや過ごしかたは多様ですよね。24時間を視野に入れて、無理なく園の生活に適応できるよう、保護者とよく話し合い、連続性を重視してきましたね。愛着を持っている毛布や玩具を持ってくることを容認したり、生活のしかたを家庭に近いものにしたりしたことで、スムーズに移行できたのね。

クラス全体では
次月の指導計画に生かせます！

- ひとりひとりの生活リズムを把握して、ひとりひとりに配慮できたことで、園での生活に慣れてきているようね。
- はい。私たち保育者のそばで、安心して楽しく過ごせるような保育を、来月も考えていきたいですね。
- 5月の連休もあることだから、生活リズムを整え、安心してのびのびと遊べるようにしたいわね。

今月の評価・反省・課題（P.51参照）
少しずつ新しい環境にも慣れ、子どもたちも落ち着いて過ごしている。保育者と信頼関係を築き、保育者に見守られながら、好きな遊びを楽しむようになっている。しかし、遊びに興味を示さず動き回っている姿があるので、楽しい遊びを用意する。

5月

ねらいより
園のリズムに慣れ、安心感を持って過ごす。

月案（A～C児）　P.60

いやなことを泣いて伝える
A児（1歳2か月）

ひとり遊びを楽しむ
B児（1歳4か月）

型はめが好きな
C児（1歳7か月）

個人案（D～H児）　P.62

虫や花に興味津々
D児（1歳3か月）

不安で泣きだす
E児（1歳3か月）

曲に合わせて体を揺らす
F児（1歳5か月）

お気に入りの毛布で安心
G児（1歳5か月）

穴落としを夢中で楽しむ
H児（1歳6か月）

個人案（J～O児）　P.64

食べ物で遊ぶ
J児（1歳9か月）

友達に手が出てしまう
K児（1歳9か月）

排尿後、腰をモゾモゾする
L児（1歳11か月）

苦手な食べ物に挑戦！
M児（1歳11か月）

ブロックを見たてて遊ぶ
N児（2歳）

途中入所（園）で人見知りがある
O児（1歳8か月）

これも！おさえておきたい

5月の計画のポイントと文例　P.66

日の記録　P.67

5月のふりかえりから6月の保育へ　P.68

※1歳児クラスでは、4月以降も途中入所（園）児がいることを踏まえ、多様な場面でご参考頂けるよう、本書では13人の個人案からスタートし、5月に1人、6月に1人増え、計15名となります。

5月 月案

CD-ROM　5月▶月案

* 💡マークのマーカーが引いてある部分は、ページ下部の解説とリンクしているのでご覧ください。
* 「今月のねらい」「健康・食育・安全」「保育者間の連携」「家庭・地域との連携」については、P.66の内容も、立案の参考にしてください。

今月のねらい（クラス全体としてのねらいです）
- 園生活のリズムに慣れ、安心感を持って過ごせるようにする。
- 保育者といっしょに好きな遊びをしたり、体を動かしたりして遊ぶことを楽しむ。

5月 月案

	前月の子どもの姿 ○	ねらい ★・内容 ☆
いやなことを泣いて伝える A児（1歳2か月） 	○思いどおりにいかないことがあると、大きな声で泣き続けることがある。 ○ハイハイからつかまり立ちをよくしている。	★特定の保育者のそばで安心して過ごす。 ★保育者といっしょに体を使った遊びを楽しむ。 ☆保育者に思いを受け止めてもらい、安心して遊ぶ。 ☆保育者に見守られ、ハイハイやつかまり立ちをする。
ひとり遊びを楽しむ B児（1歳4か月）	○食事の途中で遊び始めることが多い。 ○動く玩具に興味を持ち、ひとりで繰り返し遊んでいる。	★保育者に介助され、最後まで食べようとする。 ★ひとり遊びを十分に楽しむ。 ☆保育者や友達のそばで、満足するまで食べる。 ☆いろいろな玩具に興味を持ち、繰り返し遊ぶ。
型はめが好きな C児（1歳7か月）	○型はめの遊びを楽しんでいる。 ○イスに落ち着いて座ろうとせず、体を反らすことがある。	★保育者や友達といっしょに食事を楽しむ。 ★好きな玩具でひとり遊びを楽しむ。 ☆楽しい雰囲気の中で落ち着いて食事をする。 ☆保育者に見守られながら、型はめをして遊ぶ。

週案的要素

	第1週	第2週
生活と遊び	A児 ハイハイしたり、つかまり立ちをしたりして移動する。 B児 保育者や友達と楽しんで食事をする。 C児 保育者のそばで、ブロック積みや型はめで遊ぶ。	A児 保育者に介助され、苦手な野菜を少しずつ食べる。 B児 車など動く玩具で繰り返し動かして、ひとり遊びをする。 C児 保育者に見守られ、イスに座って落ち着いて食事をする。
クラスの行事生活遊びの計画	月 砂場で遊ぶ 火 戸外探索 水 砂場で遊ぶ 木 戸外探索、なぐり描き 金 砂場で遊ぶ、なぐり描き 玩具・ブロック、型はめ 歌・「こいのぼり」 絵本・『いないいないばあ』	月 砂場で遊ぶ 火 戸外探索 水 砂場で遊ぶ 木 戸外探索 金 砂場で遊ぶ 玩具・ブロック、型はめ、ポスティングボックス 歌・「ちっちゃないちご」『手をたたきましょう』 絵本・『いないいないばあ』

💡書き方のヒント　いい表現から学ぼう！

子どもの咀嚼（そしゃく）力や食べる量、好みに合わせて、食材の大きさを工夫したり、量を加減したりする。

→ 理由

食べ物の大きさや量の加減
乳歯の生え方や、食べ物をかむ力に個人差があり、また、1歳ごろは、一時的に食べる量が減りますので食材の切り方、柔らかさ、量を加減する配慮は、大切です。

5月 月案

健康・食育・安全
- 日ざしが強い日には早めに室内に入ったり涼しい場所で水分補給したりする。
- 子どもの咀嚼力や食べる量、好みに合わせて、食材の大きさを工夫したり、量を加減したりする。
- 玩具や遊具の破損や汚れなど点検し、子どもから目を離さない。

保育者間の連携
- 連休疲れや情緒不安になる子どもの状態を把握し共通理解する。
- 探索が活発になるので見守りの位置や範囲、危険な行動など話し合う。
- はだしになって戸外へ行くのでチームワークを取って動く。

家庭・地域との連携
- 日ざしが強くなるので帽子を持ってきてもらうようにする。
- 連休明けに、体調など子どもの状態を聞き、情報交換する。
- 汗をかいたり、汚れたりするので着替えを十分に持ってきてもらう。

環境づくり◆と保育者の援助◇
- ◆A児の思いをていねいに受け止められるように、静かな落ち着いた場所を設ける。
- ◇思いを十分に受け止め、すぐに要求にこたえられないときは「○○したいのね。今は行けないからあとでね」と見通しをたてられるような言葉をかける。
- ◇口に物を入れて歩かないよう注意して見守る。

- ◆食事に時間をかけすぎないように、時間配分に注意する。
- ◇保育者や友達といっしょに食事をする楽しさに共感し、たくさん食べられたときにはおおいに褒めるようにする。
- ◆ひとり遊びを楽しめるように、玩具を十分に用意する。
- ◇集中して遊んでいるときには、そばで優しく見守る。

- ◆型はめやポスティングボックスなど、指先を使って遊べる玩具を用意しておく。
- ◇集中しているときは見守り、保育者の方を見たときには、「おもしろいね」など楽しさに共感する。
- ◇座ったまま反り返ると危ないことを知らせる。

子どもの発達◎と評価・反省・課題✳
- ✳野菜が苦手で残すことが多い。少しずつ食べられるように工夫していきたい。
- ◎つかまり立ちをすることを喜び、壁を伝って2、3歩あるいている。

- ◎スプーンやフォークを使って、こぼしながらも自分で食べようとしている。
- ◎尿意を感じると、自分でズボンを脱ごうとしている。

- ◎保育者に見守られながらひとり遊びを楽しむようになる。
- ✳月齢の近い友達に優しく声をかけたり、体に触れたりしている。優しさを受け止めていきたい。

第3週
- **A児** 保育者に見守られ、ハイハイやつかまり立ちをして遊ぶ。
- **B児** 尿意を感じたら、自分でズボンを脱ごうとして、知らせる。
- **C児** 砂場で、空き容器で型抜きを繰り返しして遊ぶ。

- 月 戸外探索、砂場で遊ぶ
- 火 大玉・ボール遊び
- 水 誕生会、砂場で遊ぶ
- 木 戸外探索、砂場で遊ぶ
- 金 戸外探索、なぐり描き

- **玩具** ・ブロック、型はめ、ボール
- **歌** ・『ちっちゃないちご』『手をたたきましょう』
- **絵本** ・『いないいないばあ』

第4週
- **A児** 壁につかまって、1歩ずつ伝い歩きをして遊ぶ。
- **B児** スプーンやフォークを使って、こぼしながらもひとりで食事する。
- **C児** オマルに慣れ、いやがらずに座る。

- 月 戸外探索
- 火 すべり台、トンネルくぐり
- 水 シールはり
- 木 トンネルくぐり、マット遊び
- 金 砂場で遊ぶ

- **玩具** ・ブロック、型はめ、ボール
- **歌** ・『ちっちゃないちご』『手をたたきましょう』
- **絵本** ・『いないいないばあ』

評価・反省・課題 (P.68でくわしく説明!)
体調が不調になり、休む子どもが多かったが、ひとりひとりの子どもへのかかわり方を共通理解することで、子どもも安心して園生活のリズムに慣れていったように思える。子どもの興味に合わせ、静・動の混じっためりはりのある保育を取り入れていきたい。

5月 個人案

	D児（1歳3か月）虫や花に興味津々	E児（1歳3か月）不安で泣きだす	F児（1歳5か月）曲に合わせて体を揺らす
前月の子どもの姿 ○	○手を使うこともあるが、自分で最後まで食べようとしている。 ○戸外に出て、虫を見つけてじーっと見ている。	○食事の補助など保育者に手伝ってもらうことをいやがる。 ○日中、不安になり泣く姿がある。	○曲が流れると体を揺らして楽しんでいる。 ○戸外に出ることを喜び、興味のある所に向かって歩いている。
ねらい ★内容 ☆	★手づかみや、スプーン、フォークを使って、自分で食べようとする。 ★戸外で、春の自然に親しむ。 ☆スプーンやフォークを使って食べる。 ☆保育者といっしょに虫や花に興味を持つ。	★特定の保育者に思いを受け止めてもらい、安心して過ごす。 ☆保育者に見守られて、自分で食べようとする。 ☆保育者のそばできげん良く過ごし、園での生活に慣れる。	★保育者に見守られて好きな遊びを楽しむ。 ☆歌をうたったり手遊びをしたり、歌に合わせて体を動かしたりして遊ぶ。 ☆戸外で探索活動を十分にする。
環境づくりと保育者の援助 ◆◇	◆スプーンやフォークで食べやすい大きさに調理しておく。 ◇自分で食べる喜びに共感し、自分で食べたという満足感を持てるようにする。 ◆テントウムシやタンポポなど、春の自然にふれて遊べる場所を確認しておく。 ◇D児と同じ目線に立ち、同じ物を見るようにする。	◆できるだけ特定の保育者がかかわるようにする。 ◇後ろから手を添えたり、量を加減したりするなど、さりげなく介助して、自分で食べるうれしさを味わえるようにする。 ◇思いに共感したり、スキンシップを取ったりして、満足するまでゆったりとかかわっていく。	◆楽しいテンポの歌や手遊びを用意しておく。 ◇保育者もいっしょになって、音楽に合わせて体を動かして、楽しさに共感する。 ◆砂場の安全を点検し、石や危険な物を拾っておく。 ◇子どもの発見を大切にし、いっしょに戸外の環境を楽しむ。
子どもの発達と評価・反省・課題 ◎ ✳	✳午前中や食事中に眠たくなることが多い。 ◎さまざまな物に興味を持ち、気になると歩み寄って探索活動をしている。	◎園生活にも少しずつ慣れてきて、泣く姿もなくなっている。 ◎保育者に親しみを持ち、保育者とかかわったり、いっしょに遊ぶことを楽しんでいる。	◎体を動かすことを楽しんでおり、保育室や戸外で歩くことを喜んで楽しむ。 ◎運動遊具を使った遊びなども保育者の誘いやいっしょに遊ぶことで楽しんできているので、さまざまなものにかかわっていく。

週案的要素

	生活と遊び（D児）	生活と遊び（E児）	生活と遊び（F児）
第1週	保育者といっしょに戸外へ出て、春の自然に触れて遊ぶ。	特定の保育者に抱かれ、安心して過ごす。	戸外へ出て、探索活動をする。
第2週	スプーンやフォークを使って、ひとりで食べているが、手づかみでも食べる。	保育者に介助されながら食事をする。	音楽を聞き、好きなように体を動かして遊ぶ。
第3週	戸外に出て、虫を探したり探索したりして遊ぶ。	保育者とふれあい遊びをして楽しく過ごす。	保育者に見守られ、砂場で遊ぶ。
第4週	午前中、時々睡眠を取る。	保育者に見守られながら、玩具で遊ぶ。	運動遊具を使って、体を動かして遊ぶ。

育ちメモ

- 5月の園庭では、タンポポが咲き、テントウムシが見られたりして魅力的な情景です。戸外遊びを存分に楽しませましょう。
- 4月に少し慣れかけた園も、連休明けには不安定になることがあります。特定の保育者が受け止めることで、安定します。
- 歩行が自由にできるようになり、活発に体を動かすことが発達課題となります。戸外での探索や運動遊具で遊びましょう。

4月 P.53から　　**6月** P.73へ　　　CD-ROM　5月 ▶個人案_1

5月 個人案

G児（1歳5か月）　お気に入りの毛布で安心

- お気に入りの毛布のそばで、安心して眠っている。
- 遊びの途中で、不安になって泣くことがある。

- ★ 保育者や安心できる物を見つけられるようにする。
- ☆ 気持ちが安定できる物を見つける。
- ☆ 好きな遊びを繰り返し楽しむ。

- ◆ 家庭で使っているお気に入りの毛布や玩具を持ってきてもらい、子どもの手の届くところに置いておく。
- ◇ できるだけ同じ保育者がかかわり、安心できるようにする。
- ◇ 集中して遊んでいるときは、優しく見守る。

- ◎ こぼしながらもスプーンを持ってひとりで食べようとする。
- ◎ 座って遊ぶことより、体を動かして遊ぶことのほうが好きなようである。

生活と遊び

特定の保育者にかかわってもらい、安心して過ごす。
家庭で親しんでいる玩具で遊ぶ。
こぼしながらも、スプーンを持ってひとりで食べる。
好きな所を歩いて探索遊びをする。

情緒的に不安定な子どもは、家庭で愛着を持っている毛布やお気に入りの玩具を持ってきてもらうと、落ち着くのですね。

H児（1歳6か月）　穴落としを夢中で楽しむ

- 穴落としなど、指先を使った遊びを楽しんでいる。
- 絵本に出てくる動物を指さしている。

- ★ 保育者のそばで好きな遊びを繰り返し楽しむ。
- ☆ 指先を使って型はめなどをして遊ぶ。
- ☆ 保育者といっしょに好きな絵本を繰り返し楽しむ。

- ◆ ポスティングボックスや型はめなど指先を使って遊べる玩具や、お気に入りの絵本を、見える場所に置いておく。
- ◇ 夢中で遊ぶ姿を見守り、目が合ったらうなずいたり声をかけたりして、楽しさに共感する。
- ◇ 満足するまで繰り返し絵本を読み、保育者もいっしょに楽しむ。

- ◎ 好きな遊びを見つけ、保育者といっしょに遊ぶことを楽しんでいる。
- ◎ 園生活にも慣れて、排せつ時にはオマルで排尿している。

生活と遊び

保育者に好きな絵本を読んでもらう。
指で握ったものを穴に落として遊ぶ。
保育者のそばで型はめ遊びをする。
保育者に見守られ、オマルに座って排尿する。

指で握っている物を、落とすことに興味を持つ時期があります。指の感覚と目の協応の発達に大切な遊びです。

5月 個人案

	J児（1歳9か月） 食べ物で遊ぶ	K児（1歳9か月） 友達に手が出てしまう	L児（1歳11か月） 排尿後、腰をモソモソする
前月・今月初めの子どもの姿 ○	○自分で食べようとしているが、途中で飽きて食べ物で遊ぶことがある。 ○興味のある所へ行き、探索を楽しんでいる。	○友達に玩具を取られそうになったり、いやなことがあったりすると手が出る。 ○友達の遊ぶようすをまねて、同じ遊びをしようとすることがある。	○紙パンツがぬれると腰がモソモソしている。 ○手遊びが好きで喜んでする。 ○かけっこなど体を動かして遊ぶことを楽しんでいる。
ねらい ★ ・内容 ☆	★満足するまで、自分で食べようとする。 ★保育者といっしょに探索活動を楽しむ。 ☆保育者に介助され、最後まで食べようとする。 ☆いろいろなものに興味を持ち、探索活動を十分にする。	★保育者のそばで安心して過ごす。 ★保育者に見守られながら、お気に入りの玩具で遊ぶ。 ☆保育者に思いを受け止めてもらい、きげん良く過ごす。	★オマルで排尿できたうれしさを味わう。 ★保育者や友達といっしょに遊ぶことを楽しむ。 ☆オマルに座ることに慣れる。 ☆保育者や友達といっしょに手遊びや体を動かして遊ぶことを楽しむ。
環境づくりと保育者の援助 ◆ ◇	◇「おいしいね」と声をかけたり、量を調節したりして、自分で食べようとする気持ちを大切にしていく。 ◆戸外に出る際は、あらかじめ散歩のコースを下見しておいたり、危険な物がないか確認したりしておく。 ◇指さす物をいっしょに見たり、思いに共感したりして探索活動をいっしょに楽しむ。	◆友達と同じ空間で遊べるようにし、ひとり遊びでもじっくり楽しめるように、十分なスペース、玩具の数を用意しておく。 ◇「○○で遊びたかったのよね」など、K児の気持ちに寄り添った言葉をかける。	◆目線の高さに、動物のイラストをはっておくなど、行くのが楽しくなるような、トイレの環境を整える。 ◇排尿間隔を把握し、タイミングよく誘う。 ◇歌に合わせて、体を動かし、保育者もいっしょになって楽しむ。
子どもの発達と評価・反省・課題 ◎ ✻	◎好きな玩具を見つけ、ひとり遊びを十分に楽しんでいる。 ◎二語文を話すようになり、保育者と簡単な言葉のやりとりを楽しんでいる。	◎好きな玩具を持って、ひとりで遊んだり、友達といっしょに遊ぶことを楽しんでいる。 ✻トラブルになると手が出るのでその都度、いけないことだと伝えていく。	◎オマルに興味を持ち、友達がしているようすを見ている。 ◎『手をたたきましょう』の歌に合わせて、笑顔で手をパチパチしてたたいている。

週案的要素

	生活と遊び	生活と遊び	生活と遊び
第1週	好きな玩具でひとり遊びをする。	好きな玩具でひとり遊びをする。	紙パンツで排尿するとしぐさで知らせる。
第2週	時々保育者に介助され、ひとりで食事する。	戸外へ出て探索遊びをする。	オマルに興味を持ちだし促されると座る。
第3週	戸外へ出て、保育者と探索遊びをする。	友達に関心を持ち、同じ遊びをする。	手遊びをして、手をたたいたりして遊ぶ。
第4週	二語文を使って保育者と言葉を使って、やりとりをして遊ぶ。	玩具の取り合いで、トラブルになりながらも、友達と同じ遊びをする。	戸外でのかけっこなど、体を動かして遊ぶ。

育ちメモ

「ワンワン見たね」など、主語と動詞を使っての二語文が話せるようになり、言葉を使う喜びがわかってやりとりができます。

友達の存在に関心を持ちだし、同じ場所で同じ遊びをしますが、玩具の取り合いが起こる段階を経て、仲間関係ができます。

紙パンツで排尿すると、気持ち悪さがわかりモソモソ腰を動かして知らせるタイミングを見抜き、オマルに誘うのですね。

4月 P.55から

CD-ROM 5月 ▶個人案_2

 6月 P.75へ

5月 個人案

M児（1歳11か月） 苦手な食べ物に挑戦！

- ○笑顔で登園するようになってきている。
- ○給食は嫌いなものは食べようとしない。
- ○言葉が出てきており、二語文で話している。

- ★苦手な物も少量ずつ食べようとする。
- ★保育者や友達と言葉のやりとりを楽しむ。
- ☆保育者に促されて、苦手な物を口にする。
- ☆ごっこ遊びや手遊びで、言葉のやりとりをする。

- ◆量を少なくするなどして、少しずつ苦手な物を食べられるような工夫をする。
- ◇少しでも食べたときはおおいに褒め、食べられた喜びを味わえるようにする。
- ◆「どうぞ」「ありがとう」などの言葉のやりとりを楽しめる絵本や手遊びを用意する。
- ◇M児の言葉を補ったり、ほかの言葉に置き換えたりして、ていねいにやりとりを重ねる。

- ◎少しずつ苦手な物を口にしており、こぼしながらも、スプーンを使って食べようとしている。
- ◎戸外に出て、体を動かして遊ぶことを喜んでいる。

生活と遊び

苦手な物も少量ずつ食べる。
言葉でやりとりをしてごっこ遊びをする。
絵本を見て二語文でやりとりする。
戸外へ出て、体を動かして遊ぶ。

食べ物の味や感触がわかるようになり、苦手なものができてきますが、何がいやなのか原因を見つけ、味付けなどを工夫します。

N児（2歳） ブロックを見たてて遊ぶ

- ○保育室の環境や保育者に慣れ、泣かずに登園するようになってきている。
- ○ブロックをつなげて「ブーブ」と名付けている。

- ★保育者に見守られ、きげん良く過ごす。
- ☆園の生活リズムになれ、睡眠や排せつなどが少しずつ身につくようになる。
- ☆保育者や友達との言葉のやりとりを楽しむ。

- ◇N児の睡眠や排せつのリズムを把握し、無理なく過ごせるように対応する。
- ◆友達が視野に入るように、同じ空間で遊べるようにする。
- ◇「赤いきれいなブーブね」など、N児のイメージを共有できるようなことばがけをする。

- ◎登園時、あいさつをすると、笑顔になり、頭を下げる。
- ◎砂場で遊ぶことを喜び、楽しみにする姿がある。

生活と遊び

園生活のリズムに慣れきげん良くしている。
ブロックを見たてて、声を出して遊ぶ。
ごっこなどで友達と言葉のやりとり遊びをする。
友達と砂場で遊ぶ。

イメージが豊かになりだして、ブロックを乗り物に見たて、声を出して遊びだし、言葉を使ってのごっこも楽しめますね。

O児（1歳8か月） 途中入所（園）で人見知りがある

- ○人見知りがあり、母親の後を追って泣いている。
- ○食事をいやがったり、食べる量が少なかったりすることがある。
- ○『ちょうちょう』『チューリップ』の歌が好きで、よく歌を口ずさんでいる。

- ★特定の保育者のそばで、安心して過ごす。
- ☆不安な気持ちを受け止めてもらい、園生活に慣れる。
- ☆季節の歌や好きな歌を保育者や友達といっしょに楽しむ。

- ◇不安な気持ちを受け止め、できるだけ同じ保育者がかかわるようにする。
- ◇O児の好きな歌を流すなどして、楽しい雰囲気づくりを心がける。
- ◇いっしょに歌をうたったり、手遊びをしたりして、楽しさを共有できるようにする。

- ◎特定の保育者がかかわるようにしたことで、不安がって泣くことも減り、園生活にも慣れてきている。
- ＊食べる量が少なく、食事をいやがることが多いので、食事を楽しめるように工夫していきたい。

生活と遊び

特定の保育者に受け止められて落ち着く。
保育者と『ちょうちょう』など好きな歌をうたう。
特定の保育者に食事を介助してもらって、少しずつ食べる。
保育者に手遊びをしてもらって遊ぶ。

育児休暇を取る人が増え、1歳児の途中入所児は増える傾向がありますが、母子愛着の深い時期です。十分に受け止めます。

今月のねらい

乳児、低年齢幼児は、未熟な存在であり自分の生理的・基本的な欲求を、自分で満たすことができません。情緒不安になり泣いて訴えます。生命の保持にかかわることで、大人の適切な介助で満たされると情緒が安定ししだいに生活リズムが整いますので、重要なねらいです。

文例
ひとりひとりの生理的欲求が十分に満たされ、生活リズムが整い、安定感を持って過ごせるようにする。

健康・食育・安全

食事は一方的に強制的に与えられるものではなく、自分から意欲的に食べてこそ栄養として身につきます。季節に添った夏野菜を植え、その生長に関心を持って見たり、赤く色づくイチゴの実に「おいしそうだな」と食欲を覚えたりすることで、食事の意欲が持てます。

文例
イチゴや夏野菜を植え興味・関心を持てるようにしていく。

これも！おさえておきたい
5月の計画のポイントと文例

本指導計画の月案では、A〜H、J〜O児に合った今月のねらいなどを掲載しています。より参考にしていただけるように、ここでは、この月によくある、ほかにも押さえておきたいポイントを紹介しています。

CD-ROM 　5月 ▶文例

保育者間の連携

五月晴れの空にこいのぼりが泳ぎ、草花が咲きそろい、歩き始めた子どもの興味が園庭に注がれます。混雑すると、身をかわすことができない子ども同士がぶつかって転倒事故が起きたり、かみつきが起こったりもしますので、時間調整など話し合っておきます。

文例
園庭・ホールを混雑なく広く使えるよう話し合って調整していく。

家庭・地域との連携

5月初旬の連休期間、子どもたちは家庭の事情で、さまざまな体験をしたことでしょう。どのような過ごし方をしたのか、健康状態はどうであったか、などを伝えてもらうことで、退行現象が理解でき適切に受け止めることができるなど、情報交換は重要な連携となります。

文例
連休中の経験や子どもの健康状態を伝えてもらう。

5月 日の記録

保育を振り返るために、また仕事の証として、日々の記録は欠かせません。ここでは例として、同じ日の月齢の近い6人を抜き出して掲載しています。次の計画に生かしましょう。

CD-ROM 日の記録フォーマット

5月 7日（水）

時刻	C児 (1歳7か月)	J児 (1歳9か月)	K児 (1歳9か月)	L児 (1歳11か月)	M児 (1歳11か月)	N児 (2歳)
8	登園	登園	登園	登園	登園	登園
9	間食(全) 戸外遊び	間食(全) 戸外遊び	間食(全) 戸外遊び	間食(全) 戸外遊び	間食(全) 戸外遊び	間食(全) 戸外遊び
10	オ 茶	オ 茶	オ 茶	オ 茶	オ 茶	オ 茶
11	給(全)	給(全)	給(全)	給(全)	給(全)	給(全)
12	12:50	12:55	小 大 12:30	12:30	小 大(軟便) 12:30	12:25
13	↓	↓	↓	↓	↓	↓
14	14:45	14:45	14:45	14:45	14:45	14:45
15	小 オ 間食(全)	小 オ 間食(全)	小 オ 間食(全)	小 オ 間食(全)	オ 間食(全)	小 間食(全)
16	降園	延長保育へ	延長保育へ	延長保育へ	延長保育へ	延長保育へ
17						
18						

主な保育の予定

本日のねらい
- 保育者といっしょに安心して過ごす。
- 保育者に親しみ、いっしょに好きな遊びを楽しむ。

登園時に留意すること
- 体調や連休中の変化などあれば聞く。

環境づくり（歌・絵本・素材・コーナーなど）
歌：『ちっちゃないちご』、『おかあさん』
絵本：『いないいないばあ』
戸外：砂場（掘り起こし、湿らせる）、ボール

降園時に留意すること
- 1日のようすを伝える。

保育の実際・評価・反省・課題

登園時の健康観察（異常　無・有）…J児：連休中にあごを打ち、けがをしている

養護（生命の保持と情緒の安定）にかかわること
連休明けで、泣いて登園する子どもが多かった。気分がそれるように言葉をかけたり、好きな遊びに興味を促すと落ち着いている。

環境づくりについて
ボール遊びなど園庭を広く使用したいときは、年齢別会議で調整し遊べるようにする。

保育者の援助について（チームワークを含む）
L児は、午睡のないときは夜泣きがひどく、抱いてでも寝かせてほしいと聞いている。保育者全員で共通認識し、十分に眠れるようにする。

降園時の健康観察（異常　無・有）…J児はあごのけがを気にすることなく過ごしている

小：排尿　大：大便　オ：オムツ交換　く：薬　給：給食　(全)：全食　茶：お茶　↓：睡眠

実践ポイント
連休明けは、園に慣れかけた子どもも後退して泣く子どもが増えますが、個別の好きな遊びに誘うと楽しさを思い出して落ち着きます。

※SIDS（シッズ）とは「乳幼児突然死症候群」と呼ばれる、睡眠中突然死する病気です。一定時間ごとに睡眠中の子どものようすを確認しましょう。ここでは10分ごとに複数の保育者でチェックしています。SIDSについて詳しくはP.172をご覧ください。

5月のふりかえりから6月の保育へ

今月のねらい (P.60参照)
- 園生活のリズムに慣れ、安心感を持って過ごせるようにする。
- 保育者といっしょに好きな遊びをしたり、体を動かしたりして遊ぶことを楽しむ。

ふりかえりポイント
- ねらいの設定は？
- 環境構成・援助は？
- 子どもの育ちは？ 次月へのつながりは？

私たちの保育はどうでしょう。場面を思い浮かべて振り返ってみましょう。T先生（5年目）

S先生（2年目）

例えば…

5月

ひとりひとりが安心して過ごせるように

- 今月は思い出したように泣いたり、ぐずったりして気持ちが不安定な子が多かったように思います。
- そうね。連休があって、生活リズムの違いにとまどったり、疲れで体の不調があったりして、不安定になりやすいのよ。

★安心感を持って過ごすことをねらいにしていましたが、◆不安定な子どもたちそれぞれの特徴を受け止めて適切にかかわったことで、少しずつ生活リズムが整ってきましたよね。

- ◆ひとりひとりの生理的特徴（食事量や睡眠時間）や性格的な特徴（おっとり、活発 など）の情報と、かかわり方を、保育者間で共有できていたのがよかったんじゃないかしら？
- 自分の要求に対して、適切にかかわってくれる保育者の存在は、子どもたちに安心感を与えますものね。
- 子どもたちが園で安心して過ごせる環境を整えましょう。

F児（1歳5か月）の場合

★保育者に見守られて好きな遊びを楽しむことをねらいとして、Fちゃんは○音楽に合わせて体を動かしたり、戸外探索をしたりして、自分から意欲的に遊ぼうとする姿がありました。

- 遊びを支えるためにどんなことをしたの？
- ◆Fちゃんが好きな『ちっちゃないちご』の歌を流して、いっしょに手遊びをして楽しみました。戸外では砂場がお気に入りなんですが、でこぼこの上を歩くとまだ不安定なので、目を離さないようにしていました。
- Fちゃんの好きな遊びや発達をよくとらえているわね。
- ありがとうございます。休み明けには疲れが見られたので、午睡前にゆったりと過ごす時間を設けて、無理をせず過ごせるようにしました。
- そうね。Fちゃんのことをよく見て、快適に過ごすための安全面や体調への配慮ができていたわね。

伝えたい!! 園長先生のおはなし

キーワード　子どもの気性に配慮する

発達には月齢差だけではなく、生理的個体差がありますよね。さらに1歳になると、何事にも敏捷に行動する子、おっとりしている子など、気性の違いが見えてきました。活発な子どもには自分で選んで遊べる環境をつくったり、新しいことにすぐにかかわれない子どもには、保育者といっしょに徐々に慣れるように配慮したりしてきました。

クラス全体では

次月の指導計画に生かせます！

- ひとりひとりの体調や興味に合わせて、心地良く過ごせるようにしましたね。
- 梅雨に入ると、じめじめして汗をかきやすくなったり、戸外で遊ぶ機会が減ったりするわよね。引き続き快適に過ごすための配慮を考えていきましょう。
- 泥んこ遊びなどの感触遊びもしやすくなりますよね。思い切り楽しむ時間、落ち着いて過ごす時間のめりはりをつけていきたいです。

今月の評価・反省・課題 (P.61参照)

体調が不調になり、休む子どもが多かったが、ひとりひとりの子どもへのかかわり方を共通理解することで、子どもも安心して園生活のリズムに慣れていったように思える。子どもの興味に合わせ、静・動の混じっためりはりのある保育を取り入れていきたい。

6月

ねらいより
梅雨期を気持ち良く過ごす。

月案 (A～C児) ・・・・・・ P.70

 野菜が苦手
A児 (1歳3か月)

 ズボンを脱ごうとする
B児 (1歳5か月)

 友達とかかわることがうれしい
C児 (1歳8か月)

個人案 (D～I児) ・・・・・・ P.72

 食事中にウトウトする
D児 (1歳4か月)

 自分でできるがうれしい
E児 (1歳4か月)

 歩くことが大好き
F児 (1歳6か月)

 苦手な食べ物で遊ぶ
G児 (1歳6か月)

 梅雨期の自然を楽しむ
H児 (1歳7か月)

 途中入所(園)児
I児 (1歳5か月)

個人案 (J～O児) ・・・・・・ P.74

 好き嫌いがある
J児 (1歳10か月)

 自分でズボンをはこうとする
K児 (1歳10か月)

 オマルに慣れはじめた
L児 (2歳)

 体を動かすのが好き
M児 (2歳)

 砂遊びが大好き
N児 (2歳1か月)

 食事量が少ない
O児 (1歳9か月)

これも!おさえておきたい
6月の計画のポイントと文例 ・・・・・・ P.76

日の記録 ・・・・・・ P.77

6月のふりかえりから7月の保育へ ・・・・・・ P.78

6月 月案

今月のねらい（クラス全体としてのねらいです）

- 梅雨期を気持ち良く過ごせるようにする。
- いろいろな素材や感触を味わって遊ぶ。

* マークのマーカーが引いてある部分は、ページ下部の解説とリンクしているのでご覧ください。

* 「今月のねらい」「健康・食育・安全」「保育者間の連携」「家庭・地域との連携」については、P.76 の内容も、立案の参考にしてください。

6月 月案

園児	前月の子どもの姿 ○	ねらい ★・内容 ☆
野菜が苦手 A児（1歳3か月）	○好き嫌いが出てきて、嫌いなものは食べようとしない。 ○伝い歩きをよくするようになる。	★保育者に促され、苦手な物も食べようとする。 ★伝い歩きを繰り返し楽しむ。 ☆保育者に見守られて、苦手な物も少しずつ口に入れる。 ☆広い場所で体を動かして遊ぶ。
ズボンを脱ごうとする B児（1歳5か月）	○ズボンを自分で脱ごうとしている。 ○低い段差や斜面など慎重に歩き、越えて歩いている。	★保育者に介助されて衣服の脱ぎ着をしようとする。 ★戸外や室内で、体を十分に動かして遊ぶことを楽しむ。 ☆保育者に介助されながら、自分でズボンを脱ごうとする。 ☆保育者に見守られ、登る、またぐなど体を動かす。
友達とかかわることがうれしい C児（1歳8か月）	○便器に座り、タイミングが合うと排尿している。 ○友達と手をつないで、うれしそうにしている。	★オマルでの排せつに慣れる。 ★保育者の仲立ちで、友達とのかかわりを深める。 ☆保育者に誘われて、オマルで排せつしようとする。 ☆友達と手をつないだり、いっしょに遊んだりする。

週案的要素

生活と遊び

	第1週	第2週
A児	ハイハイでトンネルに入ったり出たりして遊ぶ。	よく食べる友達といっしょに、苦手なものを食べる。
B児	台に座って自分でズボンをはく。	フープをまたいで遊ぶ。
C児	オマルに座ることに慣れ、排尿する。	友達と手をつないでいっしょに遊ぶ。

クラスの行事・生活・遊びの計画

第1週
- 月 砂場で遊ぶ
- 火 戸外探索、なぐり描き
- 水 砂場で遊ぶ、なぐり描き
- 木 戸外探索
- 金 砂場で遊ぶ、戸外探索

玩具・ブロック、積み木、型はめ、フープ
歌・『かえるの合唱』『かたつむり』
絵本・『ぞうくんのさんぽ』『あめぽったん』

第2週
- 月 砂場（はだし）で遊ぶ
- 火 戸外探索、三輪車
- 水 三輪車
- 木 なぐり描き
- 金 砂場で遊ぶ、なぐり描き

玩具・ブロック、積み木、型はめ、フープ
歌・『かえるの合唱』『かたつむり』
絵本・『ぞうくんのさんぽ』『あめぽったん』

書き方のヒント いい表現から学ぼう！

保育参観での遊びの内容や水遊び、泥んこ遊びについて話し合い、時間配分や役割分担を確認する。

理由

保育参観での役割分担

保護者の方々に実際の保育を見てもらうことで安心や信頼を持ってもらえる保育参観は、どの場面の何を見てもらうか、内容や展開、時間など役割分担を話し合い確認し合うのが大切です。

6月 月案

健康・食育・安全	保育者間の連携	家庭・地域との連携
●気持ち良く過ごせるように温度調整や湿度、換気に注意する。 ●食べ残したものはすぐに捨てるなどして食中毒に注意する。 ●つめが伸びていないか確認し、少人数グループをつくって、トラブルやけがを防ぐ。	●動き回って、保育室から出ていく子どもがいるので、こまめに人数確認をし、全員で把握できるようにする。 ●保育参観での遊びの内容や水遊び、泥んこ遊びについて話し合い、時間配分や役割分担を確認する。	●蒸しタオル、プールバッグ、長靴を用意してもらう。 ●保育参観で、日ごろのようすを見てもらうとともに成長を喜び合う。 ●短冊の記入やササ飾りに協力をしてもらう。

環境づくり◆と保育者の援助◇	子どもの発達◎と評価・反省・課題✹
◆よく食べる友達の近くで食べられるようにする。 ◇苦手な物の量を減らしたり、ひと口でも食べられたらおおいに褒めたりするなど、自分から食べようとする気持ちを大切にする。 ◇存分に伝い歩きを楽しめるように、十分にスペースを確保する。けがや危険がないように見守る。	✹戸外探索を楽しんでいるが、湿った砂に触れると、顔をしかめていやがるようすが見られる。さまざまな感触に触れられるようにしていきたい。 ◎ハイハイでトンネルに入って遊ぶことを楽しんでいる。
◆牛乳パックで作った、脱ぎ着しやすいような座る台を用意する。 ◇「ヨイショ、ヨイショ」など言葉をかけながら、いっしょにズボンを下ろす。 ◆ブロックなどで、低い階段や傾斜で遊べる場をつくっておく。 ◇転倒しないようにそばで見守り、危険なときはすぐに手を伸ばせるようにする。	◎トイレに誘うと、自らズボンを脱ごうとし、オマルにも座ろうとしている。 ◎フープをまたぐことが楽しいようで、繰り返し遊んでいる。
◆オマルをいつでもきれいな状態に保って置いておく。 ◇排尿間隔を把握してタイミングよく誘い、「シー出たね」など、排尿したことを実感できるような言葉をかける。 ◇「○○ちゃんといっしょうれしいね」など、友達とかかわるうれしさに共感する。	◎オムツをぬらすことがほとんどなくなり、便器で排尿している。月の中旬以降、午睡時以外は、パンツで過ごしている。 ✹砂場での泥んこ遊びを楽しんでいるので、引き続き、楽しめるようにしていきたい。

第3週		第4週	
A児 広い場所で伝い歩きをする。		A児 晴れ間に戸外探索をする。	
B児 ブロックの階段を、手をついて上って遊ぶ。		B児 オマルに座って排せつする。	
C児 オマルに座り排尿する。		C児 晴れ間に砂場で泥んこ遊びをする。	
月 砂場で遊ぶ、泥んこ遊び 火 トンネル、ボール遊び 水 戸外探索、泥んこ遊び 木 砂場で遊ぶ 金 ボール	玩具・ブロック、積み木、型はめ、トンネル、ボール 歌・『かえるの合唱』『かたつむり』 絵本・『ぞうくんのさんぽ』『あめぼったん』	月 水遊び 火 戸外探索 水 ボール遊び 木 戸外探索 金 砂場で遊ぶ	玩具・ブロック、積み木、型はめ、ボール、フープ 歌・『きらきらぼし』『七夕の歌』 絵本・『ぞうくんのさんぽ』『あめぼったん』

評価・反省・課題 (P.78でくわしく説明!)	雨上がりを散歩したり探索したりして、梅雨期ならではの遊びを楽しむことができた。水分をとったり、蒸しタオルや着替えをしたりしたことで気持ち良く快適に過ごせた。水遊びは、6月下旬からしかできなかったので、本格的な夏に向けて、水遊びが充実するよう遊びの工夫をしていきたい。

6月 個人案

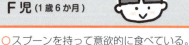

		D児（1歳4か月）食事中にウトウトする	E児（1歳4か月）自分でできるがうれしい	F児（1歳6か月）歩くことが大好き
6月個人案	前月・今月初めの子どもの姿	○食事中に眠たくなることが多い。 ○さまざまなものに興味を持ち、興味を持った場所や玩具で遊ぼうとしている。	○"自分のもの"がわかり、スモックなどを自分の袋に入れ、かたづけている。 ○保育者に親しみ、自分から近寄る姿が見られる。	○スプーンを持って意欲的に食べている。 ○体を動かすことが楽しく、ハイハイをしたり歩き回って探索したりすることを楽しんでいる。
	ねらい★・内容☆	★睡眠時の環境を整えてもらい、安心して眠る。 ★探索活動を十分にし、興味のある遊びを楽しむ。 ☆一定時間、安心して睡眠を取る。 ☆雨上がりの戸外を探索する。	★自分ですることに興味を持ち、できる喜びを味わう。 ★安心する保育者とかかわりながら遊びを楽しむ。 ☆できることは自分でしようとする。 ☆保育者に親しみ、きげん良く遊ぶ。	★自分で食べることに興味を持ち、喜んで食べる。 ★体を動かして遊ぶことを楽しむ。 ☆みずから、スプーンを持ち、満足するまで食べる。 ☆興味のある所に向かって、歩き遊ぶ。
	環境づくりと保育者の援助◆◇	◆静かに音楽を流したり、暗めにしたりして眠りやすい環境を整える。 ◇食事中に眠たくなったときは、15〜20分寝かせた後、起こして食事を続けられるようにする。 ◇梅雨の晴れ間には、戸外に出て、子どもと同じ目線に立ち、興味を示したものを逃さないように視線の共有をする。	◆衣服やロッカーなどに、動物などのマークを付けておき、自分のものをかたづける場所をわかりやすくしておく。 ◆自分でしようとする姿を見守り、できたときはおおいに褒め、喜びを味わえるようにする。 ◆いっしょに楽しめる、歌や手遊びを用意する。 ◇ひざの上で遊ぶなど、十分にふれあいながら、笑顔で遊ぶようにする。	◆自分ですくいやすいように、縁の高い食器を用意する。 ◇スプーンの握り方を見守り、食材や量を加減して、満足するまで食べられるようにする。 ◆雨上がりに戸外に出られるように、長靴を出しておく。 ◇少人数のグループで戸外に出て、探索活動を安全に楽しめるようにする。
	子どもの発達と評価・反省・課題◎※	◎スプーンを持って、こぼしながらも自分で食べようとしている。 ※雨でぬれた地面の土を繰り返し触り、感触を楽しんでいる。感触遊びを十分にできるようにしていきたい。	※自分でする姿を見守ったり、褒めたり、喜んだりすることで、できる喜びを共有できた。引き続き、興味を持てるようにする。 ◎保育者と「いないいないばあ」を楽しんでいる。ふれあい遊びを用意していきたい。	※野菜など嫌いな食べ物が出てきた。 ◎歩くことが楽しくて室内や戸外で歩いて探索を楽しんでいる。遊具にも興味を持ってきており、すべり台、トンネルなど楽しんでいる。

		生活と遊び	生活と遊び	生活と遊び
週案的要素	第1週	スプーンを持って自分で食べる。	保育者のひざの上で遊ぶなどふれあう。	食べることに興味を持ち、楽しんで食べる。
	第2週	雨上がりの園庭を歩く。	ロッカーの自分のマークの場所に、自分の持ち物をかたづける。	晴れ間の園庭を長靴を履いて歩き回る。
	第3週	ぬれた土の感触を味わって遊ぶ。	保育者とふれあい遊びを楽しんでいる。	小人数のグループで園庭探索をする。
	第4週	梅雨晴れ間に戸外へ出て探索する。	雨上がりの園庭を友達と歩く。	室内のすべり台やトンネル潜りをして遊ぶ。

育ちメモ

梅雨期に入り室内遊びが多くなりますが、少しの晴れ間に、気分発散・解放のために園庭の散策や、土の感触で遊びましょう。

自我意識の芽生えが見られると、自分の物と他者の物との見分けや自分の場所などを自覚するようになり、かたづけに興味を持ちますね。

1歳は人間としての誕生、直立歩行がうれしくて、トコトコ歩き回ります。今発達しつつある機能を使うことに興味を持つのですね。

CD-ROM 6月 ▶個人案_1

5月 P.63から　　　7月 P.83へ

6月 個人案

G児（1歳6か月） — 苦手な食べ物で遊ぶ

- ○自分から手づかみやスプーンを持って食べようとするが、苦手な物があると混ぜたりして遊んでいる。
- ○パスを握って、なぐり描きを楽しんでいる。

- ★いろいろな食材を意欲的に食べようとする。
- ★なぐり描きを楽しむ。
- ☆保育者に介助されながら、食事をする。
- ☆パスを握り、腕を動かして点々や線画を描く。

- ◆よく食べる友達の隣で食べられるようにしたり、苦手な物の量を減らしたりして、意欲的に食べられるようにする。
- ◇少しでも食べられたときは、おおいに褒め、楽しく食事ができるようにする。
- ◆八つ切サイズの画用紙とパスを、人数分用意しておく。
- ◇思いがけないパスの跡をいっしょに楽しむ。

- ◎食べ物で遊ぶことは少なくなってきた。
- ✳苦手な野菜も食べようとするが、口から出してしまう。

H児（1歳7か月） — 梅雨期の自然を楽しむ

- ○午睡起きなどにオマルで排尿している。
- ○園庭の虫や花をじっと見ている。

- ★尿意を感じると、オマルで排尿しようとする。
- ★梅雨期の自然を楽しむ。
- ☆オマルでの排尿に慣れる。
- ☆戸外で虫や花を見たり、触れたりして興味を持つ。

- ◆トイレの照明が暗くないか確認し、オマルを常に清潔にしておく。
- ◇タイミングよく排尿できたときには、「すっきりしたね」と笑顔で伝え、気持ち良さに共感する。
- ◆カタツムリやアジサイなど、梅雨期の自然に触れられる場所をあらかじめ見つけておく。
- ◇子どもの発見や驚きを見逃さずに共感する。

- ✳排尿時、オマルに座ることに興味を持ち、座って喜んでいる。排尿ができることをいっしょに喜び、自分ですることに興味を持てるようにする。
- ◎戸外に出ては、カタツムリを探している。

I児（1歳5か月） — 途中入所（園）児

- ○新しい環境に慣れず、母親の後を追って泣いている。
- ○いろいろなものに興味があり、触って遊んでいる。

- ★特定の保育者のそばで、安心して過ごす。
- ★興味のある玩具で遊ぶことを楽しむ。
- ☆保育者に親しみ、園生活に慣れる。
- ☆好きな玩具を見つけて遊ぶ。

- ◇泣いているときは落ち着くまで、そばに寄り添い、不安な気持ちを受け止め、できるだけ同じ保育者がゆったりとかかわるようにする。
- ◆ゆったりと遊べる場や、体を動かして遊ぶ場などを、さくなどを使って作っておく。
- ◇集中して遊んでいるときは優しく見守り、笑顔で楽しさに共感する。

- ◎園生活のリズムに慣れ、保育者とのやりとり遊びを楽しんでいる。
- ◎晴れ間の戸外で、ぬれた砂や泥を触って、感触を楽しんでいる。

生活と遊び	生活と遊び	生活と遊び
保育者に介助されながら、食事する。	尿意を感じると、オマルに座る。	特定の保育者に受け止めてもらい、安心して過ごす。
苦手な野菜を少しずつ食べる。	晴れ間の園庭に出てアジサイやカタツムリを見たり、触れたりする。	落ち着く環境の中で好きな玩具で遊ぶ。
友達といっしょになぐり描きをして遊ぶ。	戸外に出て、カタツムリを探して遊ぶ。	保育者とやりとり遊びをする。
パスを使って画用紙に線描きをする。	午睡起きなどタイミングが合うと、オマルで排尿する。	晴れ間の園庭に出て、砂や泥で感触遊びをする。

物の認知が進んでくると、イメージができだし、表現しようとしますが、その初歩がなぐり描きです。手を大きく動かし線を描きます。

室内の活動には探索対象に限界があります。園庭に出ることで、きれいな花に触れたり、動く虫に興味を持ったりして、世界が広がります。

途中入所（園）のI児は、母親と離れると泣いていましたが、初めて見る玩具などに関心を持ち、遊びだしましたね。

6月 個人案

5月 P.64から → 7月 P.84へ

6月 個人案

		J児（1歳10か月）好き嫌いがある	K児（1歳10か月）自分でズボンをはこうとする	L児（2歳）オマルに慣れはじめた
前月の子どもの姿 ○		○嫌いな物は食べようとしないことがある。 ○ひとりで興味のある所へ行って探索をし、遊ぼうとする。	○衣服の脱ぎ着を自分でしようとしている。 ○好きな絵本を持ってきて、読んでほしそうにしている。	○オマルに興味を持ち、座ろうとしている。 ○保育者や友達とかかわり、遊ぶことを喜んでいる。二語文も出てきている。
ねらい ★・内容 ☆		★苦手な物も少量ずつ食べようとする。 ★探索活動や好きな遊びを十分に楽しむ。 ☆いろいろな味に慣れて、苦手な物も少量ずつ食べる。 ☆さまざまなものに興味を持ち、探索して遊ぶ。	★簡単な脱ぎ着をひとりでしようとする。 ★保育者といっしょに絵本を見て楽しむ。 ☆保育者に手伝ってもらいながら、ズボンやパンツをはく。 ☆興味のある絵本を満足いくまで保育者に読んでもらう。	★オマルに座ることに慣れる。 ★保育者や友達と簡単な言葉のやりとりを楽しむ。 ☆保育者に促され、オマルに座れる。 ☆保育者と友達とまねっこ遊びをする。
環境づくりと保育者の援助 ◆・◇		◆食材の大きさや調理形態を変えて、食べやすいように工夫する。 ◇楽しく食事することを心がけ、無理に食べさせないようにする。 ◆室内を整とんし、衝突や誤飲など危険のないようにする。 ◇歩くテンポに合わせて追いかけ、興味を持った物を見逃さないようにする。	◆牛乳パックで作った脱ぎ着用の台を置いておく。 ◇自分でズボンをはこうとしているときは、温かく見守り、できないときはさりげなく介助する。 ◆表紙が見えるように、絵本を棚に並べておく。 ◇反応をよく見て、いっしょに絵本を楽しみ、繰り返し読めるようにする。	◆動物などの絵や写真をはって、行きたくなるトイレの雰囲気づくりをする。 ◇タイミングよくトイレに誘い、出ないときも無理強いせず、5分以上座らせないようにする。 ◆動物が出てくる歌や絵本を用意しておく。 ◇カエルやゾウのまねをし、保育者もいっしょに楽しむ。
評価・反省・課題 子どもの発達 ◎と ＊		＊食事を楽しめるように心がけたので、少しずつ食べようとする姿が見られた。 ◎トイレに誘うと、自分からズボンを下ろそうとしたり、オマルに座ろうとしたりしている。	＊簡単な衣服の脱ぎ着をしているが、前後逆になってしまうこともあるので、着やすいように置いたり、マークを付けたりして、ひとりで脱ぎ着できるように工夫していきたい。	◎トイレに誘われ、タイミングが合うと、オマルで排せつしている。 ◎晴れ間の砂場遊びを楽しんでおり、裸足になって、砂の感触を味わっている。

週案的要素

	生活と遊び	生活と遊び	生活と遊び
第1週	苦手な食べ物も少しずつ食べる。	室内で好きな玩具で遊ぶ。	保育者に促されるとオマルに座る。
第2週	保育者といっしょに好きな遊びをする。	保育者に絵本を読んでもらう。	排せつのタイミングが合うとオマルで排尿する。
第3週	梅雨の晴れ間に園庭で探索して遊ぶ。	自分でズボンなどを台に座ってはく。	好きな動物の動きのまねっこ遊びをする。
第4週	排せつを促されると、自分でズボンを下ろしオマルに座る。	衣服の前後をマークを見定めながら着る。	晴れ間に砂場ではだしになり砂で遊ぶ。

 育ちメモ

1歳後半になると味覚が発達し、味の好みができたり、感触に敏感になったりします。何が苦手なのか見極め、少しずつ進めます。

立位のバランスが取れ指先の握力がつくようになると、自分でズボンをはこうとしますね。握る場所を示す援助をします。

不安無く安定してオマルに座るようになり、タイミングが合って排尿できたときはおおいに褒め、よい条件反射を付けましょうね。

M児（2歳） 体を動かすのが好き	N児（2歳1か月） 砂遊びが大好き	O児（1歳9か月） 食事量が少ない
○苦手な物も、促されて食べるようになってきている。 ○かけっこなど、体を動かして遊んでいる。	○促されてオマルに座るが、いやがることもある。 ○砂で形のあるものを作って遊んでいる。	○安心する保育者がそばにいると遊んでいる。 ○食事量が少なく、残すことが多い。
★好き嫌いせず、なんでも食べようとする。 ★十分に体を動かす気持ち良さを味わう。 ☆いろいろな味や感触の物を食べる。 ☆戸外や室内で、十分に体を動かして遊ぶ。	★自分からオマルに座り、排せつしようとする。 ★砂の感触を味わい、遊ぶことを楽しむ。 ☆いやがらずにトイレに向かう。 ☆丸めたり、型抜きをしたりして砂で遊ぶ。	★園の食事に慣れ、食べることを楽しむ。 ★特定の保育者といっしょに安心して過ごす。 ☆楽しい雰囲気の中で、意欲的に食べる。 ☆保育者のそばで、好きな玩具で遊ぶ。
◆大きさや柔らかさなど、調理方法を工夫して、さまざまな味に触れられるようにする。 ◇「おいしいね」と笑顔で話しかけ、少しでも食べられたときは、おおいに褒めるようにする。 ◆広いスペースを確保し、十分に体を動かせるようにする。 ◇すぐに手助けできるように見守り、保育者もいっしょになって、楽しむ。	◆「○○ちゃんといっしょに行ってみよう！」など、楽しみを持ってトイレに行けるように誘う。 ◇砂場に、石や動物のふんがないか確認し、シャベルやコップ、バケツを用意しておく。 ◇遊んだ後は、手の洗い方を知らせながら、保育者といっしょに洗えるようにする。	◆お気に入りの玩具を、手の届くところに置いておく。 ◇スキンシップを多く取り、1対1でかかわる時間を大切にする。 ◆食卓に園庭の花を飾るなどして、楽しく食べられるような雰囲気づくりをする。 ◇「先生が見ててあげるからね」など励ますことばをかける。
◎三輪車にまたがり、地面を足でけって進むことを楽しんでいる。 ✱低い段から飛び降りることを喜んでいるので、危険がないよう、見守っていきたい。	◎オマルをいやがることはほとんどなくなり、タイミングが合えばオマルで排尿している。 ◎もっと遊びたい気持ちや、いやな気持ちを、言葉やしぐさで伝えようとしている。	◎食事の時間を楽しみにするようになり、徐々に食べる量が増えてきた。 ✱砂場ではだしになるのをいやがることがある。砂や水など、さまざまな感触に触れ、楽しめるようにしていきたい。

生活と遊び	生活と遊び	生活と遊び
いろいろな味や感触の物を食べる。	友達といっしょにトイレへ行ってオマルに座り、タイミングが合えば排尿する。	特定の保育者とふれあい遊びをする。
戸外や室内で体を動かし遊ぶ。	砂場で砂の型抜きをしたり丸めたりして遊ぶ。	楽しい雰囲気の中で食事をする。
三輪車に乗り地面をけって進む。	遊んだ後、保育者に教えてもらいながら、手洗いをすることを覚える。	少しずつ食事の量を増やして食べる。
低い段から跳び降りて遊ぶ。	自分の思いを言葉やしぐさで伝える。	砂や水を触り、感触に慣れる。

2歳になると、足のアキレス腱が強くなります。低い段差を跳び降りるなど、体を動かして遊ぶことを十分にしましょう。

低年齢幼児は、手が汚れていても平気ですね。清潔感は文化ですので、経験しないと手洗いの習慣がつかないものです。

少食の子どもは体質だと放置しないで体をよく動かして遊んだり、よく笑ったりして、食欲を増やせるようにしましょうね。

今月のねらい

乳児・低年齢幼児は広々とした場所では、かえって不安定になるものです。カーテンの陰や机の下など狭い場所に潜り込んで、ブロックなどで遊んでいます。日ごろの興味などを見抜き喜びそうな場所や玩具を用窓し、室内で落ち着いて遊べることを梅雨期のねらいとします。

文例
気に入った場所や玩具を見つけ、安心して遊ぶ。

健康・食育・安全

梅雨期は蒸し暑い室内での遊びで、汗をよくかきます。体温調節機能の未熟な乳児・低年齢幼児は、汗をかくことが多くなります。個別に応じて蒸しタオルで体をふいたり、沐浴をしたり、肌着を着替えたりして気持ち良く過ごせるような、健康管理が大切になります。

文例
気温差があるため、汗をかいたら衣服を着替えたり、汗をふいてもらったりして気持ち良く過ごせるようにする。

これも！おさえておきたい 6月の計画のポイントと文例

本指導計画の月案では、A〜O児に合った今月のねらいなどを掲載しています。より参考にしていただけるように、ここでは、この月によくある、ほかにも押さえておきたいポイントを紹介しています。

保育者間の連携

乳児・低年齢幼児には大人との愛着関係を構築するために、特定の保育者を担当者と決めて1対1で保育します。しかし、担当の子どもだけに注意しかかわるのではなく、絶えず全体に目配りできるよう保育者間で話し合い、子どもたちが安心して過ごせるようにします。

文例
担当している子どもだけを見るのではなく、全体を見ながら子どもたちが安心して過ごせるようにする。

家庭・地域との連携

夏に向かって気候自体が変化しやすく、高温多湿のこの時期、毎朝登園時に発熱は無いか、食欲はあるか、など、健康状態を連絡してもらいます。プールに入ってよいかどうか、シャワーや沐浴をしてもよいかを、必ず連絡してもらい、安全に過ごせるようにします。

文例
季節の変わり目で体調が変化しやすい時期なので健康状態やシャワー、沐浴の可否をこまめに連絡し合う。

6月 日の記録

保育を振り返るために、また仕事の証として、日々の記録は欠かせません。ここでは例として、同じ日の月齢の近い6人を抜き出して掲載しています。次の計画に生かしましょう。

CD-ROM 日の記録フォーマット

6月19日（木）

時刻	A児（1歳3か月）	D児（1歳4か月）	E児（1歳4か月）	H児（1歳7か月）	I児（1歳5か月）	O児（1歳9か月）
8	登園 オ	登園	登園 大（良便）	登園 小	登園	登園 オ 小
9	果汁（少し残す）戸外遊び 茶	果汁（全）戸外遊び 茶	果汁（全）戸外遊び 茶	間食（全）戸外遊び 茶	果汁（全）戸外遊び 茶	間食（全）戸外遊び
10	大（良便）コーナー（型はめ）	コーナー（ブロック）	オ コーナー（型はめ）	オ コーナー（積み木）	小 コーナー（トンネル）	小 コーナー（型はめ）
11	オ 給（サラダ残す）	小 給（全）	小 給（全）	小 給（全）	小 給（サラダ残す）	小 給（全）
12	小 12:25 ↓	大オ 12:30 ↓	大 12:25 ↓	オ 12:19 ↓	小 12:30 ↓	小オ 12:15 ↓
13	↓	↓	↓	↓	13:20	↓
14	14:45	14:45	14:10	14:45	14:45	14:45
15	オ 間食（全）	小 間食（全）	小 間食（全）	小（便器）間食（リンゴ1/3残す）	小 間食（全）	小 間食（リンゴ半分程残す）
16	オ 降園	小 延長保育へ	小 延長保育へ	小 降園	小 降園	小 降園
17						
18						

主な保育の予定

本日のねらい
- 保育者といっしょに好きな遊びごとを楽しむ。

登園時に留意すること
- 健康観察をていねいにし、身だしなみを整える。

環境づくり（歌・絵本・素材・コーナーなど）
歌：『かえるの合唱』、『かたつむり』
絵本：『あめぽったん』
戸外：砂場（砂をほぐしておく、水をまく）、三輪車

降園時に留意すること
- 1日のようすを簡潔に伝える。

保育の実際と評価・反省・課題

登園時の健康観察（異常 ㊇無・有…　　　）

養護（生命の保持と情緒の安定）にかかわること
鼻水が出る子どもが多い。子どもたち自身が出ていると気持ち悪い、ふいてすっきりしたと感じられるよう言葉をかけ、介助していく。

環境づくりについて
窓を開け、扇風機を使って、風通しをよくして快適に過ごせるようにした。雨が降った翌日で、葉のしずくを見たり、触れたりした。

保育者の援助について（チームワークを含む）
アジサイの葉のしずくを見て「キラキラね」と共感したり、触ったりして楽しめた。ほかの所に探しに行くなど楽しめるようにしたい。

降園時の健康観察（異常 ㊇無・有…　　　）

小：排尿　大：大便　オ：オムツ交換　く：薬　給：給食（全）全食　茶：お茶　↓：睡眠

実践ポイント
梅雨期で肌寒いのか、鼻水が出るのでしょう。「気持ち悪いね、きれいにしようね」と声をかけながらふき取ると、すっきりします。

※SIDS（シッズ）とは「乳幼児突然死症候群」と呼ばれる、睡眠中突然死する病気です。一定時間ごとに睡眠中の子どものようすを確認しましょう。ここでは10分ごとに複数の保育者でチェックしています。SIDSについて詳しくはP.172をご覧ください。

6月のふりかえりから7月の保育へ

今月のねらい（P.70参照）
- 梅雨期を気持ち良く過ごせるようにする。
- いろいろな素材や感触を味わって遊ぶ。

 私たちの保育はどうでしょう。
T先生(5年目)　場面を思い浮かべて振り返ってみましょう。
 S先生(2年目)

ふりかえりポイント
- ★ ねらいの設定は？
- ◆ 環境構成・援助は？
- ○ 子どもの育ちは？
- 次月へのつながりは？

例えば…♥

6月

梅雨期の健康管理

今月は梅雨期に入ってから、ジメジメして蒸し暑い日が続きましたね。

★ 高温多湿の環境で子どもたちが快適に過ごせるように、どんなことに取り組んできたかしら？

◆ 食中毒に気を配ったり、汗をかくので、水分をこまめにとったりしました。

> 水分補給は涼しい風通しのよい場所で湯ざましや常温の薄めの麦茶を用意しましょう。

◆ 沐浴や蒸しタオル、着替えをして、肌の清潔を保つこともできたわね。

はい！ 先に保護者に十分に理解してもらったので、協力を得てできたよね。

来月も協力して子どもたちの生活を支えていきたいです！

D児(1歳4か月)の場合

今月は雨が多かったけれど、雨上がりの戸外探索は、子どもたちの興味をそそるものがたくさんありましたね。

Dちゃんは ○雨でぬれた土に興味を持っていたわ。何度も指でツンツン触っていたから、柔らかい土に感触を気に入って試していたのね。

今月のねらいの「★感触を味わう」ことをしていたんですね。ほかにも、泥んこ遊びが好きな子どもたちがいました。感触に興味を持っているようなので、もっと感触遊びをしていきたいですね。

そうね。水や絵の具、寒天などで遊んでみる？ 初めての感触をいやがる子どももいるから、子どもひとりひとりのようすを見ながら取り入れていきましょうね。

はい！

伝えたい!! 園長先生のおはなし

キーワード　感触を楽しむ

生を受けた子どもたちは、外界のものを見て、聞いて、触って、なめて、嗅いで五感をフルに使って周囲のものを感じ取り、脳機能を発達させていきます。感触遊びは物を知る第一歩なのです。雨上がりに園庭へ出て泥を触った子どもは、ヌルヌルの感触をいやがることもありますが、徐々に遊び出しましたね。来月も感覚を広げて遊びましょう。

クラス全体では

次月の指導計画に生かせます！

6月は、生活も遊びも、梅雨期ならではの環境に配慮できたわね。

はい。7月は、気温が上がって夏の気候になりますよね。暑さの中で快適にゆったり過ごせるように、また、夏ならではの遊びを楽しめる工夫を考えて、保育をしていきたいですね。

今月の評価・反省・課題（P.71参照）

雨上がりを散歩したり探索したりして、梅雨期ならではの遊びを楽しむことができた。水分をとったり、蒸しタオルや着替えをしたりしたことで気持ち良く快適に過ごせた。水遊びは6月下旬からしかできなかったので、本格的な夏に向けて、水遊びが充実するような遊びの工夫をしていきたい。

7月

ねらいより
暑い夏をゆったりと快適に！

月案 （A〜C児） ・・・・・ P.80

湿った砂の感触が苦手
A児（1歳4か月）

自分で脱ぎたい！
B児（1歳6か月）

水が顔にかかるのがいや
C児（1歳9か月）

個人案 （D〜I児） ・・・・・ P.82

スプーンを握って食べている
D児（1歳5か月）

「いないいないばあ」が好き
E児（1歳5か月）

暑さで食欲減退気み
F児（1歳7か月）

言葉のやりとりを楽しむ
G児（1歳7か月）

感触遊びに興味津々
H児（1歳8か月）

徐々に園に慣れてきた
I児（1歳6か月）

個人案 （J〜O児） ・・・・・ P.84

保育者をまねて話そうとする
J児（1歳11か月）

かみつきがある
K児（1歳11か月）

おしぼりで手や口の周りをふく
L児（2歳1か月）

両足でジャンプする
M児（2歳1か月）

排せつの自立に向かう
N児（2歳2か月）

よく食べるようになっている
O児（1歳10か月）

これも！おさえておきたい

7月の計画のポイントと文例 ・・・・ P.86

日の記録 ・・・・・ P.87

7月のふりかえりから8月の保育へ ・・ P.88

7月 月案

* 🔍マークのマーカーが引いてある部分は、ページ下部の解説とリンクしているのでご覧ください。
* 「今月のねらい」「健康・食育・安全」「保育者間の連携」「家庭・地域との連携」については、P.86 の内容も、立案の参考にしてください。

今月のねらい（クラス全体としてのねらいです）
- 暑い夏を、ゆったりと快適に過ごせるようにする。
- 保育者や友達といっしょに、夏の遊びを楽しむ。

7月 月案

	前月の子どもの姿 ○	ねらい ★・内容 ☆
A児（1歳4か月） 湿った砂の感触が苦手	○いやがることなくオマルに座る。 ○湿った砂の感触をいやがり、動かなくなることがある。	★オマルで排尿できたうれしさを味わう。 ★いろいろな感触を味わって遊ぶことを楽しむ。 ☆タイミングが合うと排尿する。 ☆保育者といっしょに、砂や水などさまざまな感触で遊ぶ。
B児（1歳6か月） 自分で脱ぎたい！	○保育者に手伝われるのをいやがり、自分でズボンや紙パンツを脱ごうとする。 ○砂や水を触って遊ぶことを喜んでいる。	★パンツを脱ぐことに興味を持ち、自分でしようとする。 ★保育者といっしょに水遊びを楽しむ。 ☆保育者に見守られ、自分でズボンやパンツを脱ぐ。 ☆玩具を使うなどして水遊びをする。
C児（1歳9か月） 水が顔にかかるのがいや	○オムツがぬれることが少なくなり、便器で排尿している。 ○水しぶきが顔にかかるのを、いやがっている。	★便器で排尿する喜びを感じる。 ★水に慣れ、夏の遊びを楽しむ。 ☆排尿の有無を知らせ、便器で排尿する。 ☆水にみずからかかわって遊ぶ。

週案的要素

	第1週	第2週
生活と遊び	A児 促されてオマルに座り、タイミングが合うと排尿する。 B児 自分でズボンやパンツを脱ごうとする。 C児 排尿間隔を把握して誘うと、便器で排尿する。	A児 遮光ネットや緑陰の紫外線予防をしている下で遊ぶ。 B児 テントの下で保育者に見守られ、水を触って遊ぶ。 C児 ひとり用の洗面器の水で、水遊びをする。
クラスの行事・生活・遊びの計画	月 戸外探索 火 泥んこ遊び、なぐり描き 水 七夕音楽会 木 プール開き、水遊び、なぐり描き 金 砂場で遊ぶ、戸外探索 玩具・ブロック、積み木、型はめ 歌・『キラキラ星』『七夕さま』『しゃぼんだま』 絵本・『ボートにのって』	月 七夕の集い 火 水遊び、なぐり描き 水 三輪車、なぐり描き 木 三輪車 金 プール 玩具・ブロック、積み木、型はめ 歌・『しゃぼんだま』『水鉄砲の歌』 絵本・『きんぎょがにげた』

💡書き方のヒント いい表現から学ぼう！

水遊び後のシャワーや身繕いなどを話し合い、危険のないようにしていく。

理由 → 水遊び後の身繕い
プールなどの水遊びの後、シャワーなどで必ず肌の汚れを落とし、バスタオルでふき取り、新しい肌着に着替えさせますが、その手順や役割を話し合って確認しておかないと、抜け落ちることがあり身の安全が危ぶまれます。

7月 月案

健康🎵・食育🌱・安全✂

- 戸外で遊ぶときは、帽子をかぶって日陰で遊び、紫外線対策に努める。🎵
- 園で栽培している野菜を見たり、触れたりして、食物に興味や関心を持てるようにする。🌱
- プール周りにマットを敷くなど、安全面に気を配る。✂

保育者間の連携

- 水遊び後のシャワーや身繕いなどを話し合い、危険のないようにしていく。
- ひとりひとりの体調や、夏にはやるとびひなどの皮膚疾患について情報を得て、共通理解をしていく。

家庭・地域との連携

- 暑さで疲れやすくなるので、健康状態を保護者と知らせ合う。
- 蒸しタオル、プールバッグを用意してもらい、名前もわかりやすく記入してもらう。
- 毎日健康カードを記入してもらう。

環境づくり◆と保育者の援助◇	子どもの発達◎と評価・反省・課題✹
◇タイミングよくトイレに誘い、オマルで排尿できたときは、「シー出たね」など言葉にし、排尿の感覚をつかめるようにする。 ◆すだれや遮光ネットで、日陰をつくり、紫外線対策を行なう。 ◇感触遊びをいやがるときには、他児が遊ぶようすをいっしょに見たり、保育者がして見せたりして、少しずつ慣れるようにする。	◎排尿したときは、オマルをのぞき込み、不思議そうな表情をしている。 ◎初めは水を怖がるようすがあったが、楽しんで水遊びをするようになり、感触遊びにも少しずつ慣れている。
◆脱ぎやすいように、牛乳パックで作った台を置いておく。 ◇自分で脱ごうとしている姿をそばで見守り、さりげなく介助して、自分でするうれしさを味わえるようにする。 ◆浮かばせる玩具や、水を移し替えられる容器を多めに用意しておく。 ◇保育者もいっしょに楽しみながら、子どものようすを見て玩具を足していく。	◎ゆっくりであるが、自分でズボンや紙パンツを脱ごうとしている。 ◎水遊びを喜び、プールの中に座り、水を容器ですくっては落とすことを、繰り返ししている。
◆タイミングよく誘えるよう、排尿間隔を表にし、保育者間で共有する。 ◇失敗してもしからず、もう少し早めに知らせるよう伝え、安心して排せつに向かえるようにする。 ◆安心して水遊びができるよう、ひとり用の洗面器やタライを用意する。 ◇他児の水しぶきがかからないようにし、少しずつ水に慣れていけるようにする。	✹午睡時以外はパンツで過ごし、排せつの自立を進めている。タイミングが合わずぬらしてしまうことがあるので気をつけてみるようにし、早めに声をかけるようにしていく。

第3週	第4週
Ⓐ児 屋外の涼しい場所で、水や砂の感触を楽しんで遊ぶ。	Ⓐ児 風通しのよい環境で、冷たい寒天などを触って遊ぶ。
Ⓑ児 浮き玩具やスコップを使って水遊びをする。	Ⓑ児 緑陰の下で砂の感触を楽しんで遊ぶ。
Ⓒ児 寒天で感触遊びをする。	Ⓒ児 室内でボディペインティングで遊ぶ。
月 ボール、なぐり描き 火 プール、なぐり描き 水 誕生会、砂場で遊ぶ 木 水遊び 金 砂場で遊ぶ、戸外探索、寒天で感触遊び	玩具・ブロック、積み木、型はめ 歌・『しゃぼんだま』『水鉄砲の歌』『拍手をプレゼント』 絵本・『きんぎょがにげた』
月 なぐり描き 火 プール 水 身体計測、プール 木 水遊び、なぐり描き、ボディペインティング 金 プール	玩具・ブロック、積み木、型はめ 歌・『しゃぼんだま』『水鉄砲の歌』 絵本・『きんぎょがにげた』『こぐまちゃんのみずあそび』

評価・反省・課題（P.88でくわしく説明!）

気温に応じてエアコンを使用したり、汗をかいたら着替えたり、蒸しタオルを使用したりすることで快適に過ごすことができた。水遊びでは、少しずつ水に触れていき、保育者といっしょに遊ぶことで楽しむことができた。感触遊びなども取り入れ、夏ならではの遊びを楽しんでいきたい。

7月 個人案

	D児（1歳5か月） スプーンを握って食べている	E児（1歳5か月） 「いないいないばあ」が好き	F児（1歳7か月） 暑さで食欲減退気み
前月の子どもの姿 ○	○スプーンを上から持って、自分で食事をしている。 ○いやがることなくオマルに座る。 ○砂や水を触って遊ぶことを喜んでいる。	○「ばあ」が好きで保育者と遊ぶことを楽しんでいる。 ○喃語が出て、話すことを楽しんでいる。	○暑さなどにより、以前に比べて食が細くなっている。 ○水遊びをする友達のようすをじっと見ている。
ねらい ★ 内容 ☆	★自分で食事をするうれしさを味わう。 ★感触遊びを繰り返し楽しむ。 ☆こぼしながらも、スプーンをしっかり持って食事をする。 ☆保育者といっしょにさまざまな形や硬さの寒天を触って遊ぶ。	★保育者とのやりとりを楽しむ。 ☆保育者と「いないいないばあ」で遊ぶ。 ☆保育者に喃語やしぐさで思いを伝える。	★体調に配慮し、ゆったりと快適に過ごせるようにする。 ☆体調に合わせて満足するまで食べる。 ☆水遊びに興味を持ち、水に触れる。
環境づくりと保育者の援助 ◆◇	◆足裏が床に着く高さのイスを用意し、安定した姿勢で食事できるようにする。 ◇隣でして見せながら、ひと口で入る分量をすくうことを知らせる。 ◆いろいろな色や形・硬さの寒天と透明容器を用意しておく。 ◇保育者もいっしょになって楽しみ、子どもの驚きや発見に共感する。	◆顔を隠したり、めくって顔を出したりできるように、ハンカチやバンダナを用意する。 ◇笑顔で、目を合わせて、「いないいないばあ」の楽しさを共有する。 ◆話したくなるように、目線を合わせて聞く姿勢を持つ。 ◇E児の言った言葉に対して、「そうね、○○ね」など補ったり、ほかの言葉に置き換えたりする。	◇食べるようすを見守りながら、量を加減し、無理せず食べられるようにする。 ◆風通しのよいところにゴザを敷いて、くつろげるスペースを用意しておく。 ◇水遊びでは、こまめに水分を補給し、水遊びや沐浴の後は、ゆったりと体を休められるようにする。
評価・反省・課題 子どもの発達 ◎※	◎自分でスプーンを持って食事をしており、唇でじょうずにこそげ取って食べている。 ◎寒天の感触を楽しみ、何度も指で押して遊んでいる。水遊びでは、水しぶきをいやがることなく、玩具を使って遊んでいる。	※友達とのかかわりも増えてきているので、保育者や友達とのかかわりを楽しめるようにしていきたい。 ◎保育者のことばがけに対し、喃語で答えている。	※暑さで食が進まないことがあり、苦手な物を残すようになっている。涼しい場所で、快適に食事ができるようにしていく。

週案的要素

	生活と遊び	生活と遊び	生活と遊び
第1週	自分でスプーンを持って食事をする。	保育者と「いないいないばあ」をして遊ぶ。	換気のよい場所で、口当たりのよい物を食べる。
第2週	オマルに慣れ、座って排尿する。	保育者と言葉のやりとりをする。	手作り玩具を使って水遊びをする。
第3週	寒天の冷たさや感触を楽しんで遊ぶ。	遮光ネットの下で、水遊びをする。	小麦粉粘土や寒天で、感触遊びをする。
第4週	浮き玩具を触ったり水遊びをする。	保育者に仲立ちされ、友達と遊ぶ。	なぐり描きをする。

育ちメモ

1年中でいちばん暑い7月の園生活には、熱中症に注意するために、水遊びで体温調節をしたり冷たく感触のいい寒天遊びをしたりします。

喃語の自発的な使用は1歳5か月で急激に増加するのですが、大人の言葉を模倣したり意味の理解も飛躍的に増大したりします。

暑さ疲れから食欲が落ちることがあります。そのようなときは、冷やし茶碗蒸しなど栄養があり口当たりのよいものを用意します。

7月 個人案

G児（1歳7か月） 言葉のやりとりを楽しむ	H児（1歳8か月） 感触遊びに興味津々	I児（1歳6か月） 徐々に園に慣れてきた
○絵本に出てくる動物を指さして、名前を言っている。 ○簡単な歌をうたっている。	○衣服の脱ぎ着に興味を持ち、自分でしようとする。 ○さまざまな感触遊びに興味を持つ。	○園に慣れてきて、安心して過ごしている。探索をして遊ぶことを楽しんでいる。 ○湿った砂や水などで遊ぶことを喜んでいる。
★保育者との言葉のやりとりを楽しむ。 ★季節の歌に親しむ。 ☆絵本に出てくる物をきっかけに、保育者と言葉のやりとりをする。 ☆リズムに合わせて歌ったり、体を揺らしたりする。	★保育者に介助され、簡単な身の回りのことを自分でしようとする。 ★感触遊びを十分に楽しむ。 ☆保育者に介助されながら、脱ぎ着する。 ☆砂や水、寒天などで感触遊びをする。	★探索活動をして、好きな遊びを見つける。 ☆保育者といっしょに水遊びをする。
◆パーティションやさくでコーナーを作り、絵本に集中できるようにし、1対1で読み語る機会を増やす。 ◇「ゾウさんね、大きいね」など、言葉のやりとりを楽しめるようにする。 ◆リズムの取りやすい季節の歌を用意する。 ◇歌を楽しむようすを見守り、目が合ったら笑顔で楽しさを共有できるようにする。	◇自分で、脱ぎ着しようとしているときはそばで見守り、介助するときは、「手伝ってもいいかな？」など優しく声をかけてから介助する。 ◆戸外では、帽子を着用し、吸湿性の高い動きやすい服装で遊べるようにする。 ◇遊ぶようすを見守りながら、20～30分に一度は休憩し、水分補給できるようにする。	◆手指を使って遊ぶ玩具を用意しておいたり、園庭に運動遊具や用具をそろえておいたりする。 ◇けがのないよう、歩くテンポに合わせてついて行き、見守る。 ◆ペットボトルでシャワーを作ったり、浮き玩具や容器を用意したりしておく。 ◇保育者もいっしょに遊びながら、水しぶきを体験させ、少しずつ水に慣れていけるようにする。
◎言葉が出るようになり、伝えることを楽しむ姿が見られる。 ◎水に慣れ、顔にかかってもいやがらずに水遊びを楽しんでいる。	◎身の回りのことを自分でしようとしている。特に、着脱は、最後まで自分でしようとする姿が見られる。 ◎さまざまな遊びに興味を持ち、遊んでいる。	◎手づかみで食べることが少なくなり、自分でスプーンを持って、食べようとしている。 ◎水たまりを見つけると、泥んこ遊びを始める姿がある。

生活と遊び	生活と遊び	生活と遊び
絵本を読んでもらい、知っている動物の名前を言って遊ぶ。	自分で衣服の脱ぎ着をする。	自分でスプーンを持って食べる。
保育者と簡単な言葉のやりとりをして遊ぶ。	園庭の風通しのよい所で水遊びをする。	シャワーや浮き玩具で水遊びをする。
日陰で水遊びをする。	小麦粉粘土や寒天の感触で遊ぶ。	泥や湿った砂で遊ぶ。
聞き慣れた季節の歌をうたって遊ぶ。	ボディペインティングをする。	ブロッククレヨンで、なぐり描きをする。

物を認知する最初の機能は、名前を覚えることから始まります。名前を言うことによって知っていることを伝えるのです。

自分の身の回りのことを自分でしようとし始める証が、衣服の脱ぎ着です。でき上がりが実感できるからでしょうね。

6月に途中入所したI児は、1か月が過ぎると、徐々に園に慣れ、探索遊びをして、解放感を味わっている姿が見られますね。

7月 個人案

	J児（1歳11か月） 保育者をまねて話そうとする	K児（1歳11か月） かみつきがある	L児（2歳1か月） おしぼりで手や口の周りをふく
前月の子どもの姿 ○	○オマルに自分から座ろうとしている。 ○言葉が出始め、保育者の話す言葉をまねて話そうとしている。	○排せつ時、オムツがぬれていないときに便器に座ると、排尿している。 ○玩具の取り合いで手が出たり、かもうとしたりする。	○食事が終わると、おしぼりで手や口の周りをふこうとしている。 ○はだしになって砂の上を歩いたり、足を埋めたりして楽しんでいる。
ねらい ★・内容 ☆	★オマルに座ることに慣れる。 ★保育者をまねて、話そうとする。 ☆オマルに興味を持ち、自分から座る。 ☆簡単なあいさつをする。	★オマルに慣れ、排尿した喜びを感じる。 ★保育者の仲立ちで、友達とかかわろうとする。 ☆みずからオマルに座り、排尿する。 ☆保育者に思いを受け止めてもらい、友達とかかわる。	★手や口の回りがきれいになった気持ち良さを味わう。 ★水や泥の感触を十分に味わう。 ☆自分のおしぼりで、手や口の回りをふこうとする。 ☆水や泥の感触を体全体で味わって遊ぶ。
環境づくりと保育者の援助 ◆◇	◆目線の高さのところに、動物などのイラストをはり、トイレに行きたくなるような環境をつくる。 ◇食事や午睡の前後など、トイレに誘うよう声をかけ、遊び込んでいるときは無理強いしないようにする。 ◇簡単なあいさつが出てくる絵本をいっしょに楽しんだり、せりふを模倣したりして、楽しくあいさつにふれられるようにする。	◆トイレの窓に風鈴などをつるして、涼しげにしておく。 ◇オマルで排尿できたときは、「シーできたね、うれしいね」など言って喜びを感じられるようにする。 ◆じっくり遊べるように、スペースを十分に取り、玩具を多めに用意しておく。 ◇「これで遊びたかったのよね」など気持ちを受け止め、「貸してって言おうね」と知らせる。	◆いつでも使えるように、手の届くところにおしぼりを置いておく。 ◇自分でしようとする姿を見守り、ふき残しがあればさりげなく介助し、きれいになった気持ち良さを知らせていく。 ◆砂場の石など危険な物がないよう安全面に気をつける。 ◇保育者もいっしょに楽しみながら、こまめに水分補給をし、熱中症に気をつける。
子どもの発達 ◎と評価・反省・課題 ✲	✲嫌いな食べ物をつまんで、床に落とすことがある。 ◎保育者の「いただきます」という言葉に合わせて、「ます」と言っている。	✲保育者の仲立ちにより、玩具の取り合いでかもうとすることをがまんする姿が見られるが、引き続き見守るようにする。	◎きれいになると喜び、清潔と不潔の違いがわかるようになってきた。 ◎プールで水面をたたいて、水しぶきをあげて遊ぶことを楽しんでいる。

週案的要素

	生活と遊び	生活と遊び	生活と遊び
第1週	オマルに興味を持ち自分で座る。	自分からオマルに座り排せつする。	おしぼりで手や口を自分でふく。
第2週	保育者の言葉をまねて話そうとする。	広い場所で、好きな玩具で遊ぶ。	遮光テントの下で水遊びをする。
第3週	好きな絵本を見てあいさつなどをまねる。	日陰で水遊びをする。	はだしで砂の感触を楽しんで遊ぶ。
第4週	「いただきます」の語尾をまねて言う。	室内で寒天などの感触遊びをする。	泥んこ遊びをする。

育ちメモ

人間の人間たるゆえんは、言葉の使用ですね。特にあいさつは人間関係の基礎ですので、興味を持ち出せば積極的にあいさつの交換をしましょう。

自分の思いをとっさに言葉で表現できないときに、思わずたたいたりかんだりする性向の子どもは、広いスペースで遊ばせ注意しましょう。

泥や砂の感触を楽しんだ後、手足の汚れを体感し、シャワーなどで洗う心地良さを知ったL児は、食後手や口をふくようになりました。

6月 P.75 から　　　CD-ROM　7月 ▶個人案_2　　　**8月** P.95 へ

7月 個人案

M児（2歳1か月） — 両足でジャンプする

- ○尿意を知らせ、便器で排尿するようになる。
- ○両足跳びをしたり、体を動かしたりすることを喜んでいる。

- ★トイレでの排尿に慣れる。
- ★保育者や友達といっしょに十分に体を動かし、気持ち良さを味わう。
- ☆保育者に尿意を知らせ、オマルで排尿する。
- ☆室内や戸外で、走る、跳ぶなどして遊ぶ。

- ◇尿意を知らせたときは、「教えてくれてありがとう」「おにいちゃんみたいね」とおおいに褒めるようにする。
- ◆十分に遊ぶスペースを取り、足もとに危険な物がないか確認し、整理しておく。
- ◇活発に動いて、バランスを崩さないよう目を離さないようにする。

- ◎「シー」と言って尿意を知らせているが、パンツをぬらしていることもある。
- ＊遊んでいた積み木を、友達に取られると、泣いて手が出ることがあるので、仲立ちをしていきたい。

N児（2歳2か月） — 排せつの自立に向かう

- ○タイミングが合うと、オマルで排尿している。
- ○自分の思いをしぐさや言葉で保育者に伝えようとする。

- ★オマルや便器での排せつに慣れる。
- ★自分の思いが伝わるうれしさを味わう。
- ☆自分で思うことを言葉で伝えたり、やりとりをしたりする。
- ☆保育者に誘われてトイレに行き、排せつする。

- ◆タイミングよくトイレに誘えるように、ひとりひとりの排尿記録表を、トイレの近くの見えるところにはっておく。
- ◆タイミングよくトイレに誘い、出ないときも、「また教えてね」と言葉をかけ、無理強いしないようにする。
- ◆言いたいことを「○○なのね」と代弁し、満足感を味わえるようにする。

- ◎尿意を感じると、自分でズボンや紙パンツを下ろそうとしている。
- ◎名前を聞かれると、自分の姓と名を言っている。

O児（1歳10か月） — よく食べるようになっている

- ○食事量が増えてきている。
- ○はだしになることをいやがることもあるが、水に触れることは喜んでいる。

- ★食べることを喜び、意欲的に食事をとる。
- ★少しずつ水に慣れ、水遊びを楽しむ。
- ☆自分でスプーンを持ち食べる。
- ☆保育者に見守られ、自分から水にかかわり、遊ぶ。

- ◆風通しのよい場所に机を置いたり、のど越しのよい食べ物を用意したりする。
- ◆さりげなくスプーンの持つ手に介助して、「おいしいね」と言葉をかけ、楽しく食事できるようにする。
- ◆プールの下に滑り止めシートを敷いたり、こまめにふいたりして安全面に気を配る。
- ◇他児の水しぶきが顔にかからないようにし、徐々に水に慣れるようにする。

- ◎他児がオマルに座るようすを見て、自分からオマルに座ってうれしそうにしている。
- ＊初めは水しぶきをいやがり泣いていたが、徐々に慣れ楽しんでいる。繰り返し、楽しめるようにしていきたい。

生活と遊び	生活と遊び	生活と遊び
尿意を知らせ、トイレで排尿する。	タイミングが合うとトイレで排尿する。	スプーンを持ちしっかりした量を食べる。
冷房の効いた室内で体を動かして遊ぶ。	単語やしぐさで自分の思いを伝える。	保育者に見守られプールで遊ぶ。
遮光ネットのあるプールで遊ぶ。	遮光ネットのあるプールで遊ぶ。	自分からオマルに座って排尿する。
室内で積み木遊びをする。	寒天で感触遊びをする。	風通しのよい室内でなぐり描きをする。

- 指で巧みにつまんだり離したりできるようになると、積み木を積むことに興味を持ちます。ひとり遊びを見守りましょう。
- 歩行が習熟し、足腰がしっかりするのは脳の神経支配が足まで通ったということです。排尿感覚が確かになり、自立も間近です。
- 夏の暑さで食欲が低下する子どもがいますが、水遊びなどで体を動かしさっぱりすると、食事量が増えてくるよい例です。

今月のねらい

乳児・低年齢幼児期は小さな体で、毎日体重は増加しますし一刻もじっとしていませんので、体のわりには、たくさんの食事を取り、大人より余熱が多くなります。気温の上昇や水分不足になるとすぐ体の調子が悪くなります。室内の調度を調節したり水遊びで涼しく過ごさせたりします。

文例
暑い夏をゆったりと快適に過ごし、保育者といっしょに水遊びや感触遊びを楽しむ。

健康・食育・安全

子どもの熱中症はオーバーヒートを起こしている状態です。1年中でいちばん暑いこの時期の子どもの健康管理は風通しをよくしたり、室内の温度調節をしたり、水分補給に努めたりして快適に過ごさせることです。汗をよくかきますので、こまめに肌着を取り替え清潔にします。

文例
風通しをよくしたり、エアコンで室内調節をしたり、水分を飲ませたりして、快適に過ごせるようにしておく。また、着替えをこまめにして肌を清潔に保つ。

これも！おさえておきたい
7月の計画のポイントと文例

本指導計画の月案では、A〜O児に合った今月のねらいなどを掲載しています。より参考にしていただけるように、ここでは、この月によくある、ほかにも押さえておきたいポイントを紹介しています。

保育者間の連携

夏の感染症や夏かぜなどの感染症にかかっている子どもは、プール遊びができませんが、登園時の保護者からの連絡を、全職員が徹底周知することが大切です。プールに入れない子どもを涼しく楽しませるように役割分担と、遊びの内容を確認しておくことが大切です。

文例
プールに入れない子どもは砂場で遊んだり散策して遊んだりできるように把握しておく。

家庭・地域との連携

暑さでよく汗をかきますので、そのつど、肌の清潔のためにも、蒸しタオルで体をふきますが、そのタオルを家庭から用意してもらいます。また、プール遊び用の水着に使える物、バスタオルとそれらを入れるバッグを用意してもらいます。持ち物の記名を徹底します。

文例
蒸しタオル用タオル、プールバッグを用意してもらい、名前もわかりやすく記入してもらう。

7月 日の記録

保育を振り返るために、また仕事の証として、日々の記録は欠かせません。ここでは例として、同じ日の月齢の近い6人を抜き出して掲載しています。次の計画に生かしましょう。

CD-ROM 日の記録フォーマット

7月16日（水）

時刻	C児(1歳9か月)	J児(1歳11か月)	K児(1歳11か月)	L児(2歳1か月)	M児(2歳1か月)	N児(2歳2か月)
8	登園	登園	登園	登園	登園	登園
9	小(便器) / 間食(全)	小 / 間食(全)	小 / 間食(全)	小 / 間食(全)	オ / 間食(全) 9:50	オ / 間食(全)
10	茶 / 小(便器)	茶 / オ	茶 / オ	茶 / オ	茶 / オ 11:00	茶 / オ
11	給(全) / 小(便器)	給(全)	給(全)	給(全)	給(全)	給(全)
12	12:55	小 12:45	小(便器) 12:35	小 12:40	13:00	小 12:42
13	↓	↓	↓	↓	↓	↓
14	↓14:45	↓14:45	↓14:45	↓14:45	↓14:45	↓14:45
15	小(便器) / 間食(全)	小 / 間食(残)	小 / 間食(全)	小 / 間食(残)	小 / 間食(全)	小(便器) / 間食(全)
16	小(便器) / 延長保育へ	オ / 延長保育へ	オ / 延長保育へ	小 / 延長保育へ	オ / 延長保育へ	オ / 降園
17						
18						

主な保育の予定

本日のねらい
- 手洗いに関心を持ち、洗おうとする。
- 保育者といっしょに遊ぶことを楽しむ。

登園時に留意すること
- 健康カードの確認をし、健康観察をていねいにする。

環境づくり（歌・絵本・素材・コーナーなど）
歌：『しゃぼんだま』、『拍手をプレゼント』
絵本：『きんぎょがにげた』
戸外：砂場（砂をほぐし水をまいておく）

降園時に留意すること
- 健康観察をし、1日のようすを伝える。

保育の実際と評価・反省・課題

登園時の健康観察（異常 無・有… ）

養護（生命の保持と情緒の安定）にかかわること
汗をかく量に個人差があるので、汗で服がぬれていないか気をつけて見るようにし、その都度着替えるようにする。

環境づくりについて
給食前から午睡起きまでエアコンを使い、快適に過ごせるようにした。エアコン使用時は、換気扇や扇風機を止めるようにする。

保育者の援助について（チームワークを含む）
夏場は砂場で遊ぶと汗で体に砂が付くので、遊んだ後は、特に首回りや腕、足などに付いた砂をていねいに洗い流して落とすようにする。

降園時の健康観察（異常 無・有… ）

小：排尿　大：大便　オ：オムツ交換　く：薬　給：給食　(全)：全食　茶：お茶　↓：睡眠

実践ポイント
汗をかく夏は砂が体に付いて気持ちが悪いので、沐浴やシャワーで洗い流し、肌着を着替えるとすっきりしますね。あせもの予防にもなります。

※ SIDS（シッズ）とは「乳幼児突然死症候群」と呼ばれる、睡眠中突然死する病気です。一定時間ごとに睡眠中の子どものようすを確認しましょう。ここでは10分ごとに複数の保育者でチェックしています。SIDSについて詳しくはP.172をご覧ください。

7月のふりかえりから8月の保育へ

今月のねらい (P.80参照)
- 暑い夏を、ゆったりと快適に過ごせるようにする。
- 保育者や友達といっしょに、夏の遊びを楽しむ。

ふりかえりポイント
- ★ ねらいの設定は？
- ◆ 環境構成・援助は？
- ○ 子どもの育ちは？
- 次月へのつながりは？

 T先生(5年目)：私たちの保育はどうでしょう。場面を思い浮かべて振り返ってみましょう。 S先生(2年目)

例えば…

7月

A児（1歳4か月）の場合

先月の泥んこ遊びで、Aちゃんは感触をいやがっていたの。★泥や水の遊びに少しずつ慣れていけるように、◆無理に誘わずに、仲のよい友達が遊んでいるようすをいっしょに見たり、私が隣で遊んだりしてみたの。

○水遊びも、初めはなかなか水に触ろうとしなかったけれど、少しずつ慣れていって、今では怖がらず遊んでいますよね。

そうなの。自分から手を伸ばそうとはしないんだけど、じっと見て、興味を持っていたのよね。タイミングを見て、Aちゃんの手を下から支えて、手のひらに少し乗せてあげると、冷たい気持ち良さを共有することができたわ。

安心できるT先生のそばで、遊びを楽しめるようになったのですね！

K児（1歳11か月）の場合

Kちゃんは思うようにいかないと、かみついてしまうんです…。

どんなときにかみついてしまうの？

友達と玩具の取り合いをするときが多いです。なので、◆遊ぶときのスペースや玩具の数を配慮しました。

そうね。そして何よりも大切なのは、Kちゃんの気持ちを受け止めることよ。自我が芽生え、自己主張が強くなるこのときに、かみつきが起こりやすいの。でもそれは、伝えたいのに言葉で表現できないもどかしさからくるものよ。

Kちゃんの主体性を大切にするということですね。引き続き、Kちゃんから目を離さないようにして見守っていきたいと思います。

伝えたい!! 園長先生のおはなし

キーワード　子どものかみつき

言葉で自己主張できない月齢の子どもは、手っ取り早く伝える手段としてかみつくことがあります。かみつき行為は伝染しますので、早い段階で防止策を取らねばなりません。かみつきは、子ども同士の距離が近い、混み合った空間で多発することが、調査でわかりました。かみつきぐせのある子どもは、友達と離れた場所で、好きな遊びをさせましょう。

クラス全体では

次月の指導計画に生かせます！

梅雨が終わって、本格的な夏がやってきましたね。エアコンを使って快適に過ごせる環境を整えられました。

6月下旬から始めた水遊びにも徐々に慣れて楽しんでいるわね。保育者や友達といっしょに、より楽しむための工夫を考えていきましょうね。

今月の評価・反省・課題 (P.81参照)

気温に応じてエアコンを使用したり、汗をかいたら着替えたり、蒸しタオルを使用したりすることで快適に過ごすことができた。水遊びでは、少しずつ水に触れていき、保育者といっしょに遊ぶことで楽しむことができた。感触遊びなども取り入れ、夏ならではの遊びを楽しんでいきたい。

8月

ねらいより
健康でゆったりと過ごす。

月案（A〜C児） ･････ P.90

手をつないで歩きたい
A児（1歳5か月）

好き嫌いがある
B児（1歳7か月）

なぐり描きが楽しい
C児（1歳10か月）

個人案（D〜I児） ･････ P.92

水遊びができないといやがる
D児（1歳6か月）

自分のペースで食べている
E児（1歳6か月）

水に興味が出てきた
F児（1歳8か月）

汁物を欲しがる
G児（1歳8か月）

自分で水着に着替えようとする
H児（1歳9か月）

あせもができている
I児（1歳7か月）

個人案（J〜O児） ･････ P.94

バッタに興味津々
J児（2歳）

夏の遊びを満喫している
K児（2歳）

トイレで遊ぶ
L児（2歳2か月）

玩具の取り合いでもめる
M児（2歳2か月）

不思議な感触に夢中
N児（2歳3か月）

興奮して寝つけないことも
O児（1歳11か月）

これも！おさえておきたい

8月の計画のポイントと文例 ･････ P.96

日の記録 ･････ P.97

8月のふりかえりから9月の保育へ ･････ P.98

8月 月案

CD-ROM　8月 ▶ 月案

今月のねらい（クラス全体としてのねらいです）

- 暑い夏を健康でゆったりと過ごせるようにする。
- 保育者といっしょに、感触遊びなどいろいろな夏の遊びを十分に楽しむ。

* マークのマーカーが引いてある部分は、ページ下部の解説とリンクしているのでご覧ください。

* 「今月のねらい」「健康・食育・安全」「保育者間の連携」「家庭・地域との連携」については、P.96の内容も、立案の参考にしてください。

	前月の子どもの姿 ○	ねらい ★・内容 ☆
手をつないで歩きたい　A児（1歳5か月）	○自分で歩行しようとし、保育者と手をつないで歩くことを楽しんでいる。 ○水遊びは、いやがらずに、喜んで遊んでいる。	★保育者のそばで、好きな遊びを十分に楽しむ。 ☆歩行が安定し、自分の好きなところへ歩いて行く。 ☆保育者といっしょに、水遊びを十分にする。
好き嫌いがある　B児（1歳7か月）	○紙パンツやズボンをはこうとしている。 ○苦手な物は食べようとしないことがある。 ○水しぶきを上げて喜んで遊んでいる。	★保育者のそばで、簡単な身の回りのことをしようとする。 ★思い切り水遊びを楽しむ。 ☆保育者に介助されながら、自分で脱ぎ着する。 ☆保育者に励まされ、少しずつ苦手な物を食べる。 ☆友達といっしょに、いろいろな水遊びをする。
なぐり描きが楽しい　C児（1歳10か月）	○便器で排尿しているが、タイミングが合わずパンツをぬらしていることもある。 ○パスを使って、腕を上下に振って点を描き、なぐり描きを楽しんでいる。	★排せつをする場所に興味を持つ。 ★なぐり描きを十分に楽しむ。 ☆排尿の有無をしぐさや言葉で知らせる。 ☆たんぽでなぐり描きをする。

週案的要素

		第1週	第2週
生活と遊び	A児	保育者と手をつないで園庭を歩く。	水遊びをいやがらずにする。
	B児	紙パンツやズボンを自分ではこうとする。	友達といろいろな水遊びを楽しむ。
	C児	排尿の有無をしぐさや言葉で知らせ、便器で排尿する。	たんぽで腕を左右に振ってなぐり描きをする。
クラスの行事生活遊びの計画	行事	月 掃除ごっこ 火 三輪車、なぐり描き 水 フィンガーペインティング 木 ボール、砂場で遊ぶ 金 プール	月 なぐり描き、泥んこ遊び 火 プール 水 かけっこ、すべり台 木 プール 金 砂場で遊ぶ、戸外探索
		玩具・ブロック、積み木、ままごと 歌・『うみ』『アイ・アイ』『ワニの家族』 絵本・『こぐまちゃんのみずあそび』	玩具・ブロック、積み木、ままごと 歌・『うみ』『アイ・アイ』『ワニの家族』 絵本・『こぐまちゃんのみずあそび』

書き方のヒント いい表現から学ぼう！

汗をかいたり汚したりするので、着替えの衣服を多めに持ってきてもらう。

理由 ▶

汗がエアコンで冷える

戸外遊びなどで汗をかいた衣服のまま室内へ入り、暑いからとクーラーをかけると、汗の蒸発と共に肌が冷え、クシャミが出ます。汗をふき取り、着替えてから室内へ入れます。

健康・食育・安全

- 熱中症予報に注意し、こまめに水分をとったり、気温や湿度に配慮したりして、健康に過ごせるようにする。
- 涼しい所で意欲的に食べられるようにする。
- プール、水遊びでは水温、水量、遊ぶ時間に配慮し、安全に遊べるようにする。

保育者間の連携

- ひとりひとりのようすや体調など、保護者から把握した情報を伝え合い、共通理解を図る。
- 水遊びの準備や活動の手順、保育者の役割分担などを話し合い、危険のないようにしていく。

家庭・地域との連携

- 夏の感染症に注意し、症状が見られたら早めに受診を促す。
- 汗をかいたり汚したりするので、着替えの衣服を多めに持ってきてもらう。
- 健康カードを毎日記入してもらう。

8月 月案

環境づくり◆と保育者の援助◇	子どもの発達◎と評価・反省・課題✳
◆A児が好きな玩具や、運動遊具・用具を準備し、置いておく。 ◇低い段差などを怖がるときには、「手をつないで行こうか」など、声をかけて、安心して挑戦できるようにする。 ◆ペットボトルのシャワーや水車を作っておく。 ◇プールで遊ぶようすに合わせて、玩具を出し、十分に楽しめるようにする。	◎遊んだあと、汗をよくかいている。蒸しタオルをしてもらうと気持ち良さそうな表情をしていた。 ✳夢中になって遊んでいることが多いので、ゴザを敷いてゆったりできる時間も取り入れていきたい。
◇「こっちの足をズボンのトンネルに入れてごらん」など、体の動きをわかりやすく知らせる。 ◇苦手な物を、見えるように取り分け少しずつ食べられるようにする。 ◆危険のないよう、水深を子どものひざより下にしておく。 ◇ダイナミックに遊ぶようすを見守り、危険があればすぐに手を伸ばせるよう目を離さないようにする。	◎オマルで排せつしているが、小便器で排せつしている友達のようすを見ている。 ◎ブロックや積み木などをしっかり握って、繰り返し遊んでいる。
◇排尿のサインを見逃さないようにし、「シーって教えてね」と優しく伝え、知らせたときにはおおいに褒める。 ◆いろいろな色の絵の具と、手作りたんぽ、四つ切ケント紙を用意する。 ◇「トントントン」「グールグル」など、動きに合わせて言葉を添え、動きを楽しめるようにする。	◎パンツをぬらしてしまうこともあるが、便器で排尿している。 ✳排尿の有無をしぐさで伝えたり、保育者のことばがけで有無を言葉で知らせたりしている。便器に慣れるように工夫していきたい。

第3週	第4週
A児 保育者の側で玩具やブロックで遊ぶ。	A児 遊んだ後蒸しタオルで体をふいてもらう。
B児 苦手な食べ物を少しずつ食べる。	B児 オマルで排せつしているが小便器に興味を持つようになる。
C児 たんぽで点々を描く。	C児 砂場で遊ぶ。
月 身体計測、なぐり描き、シャワー 火 色水遊び、泥んこ遊び、なぐり描き 水 身体計測、プール 木 三輪車 金 プール、片栗粉粘土	玩具・ブロック、積み木、まごと 歌・『うみ』『アイ・アイ』『ワニの家族』 絵本・『こぐまちゃんのみずあそび』
月 寒天遊び、なぐり描き 火 サーキット、なぐり描き 水 ボディーペインティング 木 誕生会、砂場で遊ぶ 金 プール	玩具・ブロック、積み木、まごと 歌・『うみ』『アイ・アイ』『ワニの家族』 絵本・『こぐまちゃんのみずあそび』

評価・反省・課題 (P.98でくわしく説明!)

気温や湿度を見ながらエアコンを使用し、健康に気をつけて過ごすことができた。また、エアコンをつける前には汗をかいて衣服がぬれていないか確認するなどの配慮もできた。遊びでは、健康・安全に配慮し、夏ならではの感触遊び、水遊びを十分に楽しむことができた。

8月 個人案

	D児（1歳6か月） 水遊びができないといやがる	E児（1歳6か月） 自分のペースで食べている	F児（1歳8か月） 水に興味が出てきた
前月の子どもの姿 ○	○自分でスプーンを使って食事している。 ○オマルで排尿することが多くなる。 ○体調が悪く、水遊びができないときは、できないとわかると泣いていやがる。	○食べることに興味を持ち、意欲的に食べている。 ○ズボンを自分ではこうとする。	○タオルを持ったり、指を吸ったりして安心感を得ている。 ○手で水を触るなど、興味を持って遊んでいる。
ねらい ★ と 内容 ☆	★自分で食べる喜びを味わう。 ★体調に合わせて、好きな遊びを十分に楽しむ。 ☆自分でスプーンを持って、喜んで食べる。 ☆保育者に思いを受け止めてもらい、無理せずに遊ぶ。	★スプーンを持ち、自分で食べようとする。 ★簡単な衣服の脱ぎ着に興味を持つ。 ☆スプーンに慣れ、自分のペースで食べる。 ☆排せつ後、自分でズボンや紙パンツを上げようとする。	★保育者とかかわり、安心して過ごす。 ☆保育者に思いを受け止めてもらい、自分の気持ちを安心して表す。 ☆保育者といっしょに、プールで遊ぶ。
環境づくりと保育者の援助 ◆◇	◆保育者の介助用のスプーンを用意する。 ◇さりげなく介助し、「おいしいね」など言葉をかけて、楽しく食事できるようにする。 ◆袋に水を入れ、口をしっかり留めた物など、室内でも水で遊べる感覚の玩具を作っておく。 ◇「○○したかったのよね」と思いを十分に受け止め、体調に合わせて遊べるようにする。	◆食べ物を、スプーンですくいやすいように、1か所に集めておく。 ◇ひとりで食べようとするようすを見守り、「ここで見てるよ」と声をかける。 ◆座って脱ぎ着しやすい台を、トイレの近くに置いておく。 ◇さりげなく介助しながら、「ここを持って、上げてごらん」など言い、ウエスト部分を持って自分ではけるようにする。	◇できるだけ同じ保育者が、1対1でゆったりとかかわるようにする。 ◆ひとり用のタライに水をはり、他児の遊ぶ水しぶきがかからないようにする。 ◆初めは、保育者の手の上に、F児の手を乗せてゆっくり水に触れるようにし、だっこで水につかったり、手を取ったりして、安心して水遊びができるようにする。
子どもの発達と評価・反省・課題 ◎❋	◎口をモグモグ動かして食べている。スプーンを使っているが、こぼれた物は、手でつかんで食べている。 ◎玩具を保育者に渡して、「ありがとう」「どうぞ」のやりとりを繰り返して、楽しんでいる。	◎中旬から普通食になる。自分のペースで意欲的に食べている。スプーンを使って食べようとしており、うまく使えないときは手を添えてすくおうとしている。	◎タオルがなくても落ち着くようになり、自分からタオルを手放すようになってきている。 ◎水遊びでは、何回か回数を重ねることで、楽しむようになってきている。

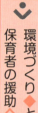

週案的要素

	生活と遊び	生活と遊び	生活と遊び
第1週	自分でスプーンを持って食べる。	スプーンを持ち、自分のペースで食べる。	ひとり用のタライで水遊びをする。
第2週	室内で冷たい感触の水袋で遊ぶ。	排せつ後自分でパンツをはく。	保育者といっしょにプールで遊ぶ。
第3週	保育者と玩具のやりとりをして遊ぶ。	プールで水遊びをする。	色水遊びをする。
第4週	オマルで排尿する。	砂場で遊ぶ。	お気に入りのタオルが無くても落ち着いて遊ぶ。

育ちメモ

水遊びが好きな子どもですが、体調が時々悪くなり、水遊びができないと泣きますが、水袋で代替して工夫していますね。

スプーンに慣れ、自分のペースで食べようとしているときは、介助をひかえ、食べるように見守るようにしましょう。

1歳8か月になっていますが、水しぶきがかかるといやがっていました。保育者が抱き、プールの入ることで慣れてきましたね。

CD-ROM　8月 ▶個人案_1

G児（1歳8か月）　汁物を欲しがる

- お茶や汁物ばかりを欲しがり、野菜などは首を振って食べようとしない。
- タイミングが合い、便器に座ると尿が出ることがある。

★ 好きな物を、少しずつ自分で食べようとする。
★ 排尿した喜びを感じる。
☆ 暑さに負けず、少しずつ口にする。
☆ 便器に座って排尿する。

◆ のど越しのよい調理のしかたを工夫したり、友達の顔を見ながら食べられるようにしたりする。
◇「○○ちゃんといっしょうれしいね」など、友達といっしょに食べる楽しさを感じられるようなことばがけをする。
◇ 排尿できたときは、おおいに褒め、出たことをいっしょに確認するようにする。

◎ オムツをぬらす回数が減ってきた。
※ 便器に座ることを喜び、排尿しているので、排尿の有無をしぐさや言葉で知らせていけるようにしていく。

生活と遊び

便器に座って排尿する。
お茶や汁物を好んで飲む。
プールで水遊びをする。
パスでなぐり描きをする。

口当たりのよい汁物やお茶ばかり飲もうとしますが、のど越しのよい調理をしたり、食べさせ方を工夫したりしました。

H児（1歳9か月）　自分で水着に着替えようとする

- プールバッグから水着を出して、保育者のそばに来て、着ようとしている。
- 水遊びに興味を持ち、水の感触を味わう。

★ 簡単な衣服の脱ぎ着を自分でしようとする。
★ さまざまな感触に触れ、遊ぶことを楽しむ。
☆ 手伝ってもらいながら、水着に着替える。
☆ 泥や水、絵の具、寒天などで遊ぶ。

◆ プールバッグや帽子を、子どもが取り出しやすい決まった場所に置いておく。
◆ 自分でしようとするようすを見守りながら、汗で脱ぎにくいこともあるので、さりげなく介助する。
◆ 戸外では、直射日光を避け、テントやよしずを設置する。
◇「プニプニよ、気持ち良いね」など、声をかけ、感触を共有する。

※ 紙パンツがぬれていないときに便器で排尿している。「出た」ということをいっしょに喜び、また、タイミングを見て排せつを誘っていきたい。

生活と遊び

プールバッグから水着を出して着る。
プールで水遊びをする。
泥や寒天などで感触遊びをする。
絵の具でなぐり描きをする。

1歳9か月にもなると衣服に関心を示し、プールバッグから水着を引っ張り出して手助けされながら自分で着ようとします。

I児（1歳7か月）　あせもができている

- あせもが出て、首や腕をかきむしっている。
- 名前を呼ばれると、手を上げてこたえる。

★ 肌を清潔にし、快適に過ごせるようにする。
★ 保育者と言葉のやりとりを楽しむ。
☆ 沐浴やシャワーをしてもらい、気持ち良く過ごす。
☆ 名前を呼ばれると「はい」と返事をする。

◆ 塗り薬や皮膚の状態など、保護者とこまめに伝え合い、連携を取る。
◆ 沐浴やシャワーの、湯の温度や水の勢いに配慮し、「気持ち良いね」とことばかけをし、心地良さを味わえるようにする。
◆ 名前を呼ばれて、手を上げたり、返事をしたときは、「そうね、Iちゃんね」と自分の名前がわかったことを必ず認める。

◎ 自分でスプーンを持って、食事しようとしている。
※ 皮膚の状態やきげんなどを、保護者とていねいに伝え合うことができた。あせもが改善し、泣くことが減ってきている。

生活と遊び

自分でスプーンを持って食べる。
あせもができているので、沐浴やシャワーをしてもらう。
保育者と簡単な言葉のやりとりをして遊ぶ。
名前を呼ばれると手を上げて返事をする。

あせもは汗腺が垢やほこりでふさがれて細菌が付き、腫れてかゆくなったり痛みが起ったりしますので沐浴で肌を清潔にします。

8月 個人案

8月 個人案

7月 P.84から → 9月 P.104へ

	J児（2歳） バッタに興味津々	K児（2歳） 夏の遊びを満喫している	L児（2歳2か月） トイレで遊ぶ
前月の子どもの姿 ○	○自分で食べているが、途中から遊ぶことがある。 ○戸外でバッタなどの虫を見つけると、じっと見つめたり、追いかけたりしている。	○プールや水遊びで水面をたたき、水しぶきを上げたり玩具を使ったりしながら楽しんでいる。	○自分から進んでオマルに座りに行こうとするが、水栓レバーを触って遊んでいる。 ○乳児用のすべり台に上るが、滑り下りることを怖がっている。
ねらい ★ と内容 ☆	★保育者に見守られ、最後まで食べようとする。 ★身近な生き物に興味を持つ。 ☆保育者に介助されながら、満足するまで食べる。 ☆生き物を、見たり、触ったりする。	★感触遊びを保育者や友達と十分に楽しむ。 ☆玩具を使って、水遊びをゆったりとする。 ☆さまざまな感触に触れ、慣れる。	★排せつに興味を持つ。 ★保育者や友達といっしょに運動遊びを楽しむ。 ☆オマルで排尿ができるようになる。 ☆上る、滑る、またぐなどして遊ぶ。
環境づくり ◆ と保育者の援助 ◇	◆食欲に合わせて量を加減したり、盛り付けを工夫したりして、楽しく食事をとれるようにする。 ◆バッタなど生き物と触れ合える場所をあらかじめ見つけておく。 ◇虫を追いかけるのに夢中になっているときは、けがなどがないよう見守り、驚きや発見を受け止めて共感できるようにする。	◆プールの周りは滑り止めマットを敷き、水深は20cmほどにする。 ◆保育者もプールの中に入り、危険のないように、見守りながらいっしょに遊びを楽しむようにする。 ◆絵の具や寒天など、色や硬さを工夫して、さまざまな感触で遊べるようにする。 ◇戸外では長時間にならないようにし、水分補給を十分に行なう。	◆トイレに、ぬれている所がないか確認したり、子どもが便器に座っているイラストなどを、見える高さにはっておく。 ◆タイミングよくトイレに誘い、そばで「出るかな？」など気が向くように言葉をかける。 ◇すべり台で滑るのを怖がるときは、うつむいて足から滑るようにしたり、「お手々をついていれば大丈夫よ」など安心できるように声をかけたりする。
子どもの発達 ◎ と評価・反省・課題 ✻	◎虫を捕まえることができたときは、少し怖がりながらも、うれしそうにしている。 ✻虫を握る力の調節がうまくできないので、扱い方をていねいに知らせていく。	◎水にも慣れ、遊びも豪快になってきた。 ◎絵の具や泥、寒天などの感触遊びもいやがらずに楽しむ姿があった。	◎ブロックや積み木に上ったり、またいだりしている。手を突いてゆっくりとすべり台から滑って遊んでいる。 ✻トイレに興味を持っているので、便器で排せつする喜びを味わえるようにしていきたい。

週案的要素

	生活と遊び（J児）	生活と遊び（K児）	生活と遊び（L児）
第1週	保育者に介助されながら食べる。 戸外で虫を見つけて遊ぶ。	プール用の玩具で水遊びをしたり、寒天などの感触遊びをしたりする。	オマルで排尿する。
第2週	プールで水遊びをする。 虫の図鑑を見て保育者に指さして知らせる。	ジョウロの水を園庭に絵を描くようにまく。	プール遊びをしたり、水遊び用の玩具で水をまいたりして遊ぶ。
第3週	土粘土をたたいたり、伸ばしたりして遊ぶ。たっぷりと昼寝をする。	戸外で虫を探したり、友達と図鑑を見て楽しんだりして遊ぶ。	大型積み木をまたいだり、上ったりする。
第4週	バッタにキュウリなどを食べさせようとしている。	戸外遊びの後、沐浴を楽しみにする。	すべり台を足を下にしてうつむいて滑る。

育ちメモ

J児： 虫などの生き物に興味を持ち、動くのを見たり、そうっと触ったりして、観察したりすることは、科学する心の始まりです。

K児： 絵の具や、寒天などの感触遊びを楽しみ、「ヌルヌル」や「ツルツル」などの感触を、言葉にして、実感として記憶しています。

L児： 体を動かすことが好きですべり台を上るのですが、滑るのを躊躇していました。そばに付くと安心して滑るようになりました。

8月 個人案

M児（2歳2か月） 玩具の取り合いでもめる	N児（2歳3か月） 不思議な感触に夢中	O児（1歳11か月） 興奮して寝つけないことも
○時々、パンツがぬれていることがある。 ○玩具の取り合いなどで、友達をたたいたりかんだりすることがある。	○自分で衣服の脱ぎ着をしようとしている。 ○水の感触を味わいながら、喜んで水遊びを楽しんでいる。	○布団に入っても、なかなか眠らないことがある。 ○水に慣れ、水しぶきを上げて喜んで遊んでいる。
★言葉やしぐさで自分の思いを伝えようとする。 ☆言葉やしぐさで保育者に排尿を知らせる。 ☆保育者に思いを受け止めてもらい、言葉で自分の気持ちを伝えようとする。	★自分で脱ぎ着しようとする。 ★保育者や友達と感触遊びを楽しむ。 ☆保育者に介助されながら、自分で紙パンツやズボンを脱ぎ着する。 ☆片栗粉や寒天など、いろいろな感触に触れる。	★保育者に見守られ、安心して眠る。 ★保育者といっしょに水遊びを思い切り楽しむ。 ☆玩具を使って水遊びをする。 ☆一定時間ぐっすりと眠る。
◇タイミングよくトイレに誘い、パンツがぬれたことを知らせたときには、おおいに褒めたり、抱き締めたりする。 ◆十分な数の玩具を用意しておく。 ◇トラブルになったときは、M児の気持ちを受け止め、「たたいたり、かんだりしたら○○ちゃんいたいよ」と他児の気持ちを伝えたり、「どうぞ」「かして」のやりとりを伝えていく。	◆はきやすいように、ウエストの部分を手前にして、ズボンや紙パンツを置く。 ◇自分でやってみようと思えるように、「Nちゃんはけたね！やったね」とできたことを認めてうれしさに共感する。 ◆水を混ぜて、いろいろな硬さの片栗粉粘土や寒天を作っておく。 ◇口に入れたり、なめたりしないように見守りながら、保育者もいっしょになって楽しんでいく。	◆寝る場所をパーティションで区切ったり、午睡前に静かな音楽を流したりして、気持ちを切り替えられるようにする。 ◇だっこやおんぶなどをして、安心して入眠できるようにする。 ◆ジョウロや、ビニール袋につまようじで穴をあけたものを用意する。 ◇水が形を変えて出てくるようすをいっしょに見て、そのおもしろさに共感する。
◎尿意があると、足をモゾモゾさせて知らせたり、「シー」と伝えたりしている。 ＊トラブルになることもあるが、かみつきが徐々に減っている。これからも、引き続き見守っていきたい。	◎感触をいやがることなく、「グチュグチュ」と言いながら片栗粉を触っている。 ＊顔を背けて「イヤ」と言いながら食事をとろうとしないことがある。	◎顔に水がかかってもいやがらず、うれしそうな表情で遊んでいる。 ＊上着を脱ぐときに、あごに引っ掛かってなかなか脱げずに泣いている。さりげなく介助して、安心できるようにしていきたい。

生活と遊び	生活と遊び	生活と遊び
パンツの中に排尿したときには言葉やしぐさで保育者に知らせる。	自分で紙パンツやズボンを脱ぎ着する。	ジョウロや袋で水遊びをする。
プール遊びをしたり、泥を触って感触遊びをしたりする。	寒天や片栗粉粘土で感触遊びをする。	パーティションでしきってもらったところで、ゆっくり午睡する。
玩具の取り合いなどトラブルがあるが、友達と同じ遊びをする。	口当たりのよいおかずを食べる。 友達とブロックなどで遊ぶ。	介助されて上着を脱ぐ。
寒天や片栗粉粘土で感触遊びをする。	園庭で友達と虫探しをしたり、フィンガーペインティングをしたりする。	涼しい室内で玩具で遊ぶ。

時々パンツがぬれていることがあり、保育者に受け止めてもらい、きれいにしてもらうことで、知らせるようになります。

子どもは新しく見るものを知ろうと、まず触りますが、手の感触で物の性質を探索し、感触を楽しみ、記憶していきます。

水遊びなどではしゃいで遊んだ後、ハイテンションになる子どもは、空間を区切り静かな音楽を聴かせて午睡させます。

これも！おさえておきたい
8月の計画のポイントと文例

本指導計画の月案では、A〜O児に合った今月のねらいなどを掲載しています。より参考にしていただけるように、ここでは、この月によくある、ほかにも押さえておきたいポイントを紹介しています。

今月のねらい

低年齢幼児にとっては過酷な暑い夏の毎日ですが、室温調節をこまめに行ない、水分や休息を十分にとり、快適に過ごせるように願いを込めます。しかし消極的な保護だけではなく、保育者や友達といっしょに、水や砂の感触を味わったりして、積極的に遊びましょう。

文例
暑い夏を快適に過ごせるようにし、保育者や友達といっしょに水や砂などの感触に親しむ。

健康・食育・安全

1歳のころは、味覚が発達したり触感がわかるようになったりして発達のテンポの早いときだからこそ、いろいろな食材に触れて親しませる方法を考える時期だといえます。菜園での夏野菜の栽培は生長、収穫に興味を持たせ食べる意欲につなげていきます。

文例
夏野菜の生長に興味・関心を持ち、収穫して食べられるようにする。

保育者間の連携

夏はあせもからとびひになる子どもがいたり、プール熱（咽頭結膜熱）の感染症が起こることがあります。感染しやすい病気ですので、予防には早期発見、隔離、十分な手洗いが必要です。全保育者が症状を把握し、対応について共通認識をして流行を食い止めましょう。

文例
とびひやプール熱など、夏の感染症の症状の対応を、あらためて確認し、対応を共通認識する。

家庭・地域との連携

最近は異常気象が続き、猛暑の毎日で熱中症が心配になります。高温注意情報や熱中症予報が出されるようになりましたので、園では早朝からチェックします。そして、その情報を、保護者に携帯電話で送ったり、掲示板などで知らせたりして、予防に協力してもらいましょう。

文例
熱中症予報をこまめに見るようにして、発令されたときには掲示板などで保護者にも知らせる。

8月 日の記録

保育を振り返るために、また仕事の証として、日々の記録は欠かせません。ここでは例として、同じ日の月齢の近い6人を抜き出して掲載しています。次の計画に生かしましょう。

CD-ROM
日の記録フォーマット

8月20日（水）

時刻	B児 (1歳7か月)	D児 (1歳6か月)	E児 (1歳6か月)	F児 (1歳8か月)	G児 (1歳8か月)	I児 (1歳7か月)
8	登園 オ / オ				登園	登園 大 / オ
9	小	登園 / 小	登園 / オ	登園 / 小	オ / 小	小
10	オ	小	小			小
11	給(全) / 小(便器)	給(全) / 小	給(全) / 大	給(全) / 小(便器)	給(全)	給(全) / オ
12	12:10 ↓	12:00 ↓	12:15 ↓	12:10 ↓	12:20 ↓	12:10 ↓
13			↓ 14:00			
14	↓ 14:45	↓ 14:45		↓ 14:45	↓ 14:45	↓ 14:45
15	間食(全) / 小	間食(全) / 小	間食(全) / オ	間食(全) / 小	間食(全) / 小	間食(全) / 小
16	降園	降園	降園	延長保育へ	降園	延長保育へ
17						
18						

主な保育の予定

本日のねらい
- 保育者といっしょにプール遊びを楽しむ。

登園時に留意すること
- 健康状態（つめや鼻水、せきなど）を把握する。

環境づくり（歌・絵本・素材・コーナーなど）
歌：『アイ・アイ』、『ワニの家族』
絵本：『こぐまちゃんのみずあそび』
戸外：水遊び玩具（シャワー）

降園時に留意すること
- 園でのようすや健康状態を伝える。

保育の実際と評価・反省・課題

登園時の健康観察（異常 (無)・有…　　　　）

養護（生命の保持と情緒の安定）にかかわること
汗を多くかいているので、頭の汗をふいたり着替えを、午前中に2回したり、お茶を十分に飲んだりする。

環境づくりについて
朝のうちにプールに水をためる。バスタオルを敷き、シャワー後に座れるようにしておいた。おしりを洗うためのタライを用意した。

保育者の援助について（チームワークを含む）
プールに入るとうれしくて歩いて水しぶきを上げたり、走ろうとしたりする子どもの姿が見られた。危ないので、そのつど知らせていく。

降園時の健康観察（異常 (無)・有…　　　　）

小：排尿　大：大便　オ：オムツ交換　く：薬　給：給食　(全)：全食　茶：お茶　↓：睡眠

実践ポイント　プールに入る前に、おしりを洗う専用の洗面器などを用意し、清潔にすることは大切ですね。水遊び以外でも、汗をふき着替えをします。

※SIDS（シッズ）とは「乳幼児突然死症候群」と呼ばれる、睡眠中突然死する病気です。一定時間ごとに睡眠中の子どものようすを確認しましょう。ここでは10分ごとに複数の保育者でチェックしています。SIDSについて詳しくはP.172をご覧ください。

8月のふりかえりから9月の保育へ

今月のねらい（P.90参照）
- 暑い夏を健康でゆったりと過ごせるようにする。
- 保育者といっしょに、感触遊びなどいろいろな夏の遊びを十分に楽しむ。

ふりかえりポイント
- ★ねらいの設定は？
- ◆環境構成・援助は？
- ○子どもの育ちは？
- 次月へのつながりは？

 T先生（5年目）：私たちの保育はどうでしょう。
 S先生（2年目）：場面を思い浮かべて振り返ってみましょう。

例えば…

8月

戸外の安全

- 水遊びを楽しみにする子どもたちが増え、遊びもだんだんダイナミックになってきましたね。
- そうね。だから今月は安全面に、特に気を配ったわね。
- はい！◆戸外では必ず帽子をかぶって、目配りをする保育者の位置や役割分担について、事前に話し合いましたよね。後は、◆プールの水深に注意したり、滑り止めマットを敷いたり……。

- はしゃぎすぎると、思わぬ事故につながりかねないものね。来月も戸外で遊ぶことが多くなるだろうから、事前に予測して、安全に楽しく遊べるようにしていきましょうね。

Ⅰ児（1歳7か月）の場合

- 「★夏を健康でゆったりと過ごす」というねらいを振り返ってどうだった？
- Ⅰちゃんにあせもができていて、かゆくてかきむしる姿がありました。◆肌の清潔を保つために、沐浴やシャワーをしましたが、湯が熱すぎないか、勢いはきつすぎないかなど、Ⅰちゃんが心地良くなれるように考えました。

- 大事なことね。あせもは、水分をこまめにふかないと起こるものなの。汗はもちろん、沐浴やシャワーの後も、しっかり体をふくことを忘れないでね。

> 乳児は、まだ体温調節がうまくできないので、あせもになりやすいのです。予防や治療について、保護者とよく話し合いましょう。

- はい！ 9月はまだまだ暑くて、汗をよくかくので、エアコンをつける前に汗をかいていないか確認するなど、引き続き気を配ります。

伝えたい!!　園長先生のおはなし

キーワード　肌の清潔

真夏に多く見られるあせもは、体のあかやゴミが皮膚に付いて汗腺がふさがれ、表皮の下に水泡ができて、細菌が付き化膿したものです。あせもの予防の第一は、毎日沐浴して皮膚を清潔にすること。汗ばんだ肌着はこまめに替えること、水遊びや適度な温度のクーラーで涼しく過ごすことね。とびひは水遊びで感染しないように。

クラス全体では

次月の指導計画に生かせます！

- 健康・安全面に配慮して、8月を過ごすことができましたね。
- 夏の疲れが出てきたり、生活リズムが乱れたりする時期よ。引き続き、ひとりひとりが健康に過ごせるように配慮していきましょう。

今月の評価・反省・課題（P.91参照）

気温や温度を見ながらエアコンを使用し、健康に気をつけて過ごすことができた。また、エアコンをつける前には汗をかいて衣服がぬれていないか確認するなどの配慮もできた。遊びでは、健康・安全面に配慮し、夏ならではの感触遊び、水遊びを十分に楽しむことができた。

9月

※1歳児クラスの9月ごろから、クラス全体で月齢差による発達の幅が縮まってきたことを受け、クラス全体として、週案的な要素（行事 生活 遊びの計画）をとらえた様式に変更しています。

ねらいより
生活リズムを整え、健康に過ごす。

月案（A～C児） ・・・・・・ P.100

指先を使って遊ぶ
A児（1歳6か月）

便器で排尿しようとする
B児（1歳8か月）

食事中、落ち着きがない
C児（1歳11か月）

個人案（D～I児） ・・・・・・ P.102

探索活動が盛ん
D児（1歳7か月）

戸外遊びが大好き
E児（1歳7か月）

「せんせい」と呼びかける
F児（1歳9か月）

午睡時間が長くなっている
G児（1歳9か月）

自分で脱ぎたい！
H児（1歳10か月）

ブロックを車に見たてて遊ぶ
I児（1歳8か月）

個人案（J～O児） ・・・・・・ P.104

便器での排尿に挑戦
J児（2歳1か月）

友達といっしょに遊びたい
K児（2歳1か月）

手洗いの習慣がついている
L児（2歳3か月）

食具で食べられるよ
M児（2歳3か月）

なぐり描きに集中
N児（2歳4か月）

友達の名前を呼ぶ
O児（2歳）

これも！おさえておきたい
9月の計画のポイントと文例 ・・・・ P.106

日の記録 ・・・・・・ P.107

9月のふりかえりから10月の保育へ ・・ P.108

9月 月案

CD-ROM　9月 ▶月案

今月のねらい（クラス全体としてのねらいです）
- ひとりひとりの生活リズムを整えながら、健康に過ごせるようにする。
- 保育者といっしょに体を動かして遊ぶことを楽しむ。

* マークのマーカーが引いてある部分は、ページ下部の解説とリンクしているのでご覧ください。

*「今月のねらい」「健康・食育・安全」「保育者間の連携」「家庭・地域との連携」については、P.106の内容も、立案の参考にしてください。

9月 月案

	前月の子どもの姿	ねらい★・内容☆
指先を使って遊ぶ A児（1歳6か月）	○さまざまな遊びに興味を持ち、遊ぼうとする。 ○穴落としなど、楽しんで遊んでいる。	★気に入った遊びを十分に楽しむ。 ☆興味のある玩具で繰り返し遊ぶ。 ☆つまむ、持つ、入れる、引っ張るなど指先を使って遊ぶ。
便器で排尿しようとする B児（1歳8か月）	○トイレに興味を持ち、座ろうとしている。 ○保育者のまねをして、ブロックを積んで遊んでいる。	★トイレで排尿しようとする。 ★ひとり遊びを楽しむ。 ☆便器に座り、タイミングが合うと排尿する。 ☆保育者のまねをして、ブロックを積んだり崩したりする。
食事中、落ち着きがない C児（1歳11か月）	○食べているときに後ろを向いたり、動いたりするときがある。 ○坂道を何度も上ったり下りたりして楽しんでいる。	★安定した姿勢で、落ち着いて食べようとする。 ★十分に体を動かし、繰り返し遊ぶ。 ☆イスに姿勢正しく座り、食事をする。 ☆でこぼこ道や坂の上り下りで体を動かして遊ぶ。

週案的要素 — クラスの行事・生活・遊びの計画

第1週
- 月：砂場で遊ぶ
- 火：砂場で遊ぶ、なぐり描き
- 水：砂場で遊ぶ
- 木：フープ
- 金：砂場で遊ぶ、なぐり描き
- 玩具：ブロック、積み木、穴落とし
- 歌：『大きな栗の木の下で』
- 絵本：『バスにのって』

第2週
- 月：お月見ごっこ
- 火：ボール、なぐり描き
- 水：かけっこ
- 木：誕生会、戸外探索、砂場で遊ぶ
- 金：砂場で遊ぶ、なぐり描き
- 玩具：ブロック、積み木、穴落とし
- 歌：『大きな栗の木の下で』
- 絵本：『ノンタンシリーズ』

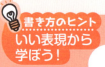 **書き方のヒント いい表現から学ぼう！**

動きが活発になるので、靴選びの情報を伝え、足に合った履きやすい靴を用意してもらう。

 理由

足に合った靴を用意する

好きな所へ自由に歩けるようになるので、動きが活発になります。足に合った靴を履くと、体のバランスが取れて転ぶことも少なく、歩行が習熟します。選び方のポイントを伝えることが大切です。

* 💡マークのマーカーが引いてある部分は、左ページ下部の解説とリンクしているのでご覧ください。
*「今月のねらい」「健康・食育・安全」「保育者間の連携」「家庭・地域との連携」については、P.106の内容も、立案の参考にしてください。

健康🦶・食育✋・安全✖

- 着替えなどで汗の始末をこまめにし、清潔を保つようにする。🦶
- 秋の果物や野菜を見たり触れたりして、食べ物に興味を持つようにする。✋
- 園庭の石を拾い、転んだときに危険のないようにする。✖

保育者間の連携

- ひとりひとりの食事・睡眠・体調など連絡し合い、共通理解する。
- 運動会に向けて、楽しい成果が得られるように役割分担し、進めていく。
- 0歳児の担当者と連携し、発達課題を確認し合う。

家庭・地域との連携

- 夏の疲れが出るころなので、子どもの体調の変化を見逃さず、園や家庭でのようすをていねいに伝え合う。
- 動きが活発になるので、靴選びの情報を伝え、足に合った履きやすい靴を用意してもらう。💡

環境づくり◆と保育者の援助◇	子どもの発達◎と評価・反省・課題✹
◆集中して遊べるように、広いスペースを取り、パーティションで区切る。 ◆穴落としの玩具や、段ボール片に洗濯バサミをいくつか付けておいたものを用意する。 ◇「自分でしてみたい」と思う気持ちを大切にし、集中して遊んでいるときは、そばで優しく見守る。	◎気に入った遊びで遊ぶことを楽しんでいる。 ◎穴落としや洗濯バサミで、したいと思ったようにじょうずにできると「アー、アー」と声を出し喜んでいる。
◆便器に座っている友達のようすをいっしょに見られるようにする。 ◇タイミングよくトイレに誘い、「シャーシャーっていう音、聞こえるかな？」など排せつに興味を持てるように声をかける。 ◆B児に見えるようにブロックを積んだり、積んだものを崩したりする。 ◇「高く積めたね」など思うように積めたうれしさを共有する。	◎タイミングが合うと便器で排せつしている。 ◎ブロックをじょうずに積めると、手をたたいて喜んでいる。保育者が積んだブロックを倒すのを楽しむ姿もある。
◆背筋が伸びるようにクッションを背中に挟んだり、足裏が床に着く高さのイスを用意したりする。 ◇食事の前に必ず「いただきます」のあいさつをして、気持ちを切り替えられるようにする。 ◇でこぼこ道や坂道では、子ども同士が衝突しないように目配りをする。	◎食事に集中できず、横や後ろを向いたり、食べ物で遊ぼうとしたりする姿が見られるので、引き続き食事の取り方やイスの座り方について知らせていく。

9月 月案

第3週

- 月 戸外探索
- 火 砂場で遊ぶ
- 水 砂場で遊ぶ、なぐり描き
- 木 砂場で遊ぶ、なぐり描き
- 金 砂場で遊ぶ

玩具・ブロック、積み木、布玩具、スズランテープ
歌・『運動会のうた』
絵本・『ゆっくとすっく トイレでちっち』

第4週

- 月 砂場で遊ぶ、なぐり描き
- 火 砂場で遊ぶ
- 水 戸外探索、なぐり描き
- 木 砂場で遊ぶ
- 金 砂場で遊ぶ、戸外探索

玩具・ブロック、積み木、布玩具
歌・『運動会のうた』
絵本・『ゆっくとすっく いっぱい たべたら』

※9月から3月は、週案的な要素を、クラスでとらえた様式で、掲載しています。

評価・反省・課題
(P.108でくわしく説明!)

気温や湿度に応じて、エアコンや扇風機を使い、快適に過ごすことができた。戸外遊びでは園庭に行き、探索やすべり台などで保育者といっしょに体を動かして遊んでいる。来月はさらに過ごしやすい気温になるので、十分に体を動かせるようにする。

9月 個人案

（8月 P.92から / 10月 P.112へ）

個人案

	D児（1歳7か月） 探索活動が盛ん	E児（1歳7か月） 戸外遊びが大好き	F児（1歳9か月） 「せんせい」と呼びかける
前月の子どもの姿 ○	○自分の行きたいところへ歩いて行っている。 ○トンネルをくぐったり、フープをまたいだりしている。	○戸外に出るとわかると、自分から靴を履こうとしている。 ○かけっこやすべり台、トンネルなどの遊びを楽しんでいる。	○「せんせい」と保育者に話しかけている。 ○かけっこなど、体を動かすことを楽しんでいる。
ねらい★・内容☆	★探索活動を楽しむ。 ★体を動かすことを楽しむ。 ☆興味のあるところに歩いて行って、遊ぶ。 ☆バランスを取って、くぐったりまたいだりする。	★保育者に見守られ、自分で靴を履こうとする。 ★保育者といっしょに体を動かして遊ぶことを楽しむ。 ☆さりげなく介助されながら、自分で靴を履く。 ☆広い場所で十分に体を動かす。	★保育者とのかかわりを楽しむ。 ★体を動かして遊ぶ楽しさを十分に味わう。 ☆保育者と簡単な言葉のやりとりをする。 ☆音楽に合わせて体を動かして遊ぶ。
環境づくりと保育者の援助 ◆◇	◆好きな遊びを選べるようにしたり、少人数グループで遊んだりして、のびのびと遊べるようにする。 ◆トンネルやフープを、十分にスペースを空けて置いておく。 ◇転倒やけがのないよう見守り、繰り返ししたい気持ちを受け止める。 ◇汗をかいた後は、ようすを見て誘いかけ、シャワーで汗を流したり、水分補給をしたりする。	◆かかとの部分を引っ張りやすいように、ひもやリングを付けてもらえるよう、保護者に伝える。 ◇自分で靴を履こうとしているときは優しく見守り、やりにくい所を介助したり、「ここを引っ張ろうね」など言葉をかけたりする。 ◇園に石が転がっていないか確認し、遊具の砂を事前に掃いておく。 ◇目を離さず、保育者もいっしょに楽しむ。	◆子どもが呼びかけたときは、必ず目を合わせて返事をするように心がける。 ◆室内を整理し、場所を広く空けておき、リズムのよい曲を用意しておく。 ◇子ども同士の衝突がないように注意しながら、保育者もいっしょに遊び、楽しさを共有する。
子どもの発達と評価・反省・課題 ◎※	◎歩行が安定してきており、動きが活発になってきている。 ◎乳児用すべり台の階段をひとりで上るなど、体を使って遊ぶことを楽しんでいる。	◎戸外遊びを楽しみにしており、かけっこなど、体を動かすことを十分に楽しんでいる。 ◎保育者とひとつのフープに入り、電車ごっこを楽しんでいる。	◎「せんせい」と何度も呼びかけたり、スキンシップを取ったりすることでかかわりを楽しんでいる。 ◎音楽が流れると手をたたいたり、体を揺らしたりして音楽に合わせて体を動かしている。

週案的要素

クラスの生活と遊び（環境配慮）	第1週	第2週
	・食材によって使い分けられるように、スプーンやフォークを用意しておく。 ・エアコンや扇風機を使って、室温や湿度を調節する。 ・好きな遊びを十分に楽しめるように、保育者も遊びを楽しみ、促していく。	・台を作り、簡単な衣服の脱ぎ着をしたり、自分で靴を履いたりできるようにする。 ・エアコンの効きすぎに注意し、午睡時にはタオルケットを使用する。 ・玩具の数やスペースを確保し、好きな遊びを十分に楽しめるようにする。

育ちメモ

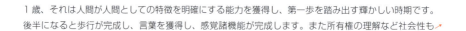

1歳、それは人間が人間としての特徴を明確にする能力を獲得し、第一歩を踏み出す輝かしい時期です。後半になると歩行が完成し、言葉を獲得し、感覚諸機能が完成します。また所有権の理解など社会性も

CD-ROM 9月 ▶個人案_1

8月 P.93から

10月 P.113へ

午睡時間が長くなっている **G児**（1歳9か月）	自分で脱ぎたい！ **H児**（1歳10か月）	ブロックを車に見たてて遊ぶ **I児**（1歳8か月）
○まとめて睡眠するようになり、眠る時間が徐々に長くなっている。 ○保育者といっしょに季節の歌をうたったり、手遊びをしたりして喜んでいる。	○自分でズボンを脱ぐことを喜んでいる。 ○靴の脱ぎ履きに興味を持っている。	○好きなものを、スプーンを使って意欲的に食べている。 ○ブロックの車などを走らせて遊んでいる。
★生活リズムを大切にし、安心して眠れるようにする。 ★保育者と季節の歌や手遊びを楽しむ。 ☆保育者に見守られ、ゆったりと午睡する。 ☆曲に合わせて体を動かしたり、歌ったりして遊ぶ。	★簡単な衣服の脱ぎ着を自分からしようとする。 ☆保育者に見守られたり、さりげなく介助されたりして、ズボンを脱いだり、靴の脱ぎ履きをしたりする。	★何でも自分から食べようとする。 ★ひとり遊びを十分に楽しむ。 ☆苦手な食べ物も、少しずつ口にする。 ☆見たてやつもり遊びを繰り返しして遊ぶ。
◇夏の疲れが出てくるころになるので、ゆったりと遊べる時間を取り、入眠時は、そばでそっと手を添えて安心できるようにする。 ◆『大きな栗の木の下で』など、曲に合わせて楽しく体を動かせる歌や手遊びを用意しておく。 ◇楽しさを共有できるように、保育者も大きく体を動かしていっしょに楽しむ。	◆ウエストがゴムで、伸縮しやすいズボンやスカートが、自分で脱ぎ着しやすいことを保護者に伝え、用意してもらう。 ◆自分で脱ぎ着しようとしている姿をおおいに褒め、さりげなくできないところを手伝い、自分でできた喜びを味わえるようにする。	◆食材によって使い分けができるように、スプーンやフォークを用意しておく。 ◇苦手な食べ物は、量をI児に聞きながら加減し、無理なく食事ができるようにする。 ◆遊ぶスペースや玩具の数を十分に考慮し、集中して遊びこめるようにする。 ◆子どものイメージを受け止めながら、「○○な車ね」など言葉をかけ、イメージを共有できるようにする。
◎言葉数が増え、単語や二語文を使ったり、歌を口ずさんだりして楽しむ姿が見られる。 ✻伝える喜びがわかるように、ていねいに思いを受け止めていきたい。	◎自分で衣服の脱ぎ着をしたいという気持ちがあり、保育者が援助しようとするといやがる姿も見られる。 ◎靴を自分で履こうとしている。	◎好きなものをスプーンやフォークを使い、自分で食べようとしている。 ◎ブロックをつなげて車に見たてて遊んでいる。

9月 個人案

第3週	第4週
● 意欲的に食べられるよう、室温を見て快適な場所で食べる。 ● エアコン、空気清浄機の掃除をする。 ● バランスを取ったり、音楽に合わせて体を動かしたりして遊べるようにする。	● トイレを常に清潔にし、動物のイラストをはっておくなど、排せつに興味を持てるようにする。 ● 友達とイメージを共有して、ごっこやつもり遊びができるコーナーを作る。

✎ 発達してきます。友達にも関心を持ちいっしょに遊ぶことを楽しみだします。

※9月から3月は、クラス集団を低月齢と高月齢に分け、集団としての、週案的な要素（生活と遊び）と、育ちの見通し（育ちメモ）を掲載しています。このページでは、低月齢児を掲載しています。

9月 個人案

	J児（2歳1か月）便器での排尿に挑戦	K児（2歳1か月）友達といっしょに遊びたい	L児（2歳3か月）手洗いの習慣がついている
前月の子どもの姿 ○	○漏らすと、保育者の近くに来て、「シーした」と知らせている。 ○「どうぞ」「ありがとう」など言葉を使って、友達や保育者とやりとりをして遊んでいる。	○好きな友達の後をついて行ったり、そばで遊ぼうとしたりしている。	○スプーン、フォークを持ってひとりで食べている。 ○戸外遊びの後、自分から手を洗おうとして、洗面台に向かっている。
ねらい ★・内容 ☆	★便器に座って排尿する。 ★保育者や友達とのやりとりを楽しむ。 ☆便器に興味を持ち、座ることに慣れる。 ☆保育者と友達と簡単な言葉のやりとりをする。	★友達に関心を持ち、かかわろうとする。 ☆保育者の仲立ちにより、友達とかかわって遊ぶ。	★自分で食べるうれしさを味わう。 ★自分から手を洗おうとする。 ☆スプーンやフォークを思うように使って食べる。 ☆戸外遊びの後、保育者のそばで手を洗う。
環境づくりと保育者の援助 ◆◇	◆尿が漏れて、床をぬらしてもすぐに対応できるように、掃除セットをひとつにまとめておく。 ◇パンツがぬれていないときはおおいに褒め、トイレに誘い、自分から便器に座ってみようと思えるようにする。 ◇目を合わせて、「どうぞ」「ありがとう」のやりとりを保育者もいっしょにしたり、数人のグループで絵本を読み語ったりする。	◆同じ遊びをしている友達を意識できるように、遊びごとにパーティションなどでコーナーを作る。 ◇「〇〇ちゃんと遊びたいのよね」「〇〇ちゃんといっしょ、うれしいね」など、K児の気持ちを十分に受け止め、うれしさに共感する。	◆子ども同士の座る間隔を十分に取り、不自由なく食事を楽しめるようにする。 ◇食具の持ち方などを優しく介助し、きれいに食べられたことをおおいに褒め、自分で食べようとする気持ちを大切にする。 ◆洗面台が高い場合は、乗る台を用意しておく。 ◇保育者もいっしょに洗いながら、「ゴシゴシ」など声をかけて、洗い方を知らせる。
評価・反省・課題と子どもの発達 ※◎	※便器に慣れ、座れるようになるが、まだ排尿したことがない。タイミングが合うようにトイレに誘ったり友達がしているのを見たりできるようにことばがけをしていきたい。	※気に入った友達の後について遊んでいることが多く、自分のしたいような遊び方ができず泣いてしまうことがある。思いを受け止め、もう一度遊びに入れるように仲立ちしていきたい。	※スプーン、フォークの使い方やお皿に手を添えることなどを、引き続き伝えていきたい。 ◎戸外では、保育者に「まてまて」と追いかけられることをとても喜び、笑顔で楽しんでいる。

週案的要素 クラスの生活と遊び（環境配慮）

第1週	第2週
・自分で食具を選んで食事できるように、スプーンやフォークを用意しておく。 ・汗をかいたら、蒸しタオルや着替えで気持ち良く過ごせるようにする。 ・好きな遊びを十分に楽しめるように、保育者も遊びを楽しみ、促していく。	・排尿間隔を把握し、排尿の有無をしぐさや言葉で知らせたときはおおいに認める。 ・一定時間、十分に眠れるように室温や湿度を見て、エアコンや扇風機を使用する。 ・玩具の数やスペースを確保し、好きな遊びを十分に楽しめるようにする。

育ちメモ：歩行が始まると1歳児は、体全体を動かして、見たり、聞いたり、手や足、体全体を使って触れ、いろいろな事象に出会い、驚きや感激を経験します。いわゆる探索活動によって知的、社会的な発達が顕著に

CD-ROM　9月 ▶個人案_2

M児(2歳3か月) 食具で食べられるよ	N児(2歳4か月) なぐり描きに集中	O児(2歳) 友達の名前を呼ぶ
○スプーン、フォークを持ち、こぼしながらも食べている。 ○尿意を感じると、保育者の近くに来て、足をモゾモゾさせたり、「シー」と言ったりして知らせる。	○なぐり描きでは、指さして「ブード」（ブドウ）など言って、後付けしている。 ○食べ物を食べずに「イヤ」と言うときがある。	○ズボンを脱いだり、服を頭からかぶったりしている。 ○「○○ちゃん、○○ちゃん」と、友達の名前を呼んでいる。
★スプーンやフォークを使ってひとりで食べようとする。 ★便器で排尿することに慣れる。 ☆食具を使って食べる。 ☆排尿の有無をしぐさや言葉で知らせる。	★さまざまな食材に興味を持つ。 ★なぐり描きを十分に楽しむ。 ☆保育者に励まされ、苦手な物も少しずつ食べる。 ☆画用紙にフェルトペンでなぐり描きをする。	★簡単な衣服の脱ぎ着を自分でしようとする。 ★友達とかかわるうれしさを味わう。 ☆保育者に手伝ってもらいながら、自分で衣服の脱ぎ着をする。 ☆友達とふれあい遊びやごっこ遊びをする。
◆スプーンやフォークの持ち方を意識して、指先を使った遊びを取り入れる。 ◆子どもの後ろから肩越しに手を伸ばして食具の持ち方を見せたり、ひと口で入る分量を伝えたりする。 ◆尿意を知らせたときはおおいに褒め、「シー出て気持ち良いね、さっぱりね」など、便器で排せつできた喜びを味わえるようにする。	◆楽しく食事ができるように、テラスや戸外にテーブルを置く。 ◆無理に食べさせようとせず、笑顔で「○○おいしいよ」など言って、食べてみようと思えるようにする。 ◆じっくりとなぐり描きを楽しめるように、少人数で始め、見えやすい色ができるようにする。 ◆集中しているときはそばで見守り、「おいしそうなブドウね」など、イメージを共有することばがけをする。	◆着せ替え人形など、指先を使って着脱を楽しみ、しくみがわかるような玩具を用意する。 ◆上着をかぶってなかなか着ることができないときには、「もう少しよ」「いないいないばあ」など声をかけ、安心して楽しく脱ぎ着できるようにする。 ◆「○○ちゃんといっしょに遊ぶの楽しいね」など、友達と遊んだり、同じ気持ちになったりすることのうれしさを言葉で伝えていく。
◎便器で排尿する回数が増えてきている。 ◎歌に合わせて、体を揺らしたり、うたったりして楽しんでいる。	◎1回は食べてみようとする姿が見られる。 ◎「○○だよ」「もういっかい」など保育者や友達に、話しかけて、やりとりを楽しんでいる。	◎オムツやズボンを自分で履こうとしている。 ◎靴下を自分で履いている。 ◎友達の名前を呼んだり、友達を指してかかわろうとしている。

第3週	第4週
●自分で食べやすい大きさに食材を切っておく。 ●エアコン、空気清浄機の掃除をする。 ●友達とかかわって遊べるように仲立ちをする。	●排せつや戸外遊びの後に、保育者もいっしょに手を洗い、大切さを伝える。 ●汗で服が脱ぎにくそうなときはさりげなく介助する。 ●砂場の砂をほぐして柔らかくしておく。 ●画用紙やパスを十分に用意しておく。

なります。2歳を越えると、言葉が使えるようになり、友達にも関心を持ち、運動機能、感覚機能の発達と共に文化的、創造的な活動を活発に展開するようになります。いよいよ人間として開花します。

※9月から3月は、クラス集団を低月齢と高月齢に分け、集団としての、週案的な要素（生活と遊び）と、育ちの見通し（育ちメモ）を掲載しています。このページでは、高月齢児を掲載しています。

今月のねらい

残暑がまだまだ厳しく、夏の疲れも出るころですが、初秋の気配も感じられ、戸外での遊びが活発になってきます。季節の変わり目には体調不良の子どもも見られますので、絶えず静と動のバランスを考慮し戸外遊びの時間を調節、休息、水分補給を心がけます。

文例
ひとりひとりの健康状態を把握し、体調や活動量に合わせて、十分な休息や水分をとり、健康にすごせるようにする。遊びを通して友達とのふれあいを楽しむ。

健康・食育・安全

実りの秋が近づき菜園の栽培野菜も姿に変化が見られ、子どもの興味をひきます。子ども用のジョウロを見つけると、「おおきくなーれ」などと声をかけながら水やりをする姿があります。野菜の生育にかかわると食事の食材と結び付き、意欲的に食べるようになります。

文例
ジョウロを用意し、育てている野菜に水やりできるようにする。

これも！おさえておきたい 9月の計画のポイントと文例

本指導計画の月案では、A～O児に合った今月のねらいなどを掲載しています。より参考にしていただけるように、ここでは、この月によくある、ほかにも押さえておきたいポイントを紹介しています。

CD-ROM 9月 ▶文例

保育者間の連携

10月に行なわれる予定の運動会に向けて、戸外では5歳児たちの活発な運動が展開される時期を迎えました。ひとり歩きが習熟した1歳児も触発されて、高い段を跳び降りようとしたり、自分の運動能力以上のことをしがちです。1歳にふさわしい運動を確認していきます。

文例
運動機能の発達の個人差を確認し、ひとりひとりに応じた運動を促す環境づくり、援助について話し合い、無理なく楽しめる運動会のプランをたてていく。

家庭・地域との連携

夏が過ぎると急速に背丈が伸びる子や、体重が増える子など、体格に変化が見られるようになります。また初秋のこの時期は、体を動かす遊びが盛んになりますので、体に合ったゆったりとした理想的な服装などを伝えて用意してもらい、靴も足のサイズに合わせます。

文例
子どもの成長や動きに合わせた衣類や靴を用意してもらう。

9月 日の記録

保育を振り返るために、また仕事の証（あかし）として、日々の記録は欠かせません。ここでは例として、同じ日の月齢の近い6人を抜き出して掲載しています。次の計画に生かしましょう。

CD-ROM 日の記録フォーマット

9月 1日（月）

時刻	C児 (1歳11か月)	J児 (2歳1か月)	K児 (2歳1か月)	L児 (2歳3か月)	M児 (2歳3か月)	N児 (2歳4か月)
8	登園	登園	登園	登園 オ	登園	登園 オ
9	小（便器） 間食（全） 戸外遊び 茶	オ 間食（全） 戸外遊び 茶	オ 間食（全） 戸外遊び	間食（全） 戸外遊び 茶	間食（全） 戸外遊び 茶	オ 間食（全） 戸外遊び 茶
10	小（便器）大 コーナー 小（便器）	小 コーナー 小	小 コーナー 小（便器）	小（便器） コーナー 小	小（便器） コーナー 小（便器）	小 大（便器） コーナー 小（便器）
11	給（全） 小	給（全） 大	給（全） 小 大	給（全） 小（便器）	給（全） 小（便器）	給（半分残） 小（便器）
12	12:20 大 ↓		12:15 ↓	12:30 ↓	12:25 ↓	12:25 ↓
13	↓	13:00 ↓	↓	↓	↓	↓
14	↓ 14:45	↓ 14:45	↓ 14:45	14:20 ↓	↓ 14:45	↓ 14:45
15	小（便器） 間食（全）	小 間食（全）	小（便器） 間食（全）	小 間食（全）	小 間食（全）	小（便器） 間食（全）
16	小（便器） 降園	オ 延長保育へ	オ 延長保育へ	オ 延長保育へ	オ 延長保育へ	オ 小 延長保育へ
17						
18						

主な保育の予定

本日のねらい
- 保育者といっしょに体を動かすことを楽しむ。衣服の脱ぎ着に興味を示す。

登園時に留意すること
- 健康観察や、身だしなみ、つめの点検を行なう。

環境づくり（歌・絵本・素材・コーナーなど）
- 歌：『大きな栗の木の下で』
- 戸外：三輪車に乗る（またぐ）ことを楽しめるようにする
- コーナー：お掃除ごっこ（ぞうきん）、ブロック

降園時に留意すること
- 1日のようすを伝える。

保育の実際と評価・反省・課題

登園時の健康観察（異常 無・有…C児、おでこを打って、傷あり）

養護（生命の保持と情緒の安定）にかかわること
天候、気温に気をつけ窓の開閉をして、室温を調節した。蚊が多いので戸外に出たときには蚊取り線香を持って出る。

環境づくりについて
ほかのクラスが園庭を使うため、三輪車でなく、砂場での遊びに変え、砂場周辺を探索したりすべり台や砂遊びを楽しんだりした。

保育者の援助について（チームワークを含む）
朝の間食後、かけっこをして体を動かした。今は運動会の練習で各クラスとも園庭を使用するので、使用予定表で確認をして計画をし合いたい。

降園時の健康観察（異常 無・有…　　　　　　　　　　）

小：排尿　大：大便　オ：オムツ交換　く：薬　給：給食　（全）：全食　茶：お茶　↓：睡眠

実践ポイント
子どもは二酸化炭素の発生が多いので、蚊が寄ってきます。柔肌に刺されると、かきむしってとびひになりやすいので、駆除が大切ですね。

※ SIDS（シッズ）とは「乳幼児突然死症候群」と呼ばれる、睡眠中突然死する病気です。一定時間ごとに睡眠中の子どものようすを確認しましょう。ここでは10分ごとに複数の保育者でチェックしています。SIDSについて詳しくはP.172をご覧ください。

9月のふりかえりから10月の保育へ

今月のねらい（P.100参照）
- ひとりひとりの生活リズムを整えながら、健康に過ごせるようにする。
- 保育者といっしょに体を動かして遊ぶことを楽しむ。

ふりかえりポイント
- ★ ねらいの設定は？
- ◆ 環境構成・援助は？
- ○ 子どもの育ちは？

次月へのつながりは？

私たちの保育はどうでしょう。
場面を思い浮かべて振り返ってみましょう。
T先生（5年目） / S先生（2年目）

例えば…

9月

C児（1歳11か月）の場合

Cちゃんは坂道の上り下りをしたり、段差の上からピョンと飛び降りたりして、繰り返し楽しんでいます。◆すぐに手を伸ばせる位置で、目を離さないようにして、遊ぶようすを見守りました。

- 1歳児は、くぐる、またぐ、段を上る、下りる、などの運動が活発になるわね。体を動かすこと自体が楽しくて、夢中に遊んでいるわ。でも、自分の体力を把握することがまだできないから、休憩時間をつくって、保育者がめりはりをつけてあげるのよ。
- はい。私たちが時間やひとりひとりの体力を見極めるんですよね。
- そうそう。体力に見合った動きをしているかどうか、危険がないかなど、保育者のこまやかな気配りが必要なのよ。

G児（1歳9か月）の場合

以前は、午前中に眠たくなっていたGちゃんだけど、最近は午睡1回になっているの。◆たくさん体を動かして遊んだ後は、絵本を読むなど、ゆったりとした時間をとって、午睡に向かえるようにしたわ。

- ○2回寝から1回寝になって、ぐっすり眠っている子どもたちが増えていますね。夏の疲れが出てくることも考慮して、◆午睡時間をたっぷり取れるように、時間を見直してよかったです。
- そうね。エアコンや扇風機を使用して快適に眠れるようにもできたわね。

伝えたい！！ 園長先生のおはなし

キーワード　睡眠時間

乳児は1日に何回も眠る多相性の睡眠ですが、1歳ごろからまとまった深い眠りが取れるようになり、午睡は午後1回に集中して眠れるようになります。脳の中の覚醒中枢がしっかりしだし、起きている間の活動が活発になる1歳児は、午前中よく遊び、食後覚醒反応が低下して午睡に入ります。平均2時間30分ほど眠り、午睡で疲れを取ります。

クラス全体では

次月の指導計画に生かせます！

- 月の前半は残暑が厳しかったけれど、だんだん涼しくなって、体を動かすのが気持ち良くなってきたわね。
- はい。夏の疲れに配慮して体を使った遊びを楽しむことができました。
- 来月は気温差にも注意しながら、引き続き体を動かして遊びを楽しめるようにしましょう。

今月の評価・反省・課題（P.101参照）

気温や湿度に応じて、エアコンや扇風機を使い、快適に過ごすことができた。戸外遊びでは園庭に行き、探索やすべり台などで保育者といっしょに体を動かして遊んでいる。来月はさらに過ごしやすい気温になるので、十分に体を動かせるようにする。

10月

ねらいより
気温差に留意し、健康で快適に！

月案（A〜C児）・・・P.110

手を洗っている
A児（1歳7か月）

興味を保育者に伝える
B児（1歳9か月）

寝つきに時間がかかる
C児（2歳）

個人案（D〜I児）・・・P.112

絵本に興味を持っている
D児（1歳8か月）

自分で靴を履こうとしている
E児（1歳8か月）

砂掘りを楽しんでいる
F児（1歳10か月）

なぐり描きをしている
G児（1歳10か月）

歌うのが好きな
H児（1歳11か月）

ブロック遊びに夢中
I児（1歳9か月）

個人案（J〜O児）・・・P.114

食事に興味を持っている
J児（2歳2か月）

自分の思いを出す
K児（2歳2か月）

ひとりでズボンを脱ごうとしている
L児（2歳4か月）

保育者の動きをまねている
M児（2歳4か月）

砂場遊びを楽しんでいる
N児（2歳5か月）

言葉でかかわろうとする
O児（2歳1か月）

これも！おさえておきたい
10月の計画のポイントと文例・・・P.116

日の記録・・・P.117

10月のふりかえりから11月の保育へ・・・P.118

10月 月案

* 🔍マークのマーカーが引いてある部分は、ページ下部の解説とリンクしているのでご覧ください。
* 「今月のねらい」「健康・食育・安全」「保育者間の連携」「家庭・地域との連携」については、P.116の内容も、立案の参考にしてください。

今月のねらい（クラス全体としてのねらいです）
- 気温差に留意し、健康で快適に過ごせるようにする。
- 体を動かして戸外で十分に遊ぶことを楽しむ。
- 身近な秋の自然にふれながら、戸外遊びを楽しむ。

	前月の子どもの姿 ○	ねらい ★・内容 ☆
 手を洗っている A児（1歳7か月）	○食事に興味を持ちさまざまな食材を意欲を持って食べようとしてきている。 ○ゴシゴシと手をこすり洗う。	★意欲的に何でも食べようとする。 ★きれいにすることを喜び、進んでしようとする。 ☆さまざまな食材を自分から食べる。 ☆食前や排せつ後の手洗いを自分からする。
 興味を保育者に伝える B児（1歳9か月）	○興味のあるものを見つけると保育者に伝える。 ○室内や戸外でかけっこや探索を保育者と楽しんでいる。	★保育者とのかかわりを楽しむ。 ★体を動かして十分に遊ぶことを楽しむ。 ☆保育者とやりとりして遊ぶ。 ☆室内や戸外で存分に体を動かす。
 寝つきに時間がかかる C児（2歳）	○午睡時に保育者がそばにいても話したり、はしゃいだりし、寝つくのに時間がかかる。 ○園庭に出て、低い段差を飛んだりかけたりして楽しんでいる。	★午睡時には十分に眠れるようにする。 ★安全な環境の中で、秋の自然にふれて遊ぶことを楽しむ。 ☆体を十分に動かして遊ぶ。 ☆保育者に見守られながら、秋の自然にかかわる。

週案的要素 クラスの行事・生活・遊びの計画

第1週
- 月 すべり台、砂場
- 火 ままごと遊び、砂場
- 水 かけっこ、砂場、なぐり描き
- 木 歯科検診、紙遊び
- 金 なぐり描き、砂場
- 玩具・ブロック、積み木、穴落とし
- 歌・『運動会のうた』
- 絵本・『うたこさんのおかいもの』

第2週
- 月 なぐり描き、砂場
- 火 なぐり描き、サーキット遊び
- 水 探索、サーキット遊び
- 木 砂場
- 金 なぐり描き、ボール
- 玩具・ブロック、布玩具、穴落とし
- 歌・『どんぐりころころ』
- 絵本・『だいじないす』

書き方のヒント いい表現から学ぼう！

戸外遊びが増え疲れやすくなるので、子どもの健康状態をこまめに伝え合う。

→ 理由

家庭でも健康状態に注意する
さわやかな秋空の10月は、運動会がある月でもあり、戸外での運動遊びが多くなり体力を消耗します。園では水分補給や休息など注意しますが、家庭と連携し管理します。

* 💡マークのマーカーが引いてある部分は、左ページ下部の解説とリンクしているのでご覧ください。
* 「今月のねらい」「健康・食育・安全」「保育者間の連携」「家庭・地域との連携」については、P.116の内容も、立案の参考にしてください。

健康・食育・安全	保育者間の連携	家庭・地域との連携
●気温の差から体調を崩さないよう活動に応じて衣服を調節する。 ●秋の野菜、木の実などの名前を知り興味を持ったり触れたりする。 ●園庭の石を拾い、転んだときのけがを防げるようにする。	●活発になり行動範囲も広がっていくので危険のないようにチームワークを取って保育していく。 ●0歳児、1歳児ともに連携を取り合い情報を共有する。 ●運動会の種目について話し合い、役割分担を把握しておく。	●気温差があるので調節しやすい衣服を用意してもらう。 ●戸外遊びが増え疲れやすくなるので、子どもの健康状態をこまめに伝え合う。 ●作品展の案内を出し、子どもの発達に関心を持ってもらう。

環境づくり◆と保育者の援助◇	子どもの発達◎と評価・反省・課題✴
◆ひとりで食べたときはおおいに褒め、その後の意欲へつながるようにする。 ◇自分で清潔にしようとする気持ちが持てるように言葉をかけていく。 ◇保育者もいっしょに手を洗いながら、「いいにおいね」と言葉をかけ、共にきれいになったことを認める。	◎スプーンなどを持ち食事を進めている。汁物を飲むときに舌が出てきているので、うまく飲めずこぼすことが多い。野菜はいやがり一度口に入れるが出している。
◇子どもの言葉を受け止め、うなずいてこたえたり、思いを代弁したりするようにする。 ◇保育者も後ろから追いかけ、体を動かせるようにする。	◎保育者に伝える際は、肩などをたたき、指さして知らせる。「アーアー」と言い知らせることが多い。 ◎衣服の着脱も自分でし、できると保育者にできたことを指をさして知らせている。
◆戸外で外気浴をしたり、十分に体を動かして遊べるような時間を取る。 ◇戸外でドングリや落ち葉を見つけると子どもに知らせ、秋の自然にかかわって遊べるようにしていく。	◎寝つきは遅いが保育者がそばにつきトントンすると寝るようになってきた。母親が妊娠していることもあり少し不安定になってきているように感じる。ようすを見ていく。

10月 月案

第3週

月	落ち葉遊び、三輪車、なぐり描き	玩具	・ブロック、積み木、型はめ
火	サーキット遊び、なぐり描き	歌	・『おいもごろごろ』
水	誕生会、砂場、かけっこ、探索	絵本	・『ぷくちゃんのすてきなパンツ』
木	スタンピング、三輪車		
金	戸外、かけっこ、積み木		

第4週

月	フープ(遠足ごっこ)	玩具	・ブロック、積み木、型はめ
火	かけっこ、内科検診	歌	・『まつぼっくり』
水	サーキット遊び	絵本	・『おいもほり』
木	楽器遊び、砂場		
金	イモ掘り		

評価・反省・課題 (P.118でくわしく説明!)	朝夕だけでなく日中も気温が下がってきたので、午睡時に、冬ぶとんを掛けるなどして過ごした。巧技台、一本橋など体育遊具に触れて遊ぶことが増えてきたが、かけっこなども取り入れていくなどして運動遊びも楽しめるようにする。また、自然物(落ち葉 など)には興味を示し、探して見つけて拾うことを楽しんでいた。

10月 個人案

		D児（1歳8か月）絵本に興味を持っている	E児（1歳8か月）自分で靴を履こうとしている	F児（1歳10か月）砂掘りを楽しんでいる
10月 個人案	前月の子どもの姿 ○	○歩行が安定し探索を楽しんでいる。 ○絵本を見て車など指をさし保育者に知らせる。	○衣服や靴の脱ぎ着に興味を持ち、自分でしようとしている。 ○保育者と戸外で探索したり追いかけっこをしたりして遊んでいる。	○砂場遊びでは砂掘りを繰り返し楽しんでいる。 ○友達を指さしたり、名前を呼ぼうとしたりする。
	ねらい ★・内容 ☆	★保育者や友達といっしょに体を動かすことを楽しむ。 ★絵本に興味を持つ。 ☆かけっこなど体を動かして遊ぶ。 ☆絵本を見て簡単な言葉を繰り返して遊ぶ。	★保育者といっしょに身の回りのことを自分でしようとする。 ☆保育者に手伝ってもらいながら簡単な脱ぎ着をする。 ☆自分で履きやすい靴を履こうとする。	★好きな玩具を使って、砂遊びを十分に楽しむ。 ★友達に関心を持ち、かかわろうとする。 ☆保育者といっしょに砂にかかわり、十分に遊ぶ。 ☆友達とやりとり遊びをする。
	環境づくりと保育者の援助 ◆◇	◆広い場所で体を十分に動かして遊べるような遊具や用具を工夫する。 ◇保育者が子どもを捕まえない程度に追いかけるようにし、歩行を促す。 ◆絵本を読み聞かせ、指さしを促す環境をつくる。 ◇保育者も言葉の模倣を共に楽しむようにする。	◆衣服の順番をそろえたり、台を用意したりして自分からはこうとする意欲を促す。 ◇パンツが上げられなかったり、そでが通らなかったりするときはさり気なく手助けしてできた達成感を味わえるようにする。	◆玩具を選べるようにプリンカップやスコップなど、さまざまに準備しておく。 ◇山を作ろうと誘いかけたり、子どもが繰り返し楽しんでいる砂掘りに共感して遊んだりする。 ◇F児の言ったことを、友達にも伝え、やりとりが進む仲立ちをする。
	子どもの発達と評価・反省・課題 ◎✻	◎自分の靴や帽子など自分の物と理解し、箱から取り持ってきている。 ◎「ありがとう」や「さようなら」などのあいさつのときはおじぎをしている。	◎衣服の脱ぎ着はほぼひとりでしているが、腕が引っ掛かって抜けなかったりすると「できない」とぐずって知らせる。 ◎靴は、左右の確認をし、ほぼひとりで履いている。	◎保育者といっしょに山を作ったりしたり、友達と簡単なままごと遊びを楽しんだりする。 ◎タオルを持っていると安心する。指吸いも時々する。

		第1週	第2週
週案的要素	クラスの生活と遊び（環境配慮）	・汗をかいたら蒸しタオルで体をふき、着替えをし、快適に過ごせるようにする。 ・食前、食後のあいさつを知り、しぐさや言葉であいさつをしようとするのを見守る。 ・好きな遊びを見つけて十分に遊べるよう玩具・絵本などを出し、遊び場所にも配慮する。	・気温や湿度に応じて窓を開閉し、調節して快適に室内で過ごせるように配慮する。 ・季節を感じられるような身近な秋の自然にふれられるように、戸外活動を充実する。 ・戸外遊びの後、足や手を洗い自分でふこうとするが、しあげは保育者がふく。

育ちメモ 運動機能の発達や気性には個人差があり、個別の配慮が必要な時期です。1歳後半になればかなりの平衡感覚の必要な平均台の横歩き、はしごの連続またぎ越しなどができるようになります。手が自由

CD-ROM 10月 ▶個人案_1

9月 P.103 から　　　　　　　　　　　　　　　　　　　　　　　　　　　11月 P.123 へ

10月 個人案

なぐり描きをしている **G児**（1歳10か月）	歌うのが好きな **H児**（1歳11か月）	ブロック遊びに夢中 **I児**（1歳9か月）
○なぐり描きでは、いろいろな色を使い、円をぐるぐると描いている。 ○「○○つくる」とブロックを組み合わせて遊んでいる。	○手遊びや歌の一部分を歌ったり簡単な動物の名前を言ったりと言葉が出ている。 ○衣服の脱ぎ着を、保育者が介助しようとするといやがり、自分でしようとしている。	○ブロックを積んだり崩したりし、試そうとする。 ○好きなものを意欲的に食べる。
★身の回りのものにさまざまにかかわって楽しむ。 ☆見たて遊びを楽しむ。 ☆なぐり描きを十分に楽しむ。	★保育者と簡単なやりとりを楽しむ。 ★自分で衣服の脱ぎ着をしようとする。 ☆保育者と手遊びをしたり、歌をうたったりする。 ☆簡単な衣服はひとりで脱ぐ。	★苦手なものも進んで食べようとする。 ★保育者といっしょに玩具で遊ぶ楽しさを味わう。 ☆ひと口ずつ口に入れ、味わう。 ☆玩具にかかわり、指先を十分に使って遊ぶ。
◇子どもが「○○かいた」と指さして伝えてきたときは受け止め、子どもの発語を促す。 ◆見たて遊びを楽しめるように、積み木やブロックなどの玩具を用意しておく。 ◇子どもの思い描くイメージを保育者も共有して遊ぶようにする。	◇繰り返しのある手遊びや歌を選び、共にやりとりを楽しめるようにしていく。 ◇初めはいっしょに歌いながら興味を引き出すようにし、徐々にひとりで楽しめるようにする。 ◇自分でしようとする思いを大切にし、できるだけ見守るようにする。	◆ブロックや積み木など、指先を使った遊びが繰り返し遊べるようにしておく。 ◆ブロックを積めたときのうれしさに共感する。 ◇「おいしいね」などと声をかけながら食べられるようにする。
◎色にも関心があり「何色？」と聞くと赤、青などはわかるようだ。 ◎「○○かいた」と描いたものを知らせている。 ◎積み木なども組み合わせ、車や家などを作り楽しんでいる。	◎歌や手遊びなどは、ひとりで口ずさんでいることがある。 ◎玩具の貸し借りの中で「かして」や「どうぞ」という言葉が出てきている。 ◎服や下着が自分で脱げたときは、満足そうにしている。	◎こぼすこともあるが、スプーン、フォークを持ち自分で食事を進めている。 ◎犬など動物の写真を指さして「ワンワン」や「ガオー」という姿が見られている。

第3週	第4週
・気温の低下でかぜなどをひかないように、手洗いや、うがいを励行し予防する。 ・体を十分に動かして遊べるように遊具を用意しておき、広い場所を確保しておく。 ・自分で靴を履こうとしたり、帽子をかぶろうとしたときさりげなく援助する。	・保育者や友達と戸外で探索したり、追いかけっこをしたりして、秋を満喫する。 ・秋の自然や素材に触れ、遊びを楽しめるように戸外へ出る機会を設ける。 ・便器で排せつすることに慣れるようにし、出たときはおおいに褒めて自信につなげる。

↗になることによって、手で物を押す運動を喜びます。運動会の種目はゲーム感覚で楽しく体を使う内容にし、無理のないようにします。

113

10月 個人案

9月 P.104から　　　　11月 P.124へ

	J児（2歳2か月） 食事に興味を持っている	K児（2歳2か月） 自分の思いを出す	L児（2歳4か月） ひとりでズボンを脱ごうとしている
前月の子どもの姿 ○	○スプーンやフォークを持ってひとりで食べている。 ○こぼさないように食べようとしている。 ○便座で排尿することに慣れてきている。	○保育者が食べさせようとするといやがり、「ジブンデ」しようとする。 ○友達と同じことをして遊ぼうとするが物の取り合いが多い。	○ズボンをひとりで脱ぐ姿も見られる。 ○自分のやってほしいことや困ったことなど身ぶりや表情で伝えている。
ねらい★ **・内容**☆	★食材に興味を持ち、食べることを楽しむ。 ★保育者に見守られながら、トイレで排せつしようとする。 ☆自分から食事をしようとする。 ☆自分からトイレで排せつする。	★自分で食べることを楽しむ。 ★友達とかかわって遊ぶ楽しさを味わう。 ☆自分で食事をとる。 ☆遊んでいる中で「かして」「いいよ」と言葉で言い、物の貸し借りをしようとする。	★簡単な衣服を自分で脱ごうとする。 ★自分のやってほしいことや困ったことなど単語や言葉で伝えようとする。 ☆ズボンをひとりで脱ぐ。 ☆自分の思いを簡単な言葉で表す。
環境づくりと保育者の援助 ◆◇	◆いっしょに食べながら持ち方の見本を見せ、ひとりで食べる意欲につながるようにする。 ◇全部食べたときは、子どもの喜びに共感し、おおいに褒めるようにする。 ◇タイミングよくトイレに誘い、子どもに付き添って安心して排尿できるようにする。	◇「ジブンデ」の気持ちを大切にしながら、いやがるときは無理に介助せず、ひとりで食べられるようにする。 ◆取り合いが起きないよう、十分な量の玩具を準備しておく。 ◇保育者が仲立ちをし、「かして」などの言葉が出るようにしていく。	◆自分で座ってズボンを脱げるように、低い台を用意しておく。 ◇「イチ、ニ」など声をかけながら落ち着いて脱げるようにする。 ◇伝えようとする子どもの思いを受け止め、言葉にして代弁しながら返事する。
評価・反省・課題 子どもの発達 ◎と✱	◎こぼさずに保育者の援助なくひとりで食べている。「全部食べたよ」と保育者に知らせたりして食べた喜びを感じていく。 ◎食材にも興味を持っている。	✱思いどおりにならないと手が出たり、自分が納得するまでかたづけもせずひとりで最後まで遊んだりする姿が出てきた。保育者が仲立ちし、言葉で言うようにはなったが、言葉より先に手が出てしまう。	◎保育者や友達にもしてほしいこと、いやなことは言葉で知らせるようになった。友達との言葉のやりとりも見られている。

週案的要素

	第1週	第2週
クラスの生活と遊び（環境配慮）	・友達と遊んでいる中で「かして」「いいよ」と言葉で言い、物の貸し借りをする。 ・友達とまねっこ遊びや見たて遊びができるように、場所や玩具を用意しておく。 ・保育者もいっしょに食前食後のあいさつをしながら、あいさつの大切さを知らせていく。	・食後、自分でおしぼりで手や口をふこうとする。不十分なところは手を添えて介助する。 ・リズムに合わせて体を動かして遊ぶようになったので、ピアノを弾いたりCDをかけたりする。 ・秋の自然物を集めたり、それを使って遊んだりできるように環境を整える。

 育ちメモ
1歳後半になると、言葉はほかの要素から独立して、言葉だけで一定の事物や行動を意味するようになります。言葉を知るということは、「自分」と違う世界を知り、ほかの子どもに対する興味が高ま

P.105 から

CD-ROM　10月　▶個人案 2

 P.125 へ

保育者の動きをまねている M児（2歳4か月）	砂場遊びを楽しんでいる N児（2歳5か月）	言葉でかかわろうとする O児（2歳1か月）
○遊びに夢中になり、漏らしてしまうことがある。 ○曲が聞こえると保育者の動きをまねたり歌ったりしている。	○砂場遊びでは「○○つくった」「どうぞ」「もう1かい」などと保育者や友達に見せてやりとりを楽しんでいる。 ○食後や、戸外で遊んだ後などに、うがいすることを楽しんでいる。	○脱いだ衣服を畳もうとする。 ○保育者や友達の名前を言葉で言っている。
★遊びの途中でも排尿することに慣れる。 ★保育者や友達といっしょにリズムに合わせて体を動かすことを楽しむ。 ☆保育者に促されて、トイレに行こうとする。 ☆リズムに合わせて体を動かして遊ぶ。	★清潔に関心を持ち、うがいを楽しむ。 ★友達と遊ぶ中でやりとりを楽しむ。 ☆ブクブクうがいをする。 ☆友達といっしょに作ったりやりとりを十分にして遊ぶ。	★簡単な身の回りのことを自分でしてみようとする。 ★保育者との言葉のやりとりを楽しむ。 ☆簡単な衣服を自分で畳む。 ☆まねっこ遊びややりとり遊びをする。
◇排尿のサインを見逃さず、トイレに誘うようにしたり、気持ち良くなったことがわかるように言葉をかけたりしていく。 ◆日ごろ親しんでいる音楽をすぐに楽しめるように準備しておく。 ◇保育者もいっしょに体を動かしたり、ほかの子どもの仲立ちになるようにする。	◆子どもの見本になるように、うがいをしてみせる。 ◇うがいをした後は、「気持ち良いね」と言葉をかけ、うがいの大切さを知らせていく。 ◇子どもの思いを受け止めると同時に、仲立ちをしながら遊びが広がるようにする。	◇順番を伝えながら、少しでもできたときはおおいに褒め、次への意欲につなげる。 ◇子どもの動作をまねたり、子どもの言葉にこたえたりして、まねっこ遊びが広がるようにする。
◎保育者に誘われると、トイレに行くことも増えてきた。 ◎季節の歌をうたったり、手遊びを保育者がすると「もう1かい」とリクエストしたり、いっしょに歌ったり手遊びを楽しんだりするようになる。	◎保育者といっしょに楽しそうにうがいをする姿が見られ、自分からうがいをしようとするときもある。 ◎友達の名前を呼んだりして友達とのかかわりも増えいっしょに遊ぶことを喜んでいる。	◎保育者が尋ねたことに対して答えたりすることが楽しいようで、言葉のやりとりを楽しんでいる。 ◎衣服が裏返しに脱げた際は、自分で表返しにしようとしている。

第3週	第4週
●自分で靴を履いたり、帽子をかぶったりするときは見守り、困った場合はさりげなく介助する。 ●運動能力にあった体育用具を出しておき、体を十分に使って遊べるようにする。 ●戸外遊びの後は、足洗い、手洗いをするのを介助し、清潔になる気持ち良さを味わわせる。	●自分の気持ちを簡単な言葉や身ぶりや表情で伝えようとするのを受け止め、応答する。 ●友達といっしょに、物を作ったり、やりとりを十分にして遊べる環境を整える。 ●戸外遊びの後は、汗ばんでいる体をふき、着替えをして水分の補給、休息をする。

るということです。玩具の貸し借りができるのも、言葉が使えるようになったからです。1冊の絵本を2〜3人いっしょに見られるようになります。

10月の計画のポイントと文例

今月のねらい

極暑が過ぎ涼風が感じられるようになると、待ってましたとばかり、子どもたちは戸外で体を動かして遊ぶことを楽しみます。友達と同じ遊びをするようになり目的を持った行動をし、達成すると「やった」と成就感を共感してもらって喜びます。休息や水分補給をします。

文例
ひとりひとりの体調に気をつけ、秋の自然にふれながら、体を動かして遊ぶことを楽しみつつ、健康に過ごせるようにする。

健康・食育・安全

10月初旬はさわやかな気候ですが、しだいに朝夕の気温差が大きくなってきますので、エアコン、加湿器が安心して使えるように点検しておくことが、健康維持、安全にとって大切な配慮です。この月は活動量が増えてきますので、それに合わせた室温の調節も大切です。

文例
朝夕と昼間で気温差が大きくなるので、エアコン・加湿器の点検をしておき、使用できるようにする。

これも！おさえておきたい

本指導計画の月案では、A～O児に合った今月のねらいなどを掲載しています。より参考にしていただけるように、ここでは、この月によくある、ほかにも押さえておきたいポイントを紹介しています。

保育者間の連携

先月のひとりひとりの子どもの運動機能の発達の状態を共通認識し、個人差に応じて対応できるよう連携しつつ、気温や運動量に応じた衣服の調節をしていくよう共通の理解をしていきます。朝夕涼しくなっても、薄着の習慣づけのため、こまめに衣服の調節をします。

文例
保育者間で気温や運動量に応じた衣服について共通の理解をしておき、衣服の調節をできるようにする。

家庭・地域との連携

10月は夕方になると急に寒くなったり、また、運動会をひかえて体を動かす遊びが活発になり、汗をかくこともあります。そのつど保育者はベストを素早く脱がせたり、カーディガンを着せたりなど調節しますが、家庭から調節しやすい衣服を用意してもらいましょう。

文例
気温・運動量に応じて調節しやすい衣服を用意してもらう。

10月 日の記録

保育を振り返るために、また仕事の証（あかし）として、日々の記録は欠かせません。ここでは例として、同じ日の月齢の近い6人を抜き出して掲載しています。次の計画に生かしましょう。

CD-ROM 日の記録フォーマット

10月14日（火）

時	A児(1歳7か月)	D児(1歳8か月)	G児(1歳10か月)	H児(1歳11か月)	I児(1歳9か月)	O児(2歳1か月)
8	登園	登園 小	登園 大 オ	登園 小	登園 オ	登園 オ
9	小 間食(全)	間食(残) 小	間食(全) オ	オ 間食(全) 小(便器)	間食(全) 小	オ 間食(全) 小(便器)
10	小	小	小	小(便器)	オ	小(便器)
11	給(残) 小	給(全)	給(残) 大	給(全) 小(便器)	給(全) 小	給(残) 小(便器)
12	12:05 ↓	12:15 小 大 ↓	12:15 く ↓	12:10 ↓	12:20 ↓	12:05 ↓
13	↓	↓	↓	↓	↓	↓
14	↓ 14:55	14:15 ↓	↓ 14:50	↓ 14:55	↓ 14:55	↓ 14:45
15	小 間食(残)	小 間食(全)	小 間食(全)	小 間食(全)	小 間食(全)	小(便器) 間食(全)
16	大 降園	小 延長保育へ	オ 延長保育へ	小(便器) 延長保育へ	小 延長保育へ	小(便器) 延長保育へ
17						
18						

主な保育の予定

本日のねらい
- 進んで手洗いをする。
- なぐり描きを楽しむ。

登園時に留意すること
- 健康観察をていねいに行なう。

環境づくり（歌・絵本・素材・コーナーなど）
戸外：砂場（シートを上げておく）、探索
なぐり描き（四ツ切の白画用紙、パス）

降園時に留意すること
- 健康観察を行なう。下半期の予定の手紙を配布する。

保育の実際と評価・反省・課題

登園時の健康観察（異常 無・有… ）

養護（生命の保持と情緒の安定）にかかわること
朝夕の気温差が大きいので窓の開閉をして、過ごしやすいよう調整する。室内に日が強く差すときはカーテンを引く。

環境づくりについて
パスは机1台に1箱を用意した。大きく腕を動かして紙いっぱいに描こうとするので友達の紙に描いてしまわないよう、座る間隔を空ける。

保育者の援助について（チームワークを含む）
紙いっぱいに大きく力強い線で絵を描き、描いたものに名前を付けている。子どもの話を聞き、何を描いたか記しておくようにした。

降園時の健康観察（異常 無・有… ）

小：排尿　大：大便　オ：オムツ交換　く：薬　給：給食　(全)：全食　茶：お茶　↓：睡眠

実践ポイント
指先の力が着くようになると、パスを握って力強い線で描画を楽しみます。描いたあとに何を描いたか話しますので聞き取りましょう。

※ SIDS（シッズ）とは「乳幼児突然死症候群」と呼ばれる、睡眠中突然死する病気です。一定時間ごとに睡眠中の子どものようすを確認しましょう。ここでは10分ごとに複数の保育者でチェックしています。SIDSについて詳しくはP.172をご覧ください。

10月のふりかえりから11月の保育へ

今月のねらい (P.110 参照)
- 気温差に留意し、健康で快適に過ごせるようにする。
- 体を動かして戸外で十分に遊ぶことを楽しむ。
- 身近な秋の自然にふれながら、戸外遊びを楽しむ。

ふりかえりポイント
- ★ ねらいの設定は？
- ◆ 環境構成・援助は？
- 〇 子どもの育ちは？
- 次月へのつながりは？

T先生（5年目）「私たちの保育はどうでしょう。場面を思い浮かべて振り返ってみましょう。」

S先生（2年目）

例えば…

10月

子どもの健康管理

脱ぎ着しやすい服装は、
- ボタン、ファスナーのないもの
- ウエストがゴムのズボンやスカート
- えりぐりが広いもの
- 伸縮しやすいもの　など

が良いですよ。

気温や子どもたちの体調、活動に合わせて◆衣服の調節をこまめに行なったわね。◆子どもたちが自分で脱ぎ着しやすい衣服を、保護者に伝えて用意してもらうことができたわね。

はい！　自分で脱ぎ着したい子どもの保護者に、◆園での介助のしかたや、子どもたちが自分でできること、まだ介助が必要なことも伝えました。

あら！　それはとてもよいことね。まさに共育てね！　保護者からも子どもたちの体調や家庭でのようすをこまめに聞いて、健康管理に努めましょうね。

D児（1歳8か月）の場合

★戸外での遊びを楽しめるように、◆戸外探索やかけっこをして遊ぶ時間を設けたり、園庭の石を拾って危険のないようにしました。

まってまてー

S先生に追われ、〇声を上げて逃げていたわね。〇友達と顔を見合わせて、いっしょに逃げるなど、存分に楽しんでいたわよね。

はい！　繰り返し遊んで休憩しているときに、ドングリを見つけて私に見せてくれたんです。来月はもっと落ち葉やドングリで遊べたらいいなぁ……。

どんなことができるかしら？

あ！　お散歩バッグを持って、公園に行ったら、ドングリ拾いができますね。あとは、葉がたくさん落ちてきたら集めて山を作るとか……。いろいろ考えてみます！

伝えたい!! 園長先生のおはなし

キーワード　「ジブンデ」を大切に

母親に依存していた乳児期を経て、ひとり歩きをした子どもは、自分に自信を持ち、自我意識が芽生えてきます。人間としての自立ですね。身の回りのことを自分でしようとする意欲を持ちます。それが「ジブンデ」という主張になります。戸外で走り回って暑くなると、自分で上着を脱ごうとしたり、着たくなったりするのです。家庭と連携し自立を助けます。

クラス全体では

次月の指導計画に生かせます！

だんだん寒くなってきたわね。子どもたちの健康管理は来月も課題になるわね。

そうですね。戸外での遊びも時間をたくさん取れたので、十分に楽しめましたが、自然物とのかかわりをもっと深めていきたいと思います。

子どもたちの興味を広げていきましょうね。

今月の評価・反省・課題 (P.111 参照)

朝夕だけでなく日中も気温が下がってきたので、午睡時に、冬ぶとんを掛けるなどして過ごした。巧技台、一本橋など体育遊具に触れて遊ぶことが増えてきたが、かけっこなども取り入れていくなどして運動遊びも楽しめるようにする。また、自然物（落ち葉　など）には興味を示し、探して見つけて拾うことを楽しんでいた。

11月

ねらいより
気温の変化に留意し、健康に過ごす。

月案 (A〜C児) ・・・・・ P.120

三輪車に乗っている
A児(1歳8か月)

トイレに興味を持っている
B児(1歳10か月)

なぐり描きを楽しんでいる
C児(2歳1か月)

個人案 (D〜I児) ・・・・・ P.122

手遊びを楽しんでいる
D児(1歳9か月)

戸外探索を楽しんでいる
E児(1歳9か月)

靴を履こうとしている
F児(1歳11か月)

指先を使って遊んでいる
G児(1歳11か月)

食べ物の名前が気になる
H児(2歳)

友達とのかかわりが増えてきた
I児(1歳10か月)

個人案 (J〜O児) ・・・・・ P.124

してほしいことを知らせる
J児(2歳3か月)

食事中、気が散る
K児(2歳3か月)

戸外に出て楽しんでいる
L児(2歳5か月)

保育者に見つけたものを伝える
M児(2歳5か月)

保育者にトイレを知らせる
N児(2歳6か月)

鼻をかもうとしている
O児(2歳2か月)

これも！おさえておきたい
11月の計画のポイントと文例 ・・・・ P.126

日の記録 ・・・・・ P.127

11月のふりかえりから12月の保育へ ・・ P.128

11月 月案

CD-ROM　11月▶月案

今月のねらい（クラス全体としてのねらいです）

- 気温の変化に留意し、健康で過ごせるようにする。
- 友達に関心を持ち、好きな遊びを楽しむ。
- 秋の自然物（落ち葉、ドングリ　など）に興味を持つ。

* マークのマーカーが引いてある部分は、ページ下部の解説とリンクしているのでご覧ください。

*「今月のねらい」「健康・食育・安全」「保育者間の連携」「家庭・地域との連携」については、P.126の内容も、立案の参考にしてください。

11月 月案

	前月の子どもの姿	ねらい★・内容☆
A児（1歳8か月） 三輪車に乗っている	○スプーンなどで食事をするが、食べ物へのこだわりがあり好きなものしか口にしない。 ○三輪車に乗って園庭で体を動かして遊んでいる。	★保育者に励まされながら苦手な物も少しずつ食べようとする。 ★自由に体を動かすことを楽しむ。 ☆楽しい雰囲気の中で食べることを喜ぶ。 ☆三輪車にまたがって遊ぶ。
B児（1歳10か月） トイレに興味を持っている	○簡単なことばを理解し、「ほしい」など身ぶりで表現している。 ○友達がトイレに座っているようすを見て、自分も座り、笑っている。	★トイレでの排せつに興味を持つ。 ★自分の思いや欲求を言葉や身ぶりで伝えようとする。 ☆トイレに座り、排尿を感じたときは排尿する。 ☆伝えたいことを言葉で表す。
C児（2歳1か月） なぐり描きを楽しんでいる	○いろいろな色のパスを使い、「○○かいた」と描いたものを知らせている。 ○眠りにつくのが遅く、ぐずって泣いている。	★一定時間安心して眠れるようにする。 ★のびのびと描くことを楽しむ。 ☆落ち着いた雰囲気で十分に眠る。 ☆腕全体を使って、パスで描く。

週案的要素　クラスの行事・生活・遊びの計画

第1週
- 月　なぐり描き
- 火　ボール、ドングリ拾い、なぐり描き
- 水　ドングリ拾い、砂場、お掃除ごっこ
- 木　砂場、ドングリ拾い、なぐり描き
- 金　サーキット、なぐり描き

玩具・ブロック、型はめ、積み木
歌・『おいもごろごろ』
絵本・『おいもをどうぞ！』

第2週
- 月　作品展、フープ
- 火　作品展、かけっこ
- 水　作品展、探索、なぐり描き
- 木　かけっこ、シールはり
- 金　トンネル、落ち葉拾い、かけっこ、ままごと

玩具・ブロック、型はめ、積み木
歌・『やきいもグーチーパー』
絵本・『14ひきのやきいも』

 書き方のヒント　いい表現から学ぼう！

朝夕の気温差が大きいので、調節しやすい衣服を用意してもらう。また、薄着で過ごす大切さを知らせていく。

理由　1歳児の体温は37度を2、3分上回る

1歳児は新陳代謝が盛んで、ふだんでも体温が37度を2～3分上回る子どもがいます。寒いからと厚着にさせると、体熱の産生・放散とそれを統制する中枢機能の発達を遅らせます。動きにくくもなるので薄着の大切さを知らせ、調節しやすい衣服を用意してもらいましょう。

* 💡マークのマーカーが引いてある部分は、左ページ下部の解説とリンクしているのでご覧ください。
* 「今月のねらい」「健康・食育・安全」「保育者間の連携」「家庭・地域との連携」については、P.126の内容も、立案の参考にしてください。

健康・食育・安全
- 気温や室温に注意し子どもの体調に合わせて衣服の調節をする。
- 食材の名前に興味を持ち、食べ物を身近に感じて食事を楽しむ。
- 固定遊具やイスなどのネジの緩みなどの安全点検を行なう。

保育者間の連携
- 体調が不調になる子どもが出てくるので保護者からの伝言など情報もれのないよう共通理解をする。
- 感染症の情報を共有する。
- 0歳と1歳での子どもの成長を共有していけるようにする。

家庭・地域との連携
- 朝夕の気温差が大きいので、調節しやすい衣服を用意してもらう。また、薄着で過ごす大切さを知らせていく。💡
- 感染症やかぜがはやってくるので情報を共有したり、子どもの健康状態を連絡したりし合う。

環境づくり◆と保育者の援助◇	子どもの発達◎と評価・反省・課題✷
◇「おいしいね」と声をかけ、ひと口ずつからでも食べることができるようにする。 ◆危険が無いように園庭のようすを再確認しておく。 ◇後から押したり、地面をけるようすを認めたりして、十分に体を動かせるようにする。	◎苦手な食べ物が多いが何度か進めたり、励まされたりするとひと口だけ食べたり、同じメニューのものを全部食べたりするようになる。 ◎三輪車に慣れ、こごうとする姿も見られる。
◆トイレは常に清潔にし、ぬれているところはふいておく。 ◇トイレに座ったら褒めるようにし、排尿したときは「気持ち良いね」など、言葉をかけるようにする。 ◇身ぶりで思いを伝えてきたときには代弁するようにしていく。	◎「気持ち良いね」と言葉をかけられると満足そうにしており、トイレでの排尿の意欲が出てきている。 ✷自分の思いを伝えるときはしぐさで伝えようとし、聞こうとしているときに「ン」と発しているので、引き続き保育者が思いを代弁して言葉が引き出せるようにしていく。
◇明かりや室温を調節し、安心できるように入眠の際はそばにつくようにする。 ◆のびのび描けるように、四ツ切の画用紙を用意しておく。 ◇「ぐるぐるだね」など、子どもの思いや表現を受け止めるようにしていく。	◎なぐり描きでは「ぐるぐるだね」「おもしろい線だね」などと話しかけることによりのびのびと楽しみながら描くことができていた。

11月 月案

第3週
- 月 砂場、なぐり描き
- 火 一本橋、ドングリ拾い
- 水 三輪車
- 木 砂場、探索、なぐり描き
- 金 三輪車、ままごと

玩具・ブロック、型はめ、積み木
歌・『こぎつね』
絵本・『おべんともって』

第4週
- 月 ボール、なぐり描き
- 火 かけっこ、なぐり描き
- 水 ボール、ジャングルジム
- 木 誕生会、眼科検診
- 金 かけっこ、なぐり描き

玩具・ブロック、型はめ、積み木
歌・『山の音楽家』
絵本・『きつねのおふろ』

評価・反省・課題（P.128でくわしく説明！）
ドングリや落ち葉など身近な自然物を拾い遊びに使って楽しむ姿が多く見られた一方で、11月半ばごろより体調を崩し、発熱したり、鼻水が多く出たりする子どもが出てきた。これからは冬の感染症も流行してくるので衛生面にさらに気をつけ、子どもの健康について保護者間、保育者間で伝え合い、早期発見ができるようにしていきたい。

11月 個人案

10月 P.112から / 12月 P.132へ

	D児（1歳9か月） 手遊びを楽しんでいる	E児（1歳9か月） 戸外探索を楽しんでいる	F児（1歳11か月） 靴を履こうとしている
前月の子どもの姿 ○	○スプーンなどは持っているが、手づかみで食べている。 ○保育者の手遊びや歌を聞き、体を揺らしている。	○服が前後反対や片方に両足を入れてしまうことがあるが、「できた」と喜んでいる。 ○戸外で探索をして遊び、保育者に拾った物を見せに来ている。	○戸外遊びを喜び、靴を自分で履こうとしている。
ねらい・内容 ★☆	★ひとりでスプーンやフォークを使って食べようとする。 ★保育者とふれあいながら十分にかかわりを楽しむ。 ☆保育者に促されスプーンなどを使い、よくかんで食べる。 ☆手遊びをしたり歌ったりして遊ぶ。	★手伝ってもらいながら自分でできた喜びを味わう。 ★秋の自然物にふれ、かかわりを楽しむ。 ☆衣服の脱ぎ着など、簡単な身の回りのことをする。 ☆ドングリを拾ったり、落ち葉にふれあったりして遊ぶ。	★簡単な身の回りのことを自分でできるようにする。 ★戸外で体を十分に動かして楽しむ。 ☆靴の脱ぎ履きを自分でする。 ☆低い段差を上ったり飛び下りたりして遊ぶ。
環境づくりと保育者の援助 ◆◇	◆スプーンを使えるように、手指を使う遊びを十分にしていく。 ◇「カミカミ」と伝えながら、しっかりとかめるようにする。 ◇子どものペースに合わせてゆったりとかかわるようにし、いっしょに遊んだり歌ったりできるようにする。	◆排せつのときや、着替えをするときには自分でしようとしているので前後を知らせたりすそを持つことを知らせたりする。 ◆事前に園庭を見回り、十分に秋の自然物に親しめるようにしておく。 ◇拾ったり集めたりした物を見せに来たときは十分に受け止めていく。	◆自分で靴の脱ぎ履きをできるように低い台を用意しておく。 ◇自分でしようとする姿を大切にし、手伝ってもらいながらもできたときはおおいに褒め、意欲をはぐくんでいく。 ◇いっしょに体を動かし、「ぴょんと飛ぼうね」など声をかけて楽しめるようにしていく。
子どもの発達と評価・反省・課題 ◎※	◎手で食べ物をつかむこともあるが、スプーンやフォークを使って食べている。 ◎保育者が歌をうたうのを聞き、いっしょに歌おうとして、言葉が少しだが出てきた。	◎服を前後逆に着たときはいっしょに直したりして着替えをし、できたことを喜んでいる。 ◎十分に戸外で体を動かすことができた。 ◎秋の自然物とのかかわりを楽しむことができた。	◎自分で靴を履こうとしているが、マジックテープで留めるタイプのものなのでやりにくく、時間を要し、手伝ってもらっている。 ◎してほしいことがあるときは「せんせい」と話しかけてきている。

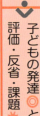 11月 個人案

週案的要素

	第1週	第2週
クラスの**生活と遊び**（環境配慮）	・室内のエアコンや加湿器を使えるように点検しておき、気温に応じて作動させ調節する。 ・手洗い、うがいを励行し、かぜの予防に努める。登園時の健康観察をていねいにする。 ・好きな遊びを十分に楽しめるように玩具をそろえ、落ち着いて遊べる場所を作る。	・食前・食後のあいさつを知り、言葉であいさつをしようとする。保育者もいっしょにあいさつをする。 ・友達と誘い合い、かかわりあっていっしょに遊ぶ楽しさを味わえるよう、環境に配慮する。 ・落ち葉やドングリなど秋の自然物に興味を持ち、拾いに行ったり集めたりする。

 育ちメモ

1歳児も後半になると、実に熱心に言葉を知ろうとします。大人が話しかけるとしっかり口もとを見つめます。有意語のほとんどは名詞ですが、さらに知ろうと「コレナニ」の連発です。知識欲の現れ

CD-ROM　11月 ▶個人案_1

指先を使って遊んでいる G児（1歳11か月）	食べ物の名前が気になる H児（2歳）	友達とのかかわりが増えてきた I児（1歳10か月）
○できないといいながらも靴をひとりで脱いだり履こうとしたりしている。 ○積み木を使って慎重に積むなど、指先を使って遊んでいる。	○食べることに興味があり「これなあに？」と聞いている。 ○歌をひとりで口ずさんで遊んでいる。	○こぼしながらも、自分でスプーンを使って食べようとしている。 ○友達とかかわりが増えている一方で、物の取り合いでトラブルが起きている。
★自分から身の回りのことに取り組む。 ★指先を使った遊びを楽しむ。 ☆保育者に見守られながら、靴の脱ぎ履きを自分でしようとする。 ☆スナップや洗濯バサミなどを使って遊ぶ。	★楽しい雰囲気の中で意欲的に食べられるようにする。 ★歌やリズムに興味を持ち、楽しむ。 ☆さまざまな食材にふれ、興味を持つ。 ☆音楽に合わせて体を揺らすなどして遊ぶ。	★スプーンやフォークを使って食事することに慣れる。 ★保育者の仲立ちのもと友達と同じ遊びを楽しむ。 ☆スプーンやフォークを使って食べようとする。 ☆友達とかかわって遊ぶ。
◇余裕を持って見守るようにし、どうしてもできない部分はさりげなく手助けして満足感を味わえるようにする。 ◆洗濯バサミを挟んで遊べるように段ボール片も用意しておく。 ◇夢中で遊んでいるときはそっと見守り、十分に遊び込めるようにする。	◇「おいしいね」と声をかけたり、食べるときに食材の名前を伝えるようにして、親しめるようにしていく。 ◆子どもが日ごろ親しんでいる音楽を用意しておく。 ◇いっしょに体を揺らし、楽しい気持ちを共有できるようにする。	◇口に入れたスプーンをじょうずに引き抜けるよう、して見せたり手を添えて介助したりする。 ◆同じ玩具を数多く用意しておき、取り合いが起きないように配慮する。 ◇同じ遊びをしている子どもに誘いかけ、友達との遊びが広がるようにする。
◎まだ最後まで靴をひとりでははけないことが多いが、保育者に介助してもらいながら自分で履こうとし、できたことを喜んでいる。 ＊指先を使う遊びを楽しんでいるが、指先の力が入りにくくできないこともある。	◎メニューや食材を知らせると反復してその言葉を話し、興味を持って食べ物を見て食べている。イチゴの苗にも興味を持ち、葉を指で触る姿も見られた。	◎スプーンを使って、こぼさずにひとりで食べている。 ◎友達の遊ぶ姿を見て、同じ遊びをしようとし、隣に座りながらじっくりと遊ぶ姿がよく見られた。 ◎乗り物が描かれた絵本に興味を持っている。

11月 個人案

第3週	第4週
●鼻のかみかたを知らせたり、鼻水が出たことに気づいて、自分でふこうとしたりする。 ●秋の自然物を集めたり、それらを使って遊んだりできるように配慮しておく。 ●秋の食材の名前を聞きながら、楽しい雰囲気の中で意欲的に食べる。	●衣服の脱ぎ着を自分でし、脱いだ衣服を畳むことに、興味を持って取り組む。 ●運動遊びが楽しめるように、能力に適した体育遊具などを点検し用意しておく。 ●保育者の仲立ちで、友達と玩具の貸し借りをして楽しんで遊ぶ。

ですが、繰り返しの中で言葉を獲得していくのです。言葉は人と人とを結び付ける役割を果たし、友達との遊びが生まれるのです。

11月 個人案

(10月 P.114から / 12月 P.134へ)

	してほしいことを知らせる J児（2歳3か月）	**食事中、気が散る** K児（2歳3か月）	**戸外に出て楽しんでいる** L児（2歳5か月）
前月の子どもの姿 ○	○保育者に自分で食べたことをニコニコしながら知らせている。 ○してほしいこと、いやなことなどを自分の思いを保育者に知らせようとしている。	○食事の途中で、違うことに興味が行き、全部食べ切らないときがある。 ○絵本を見ながら、単語を話している。	○自分で衣服の脱ぎ着をし、また脱いだ衣服を畳もうとしている。 ○戸外での探索を好み、よく戸外に出て遊んでいる。
ねらい ★ ・ 内容 ☆	★楽しい雰囲気の中で、食事を楽しむ。 ★自分の思いを言葉で伝えようとする。 ☆スプーンやフォークを使ってひとりで食べきる。 ☆自分の思いを言葉で表す。	★イスに座って最後まで食事を楽しめるようにする。 ★保育者といっしょに絵本を見ながら、簡単な言葉のやりとりを楽しむ。 ☆食材に興味を持って食べる。 ☆絵本や紙芝居を楽しんで見る。	★保育者に見守られながら、自分で衣服の脱ぎ着をできるようにする。 ★落ち葉など、自然物に関心を持つ。 ☆ひとりで簡単な衣服の脱ぎ着をする。 ☆落ち葉に気づき、拾って遊ぶ。
環境づくりと保育者の援助 ◇◆	◇「おいしく食べたね」と声をかけながら、楽しい雰囲気の中で食事できるようにする。 ◇子どもの思いを受け入れるようにし、言葉で表すときは共感していく。	◇「おいしいね」「ご飯を見て食べようね」などことばがけしながら、楽しく食べられるようにする。 ◆繰り返しの言葉が出てくる絵本を用意しておく。 ◇いっしょに絵本を見ながら、子どものつぶやきに共感していく。	◇脱ぎ着の際は自分でできた姿をおおいに褒めるようにする。 ◆落ち葉などの自然物に気づけるように、事前に下見しておき、関心を持てるようにする。 ◇下見しておいた場所に子どもを誘いかけ、十分に自然物へ関心を持てるようにことばがけをしていく。
子どもの発達と評価・反省・課題 ◎✳	◎自分の要求を保育者に伝えようとしたときに「○○したかったのね」「○○がいやだったと言うんだよ」と伝え方がわかるように保育者が話すことで、簡単な言葉を使って伝えられるようになった。	◎絵本を見ていて知っているものが出てくると喜んで保育者に伝えている。 ✳わからないものは「これは？」と聞くようになってきているので、ゆっくりとわかりやすく伝えるようにする。	◎脱いだ服の畳み方を伝えたり、保育者といっしょにしたりすることで、自分でできるようになってきている。 ◎秋の自然にふれドングリ拾いを楽しむ姿が見られた。

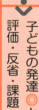
11月 個人案

週案的要素

	第1週	第2週
クラスの生活と遊び（環境配慮）	・簡単な衣服の脱ぎ着に興味を持ち、衣服を自分で脱ぎ着し、脱いだものを畳もうとする。 ・保育者といっしょに絵本を見ながら、簡単な言葉のやりとりを楽しめる環境に配慮する。 ・好きな遊びを十分に楽しめるように、保育者も遊びを共有し、遊びを興味づけていく。	・ブロックで家や車など立体的な物を作って遊ぼうとしている。作ったもので遊ぶ。 ・落ち葉、ドングリなどに気づいて拾い、自然物に関心を持つので、戸外へ出る機会を持つ。 ・友達の名前を呼び、友達といっしょに遊ぼうとし、遊ぶ楽しさを味わう。

 育ちメモ
子どもが保育者に「ブロック」とひと言で言いに来たときに、状況を判断して「ブロックが欲しいのね」と子どもの意図を言葉にして返すことで、意志の疎通を実感させます。また、「欲しい」という

CD-ROM 11月 ▶個人案_2

10月 P.115 から

12月 P.135 へ

保育者に見つけたものを伝える M児（2歳5か月）	保育者にトイレを知らせる N児（2歳6か月）	鼻をかもうとしている O児（2歳2か月）
○簡単な衣服を自分で脱ぎ着しようとし、できないときは知らせている。 ○散歩をしているときに、「ドングリ」など見つけた物を保育者に伝えている。	○保育者に「トイレ」と言い、自分で排尿や排便を伝える。 ○友達の名前を呼び、友達といっしょに遊ぼうとしている。	○鼻をかもうとするが、息を出しにくくかめていない。 ○友達の動作をまねたり、言葉のやりとりを楽しもうとしたりしている。
★衣服の脱ぎ着に興味を持つ。 ★落ち葉などに気づいて拾い、自然物に関心を持つ。 ☆ズボンをはいたり簡単な衣服を脱いだりできるようにする。 ☆戸外で秋の自然物にかかわって遊ぶ。	★自分でトイレへ行こうとする。 ★友達と遊ぶ楽しさを味わう。 ☆保育者にトイレへ行くことを知らせる。 ☆ごっこ遊びなどを通して友達とかかわって遊ぶ。	★清潔に過ごせるようにする。 ★保育者と言葉のやりとりをしたり、友達といっしょに遊んだりして楽しむ。 ☆自分で鼻をかもうとする。 ☆保育者や友達といっしょにごっこ遊びをする。
◆ズボンをはきやすいように向きをそろえて並べておく。 ◇できるだけひとりでできるように見守り、できないときはさりげなく介助する。 ◇戸外に出たときには、自然物に気づき、かかわれるようにゆっくり歩くようにする。	◇自分で知らせてきたときはおおいに褒め、その後の意欲につながるようにする。 ◆同じ遊びをしている友達がいるときは、仲立ちとなり、遊びを広げる。 ◇ごっこ遊びが広がるように、保育者も遊びに入り楽しみながら声をかけていく。	◇ティッシュペーパーを鼻にかざして息を確かめることができるようにし、自分で鼻をかめるようにしていく。 ◇ごっこ遊びを楽しめるように、人形やままごとの道具を用意しておく。 ◇保育者とやりとりを楽しむ中で、ほかの子どもとも遊べるようにさりげなく誘いかけていく。
◎ズボンやパンツの脱ぎ着のしかたを伝えたりはきやすいように並べたりすることで自分で脱ぎ着できるようになっている。 ※途中で遊びだすこともあるので最後まで自分でできるように見守る。	◎友達に声をかけられると喜んでかかわろうとする姿が見られ、してみたいことやしてほしいことを保育者に伝えている。	◎保育者が話しかけると、うなずいたり、言葉でこたえようとしたりしている。 ◎自分が脱いだ衣服は床に置いて広げて自分で畳もうとしている。

第3週	第4週
●鼻水が出たことに気づいて自分でふこうとしたり、鼻水のかみ方を知らせたりする。 ●秋の自然物を集めたり、それらを使って遊んだりできるよう、配慮していく。 ●してほしいこと、いやなことなど自分の思いを、保育者に知らせようとしている。	●保育者に見守られながら、靴の脱ぎ履きを自分でしようとする。 ●木の実やドングリなどを大事そうに持ち、うれしそうに見せ合っている。 ●いろいろな色のパスを使い、「○○かいた」と描いたものを口で知らせている。

11月 個人案

▶述語を学ぶことになります。それらの言葉の使い方の実際を経験しやすいのが、保育者が入ってするごっこ遊びです。遊びの中でのやりとりが生きた言葉使いを学びます。

これも！おさえておきたい
11月の計画のポイントと文例

本指導計画の月案では、A〜O児に合った今月のねらいなどを掲載しています。より参考にしていただけるように、ここでは、この月によくある、ほかにも押さえておきたいポイントを紹介しています。

CD-ROM
11月 ▶ 文例

今月のねらい

1歳も後半になると自我が芽生え、自己主張が盛んになります。子どものそのときの思いや欲求を受け止めて安定させることで、自己価値意識が育っていきます。自分の思うところへ自由に歩けるようになって、新しい力を試そうとばかり、探索活動を楽しみ始めます。

文例
ひとりひとりの思いや欲求を受け止め、安心して過ごせるようにするとともに、十分に探索活動を楽しむ。

健康・食育・安全

晩秋から増える流行性嘔吐下痢症と呼ばれるウイルス性胃腸炎は、70％近くがロタウイルスですが、感染率が高く、流行します。患児発生を確認するとすぐに保健所へ連絡し、室内の消毒をします。オムツ交換には使い捨て手袋をして、消毒液で周囲を消毒します。

文例
消毒液や使い捨て手袋、紙タオルを用意しておき、感染症が流行しないように留意する。

保育者間の連携

さわやかな秋空のもと、落ち葉や木の実を拾うことを楽しみに、園外へ散歩に出る機会が増えます。自然にふれることは子どもの気分の発散・解放のために大切ですが、転倒、落下などさまざまな危険を伴います。事前に下見するとともに、役割分担を決め安全に留意します。

文例
戸外に出るときは保育者間の役割を決め、子どもの安全に気をつけるようにする。

家庭・地域との連携

遊びの後のかたづけのとき、「ブロックはここ」、「お人形はここ」などと分類できるようになりますが、物の違いがわかるわけで、自分の持ち物と人の持ち物との区別がつくようになります。しかし保育者が確認するためにも保護者に、持ち物に記名を協力していただきます。

文例
持ち物の記名が消えていたら、保護者にあらためて書いてもらうようにする。

11月 日の記録

保育を振り返るために、また仕事の証として、日々の記録は欠かせません。ここでは例として、同じ日の月齢の近い6人を抜き出して掲載しています。次の計画に生かしましょう。

CD-ROM 日の記録フォーマット

11月10日（月）

時刻	C児 (2歳1か月)	J児 (2歳3か月)	K児 (2歳3か月)	L児 (2歳5か月)	M児 (2歳5か月)	N児 (2歳6か月)
8	登園	登園 小	登園 小	登園 オ	登園 小	登園 オ オ 小(便器)
9	小(便器) 間食(全) 小(便器)	間食(全) 小	間食(全) 小(便器)	間食(全) オ 小(便器)	間食(全) オ 小(便器)	間食(全) オ 小(便器)
10	小(便器)	小				オ 小(便器)
11	給(全) 小(便器)	給(残) 小	給(全) 小	給(全) オ 小	給(残) 小(便器)	給(全) オ 小(便器)
12	12:15 ↓		12:10 ↓	12:10 ↓	12:25 ↓	12:10 ↓
13		13:00 ↓				
14	14:45 小(便器)	14:45 小	14:45 オ	14:45 小	14:45	14:45 小
15	間食(全) 小(便器)	間食(全) 小	間食(全) 小(便器)	間食(全) オ	小(便器) 間食(残) 小(便器)	間食(全) オ
16	降園	降園	降園	降園	延長保育へ	降園
17						
18						

主な保育の予定	保育の実際と評価・反省・課題
本日のねらい ● 空き箱や牛乳パックを組み立てて遊ぶことを楽しむ。 ● スプーンやフォークを下から握って食事をしようとする。 **登園時に留意すること** ● 健康観察や、身だしなみ、つめの点検を行なう。 **環境づくり (歌・絵本・素材・コーナーなど)** 戸外：ドングリ、落ち葉拾い、フープ、かけっこ コーナー：空き箱、牛乳パック (セロハンテープ) 作品展を見に行く **降園時に留意すること** ● 健康観察を行ない、感染症の最新の情報を伝える。	**登園時の健康観察**（異常 (無)・有… ） **養護 (生命の保持と情緒の安定) にかかわること** 鼻水が出ている子どもが多いので、すぐにふけるようにティッシュペーパーを常備しておいた。 **環境づくりについて** 空き箱遊びでは、出しすぎてかたづけに時間がかかった。遊ぶようすを見ながら出していくようにする。 **保育者の援助について (チームワークを含む)** 空き箱の種類で取り合いが起こるので、種類を考えながら収集する。作品展では、指さしして名称を言うなどして楽しんでいた。 **降園時の健康観察**（異常 (無)・有… ）

小：排尿　大：大便　オ：オムツ交換　く：薬　給：給食　(全)：全食　茶：お茶　↓：睡眠

実践ポイント
空き箱は、そこから電車やバスをイメージしてつなげて遊んだりくっつけて作品にしたりできる、よい素材ですが、大きさをそろえるのが大変ですね。

※ SIDS（シッズ）とは「乳幼児突然死症候群」と呼ばれる、睡眠中突然死する病気です。一定時間ごとに睡眠中の子どものようすを確認しましょう。ここでは10分ごとに複数の保育者でチェックしています。SIDSについて詳しくはP.172をご覧ください。

11月のふりかえりから12月の保育へ

今月のねらい (P.120参照)
- 気温の変化に留意し、健康で過ごせるようにする。
- 友達に関心を持ち、好きな遊びを楽しむ。
- 秋の自然物(落ち葉、ドングリ など)に興味を持つ。

ふりかえりポイント
- ★ ねらいの設定は?
- ◆ 環境構成・援助は?
- ○ 子どもの育ちは?
- 次月へのつながりは?

私たちの保育はどうでしょう。
場面を思い浮かべて振り返ってみましょう。

T先生(5年目) / S先生(2年目)

例えば…

11月

子どもの健康状態の把握

体調の変化が起きやすい時期なので、◆ひとりひとりの健康状態の把握・連携をていねいに行なったわね。

◆顔色やきげん、元気さに常に気を配り、食欲や睡眠のようすなどを記録に残して、異状時にすぐに気づけるようにしていました。

◆保護者とも情報を共有してやってきたけれど、中旬ごろから不調の子どもが見られたわ。

はい。早めに対応することができてよかったですが、これからの季節、流行性の感染症が起こりやすいので、予防や早期発見に努めないといけませんね。

☞ 感染症の情報(症状や予防方法など)や手洗い・うがい・薄着の励行を、お便りや連絡帳で、保護者に伝えます。

L児(2歳5か月)の場合

戸外探索が好きなLちゃんですが、★自然物に関心を持って遊べるように、◆落ち葉の山を作っておいたり、カゴや袋を用意したりして、落ち葉やドングリ拾いができるようにしました。

○箱いっぱいに拾ったドングリを入れていたわね。赤い鮮やかな色の葉っぱを見つけて、手に持って歩いていたわ。

すごくきれいな色でいたよね! 保育室に飾っています。

拾った落ち葉やドングリ、マツボックリなどの自然物を使って、いろいろな遊びができるのよ。寒くなるから、保育室でもできる遊びを考えてみてね。

はい! つまんだり、はったり、転がしたり……、いろいろとできそうですね!

☞ ドングリ、シイの実は誤飲に注意! 降園時には、上着やズボンのポケットに入ったままになっていないか、確認しておきましょう。

伝えたい!! 園長先生のおはなし

キーワード 秋ならではの自然にふれる

外歩きを始めた子どもは、見る物、聞く物に新鮮な驚きを感じますが、特に秋は木々が紅葉し、落ち葉が舞い、木の実が落ち、わくわくする素材に満ちあふれています。子どもの感動に「ドングリね」などこたえながらの散歩は、子どもの表現意欲を養える基となります。落ち葉、ドングリ、マツボックリなどを拾ってさまざまな表現へと展開しましょう。

クラス全体では

次月の指導計画に生かせます!

中旬から体調の不調の子どもが何人か見られたわね。寒くなって空気も乾燥してくるから、かぜや感染症の対策に力を入れましょう。

はい! 子どもたちが楽しんでいる戸外での遊びや体を動かす遊びを引き続き取り入れて、寒い冬を元気に過ごせるようにしたいです。

今月の評価・反省・課題 (P.121参照)

ドングリや落ち葉など身近な自然物を拾い遊びに使って楽しむ姿が多く見られた一方で、11月半ばごろより体調を崩し、発熱したり、鼻水が多く出たりする子どもが出てきた。これからは冬の感染症も流行してくるので衛生面にさらに気をつけ、子どもの健康について保護者間、保育者間で伝え合い、早期発見ができるようにしていきたい。

12月

ねらいより
寒い時期を元気に過ごす。

月案 （A〜C児）・・・・・P.130

 苦手なものも食べようとする
A児（1歳9か月）

苦手なものも食べようとする
A児（1歳9か月）

自分の思いを伝えようとする
B児（1歳11か月）

手先を使って遊んでいる
C児（2歳2か月）

個人案 （D〜I児）・・・・・P.132

 スプーンの使い方が
じょうずになってきた
D児（1歳10か月）

 秋の自然物をたくさん拾った
E児（1歳10か月）

 靴の脱ぎ履きをしている
F児（2歳）

 トイレでの排尿に慣れてきた
G児（2歳）

 嫌いなものを少し食べようとしている
H児（2歳1か月）

 乗り物の絵本が好きな
I児（1歳11か月）

個人案 （J〜O児）・・・・・P.134

手遊びや歌を楽しんでいる
J児（2歳4か月）

思いを保育者に伝えようとする
K児（2歳4か月）

 ジブンデしようとする
L児（2歳6か月）

 友達に興味を持っている
M児（2歳6か月）

 見たてて遊ぶことを楽しんでいる
N児（2歳7か月）

 衣服を自分で畳もうとする
O児（2歳3か月）

これも！おさえておきたい

12月の計画のポイントと文例 ・・・・P.136

日の記録 ・・・・P.137

12月のふりかえりから1月の保育へ ・・・・P.138

12月 月案

* 💡マークのマーカーが引いてある部分は、ページ下部の解説とリンクしているのでご覧ください。

*「今月のねらい」「健康・食育・安全」「保育者間の連携」「家庭・地域との連携」については、P.136の内容も、立案の参考にしてください。

今月のねらい（クラス全体としてのねらいです）
- ひとりひとりの体調に留意しながら、寒い時期を元気に過ごせるようにする。
- 保育者や友達と歌ったり、体を動かしたりして遊ぶことを楽しむ。

	前月の子どもの姿 ○	ねらい ★・内容 ☆
A児（1歳9か月） 苦手なものも食べようとする	○野菜や食べ慣れないものは口にしようとしないが、励まされるとひと口は食べようとする。 ○絵本を見ながら「ブーブー」「ワンワン」など言葉を発している。	★苦手なものも食べようとし、残さず喜んで食べる。 ★落ち着いた環境の中で、自分の思いを表そうとする。 ☆苦手なものも少しずつ食べる。 ☆自分の思いを言葉で表す。
B児（1歳11か月） 自分の思いを伝えようとする	○保育者に排尿を知らせる友達のようすを見て、自分もトイレに行きたそうにしている。 ○何かを聞こうとするときは指さして「ン」と発し、しぐさで伝えようとする。	★トイレに興味を持つ。 ★言葉を発し、言葉やしぐさで思いを伝えようとする。 ☆保育者に誘われて、トイレに座る。 ☆言葉やしぐさで思いを伝える。
C児（2歳2か月） 手先を使って遊んでいる	○着替えはひとりでできるが、保育者がそばにいないと友達と遊んでいる。 ○手先を使い、パスで大きく手を動かしたり、小さく丸を描いたりして遊んでいる。	★衣服の脱ぎ着に興味を持つ。 ★指先を使った遊びを楽しむ。 ☆ひとりで衣服の脱ぎ着をしようとする。 ☆つまむ、めくる、丸めるなどして遊ぶ。

週案的要素 クラスの行事・生活・遊びの計画

第1週
- 月 戸外、キャンディ遊び、掃除ごっこ
- 火 戸外、キャンディ遊び、リース作り
- 水 戸外、もちつき大会
- 木 戸外、小麦粉粘土
- 金 戸外、なぐり描き

玩具・小麦粉粘土、パス、画用紙
歌・「もちつき」「サンタは今ごろ」「お正月」
絵本・『てぶくろ』

第2週
- 月 戸外、電車ごっこ、ままごと
- 火 戸外、空き箱遊び
- 水 戸外、スタンピング
- 木 バスごっこ、トンネル遊び、なぐり描き
- 金 戸外、洗濯バサミ、ひも通し

玩具・絵の具、段ボールのスタンプ、画用紙
歌・『サンタクロース』
絵本・『おおきなかぶ』

💡 書き方のヒント いい表現から学ぼう！

子どもが十分に言葉を発せられるように、ゆったりとした雰囲気での中で、受け止めることができるようにする。

理由 ▶ 緊張をほぐし、言葉がでやすいように

伝えようとしている意欲を受け止めるため、子どもが何か言いたげにそばへ来たときは、緊張させないように、ゆったりとした雰囲気で、子どもの目を見ます。「えほん」と言ったときには、「絵本が見たいのね」と通じたことを伝え、見せるようにします。

* 💡マークのマーカーが引いてある部分は、左ページ下部の解説とリンクしているのでご覧ください。
* 「今月のねらい」「健康・食育・安全」「保育者間の連携」「家庭・地域との連携」については、P.136の内容も、立案の参考にしてください。

健康・食育・安全	保育者間の連携	家庭・地域との連携
●気温や湿度をチェックして、適度に暖房、加湿器を使用する。 ●畑や花壇のイチゴを見て興味を持つ。 ●イスのネジの緩みや机の滑り止めのゴム、ローボードの角のカバーが付いているか点検する。	●感染症の情報を共有する。 ●さまざまな行動を子どもたちが楽しめるよう、計画し準備する。 ●行事での各クラスの動きを把握し、スムーズに進めていけるよう共通理解をする。	●戸外遊び用のトレーナーを準備してもらう。 ●登降園時や、伝達ノートで子どもの体調を知らせ合い、病気の早期発見、体調維持に努める。 ●感染症が出たときは、はり紙をして情報を共有する。

環境づくり◆と保育者の援助◇	子どもの発達◎と評価・反省・課題✹
◇「ひと口ぱくっとしてみよう」など、口に入れるようなことばがけをして励ましていく。 ◆子どもがさまざまな場面で思いを言葉にして話しかけやすいように、そばにつくようにする。 ◇子どもが十分に言葉を発せられるように、ゆったりとした雰囲気の中で、受け止めることができるようにする。💡	◎最初は手を付けないおかずも、保育者のことばがけから食べてみようとする。食事を楽しみ意欲的に食べている。 ◎安心した環境の中で、保育者に少しずつ思いを伝えるようになってきている。
◇トイレに行きたいそぶりを見せたときは見逃さず、「知らせてくれたね」と答えるようにする。 ◇保育者に知らせてきたときは思いを受け止め、代弁したり、言葉にして返すようにしたりする。	◎何かを見つけたり、伝えたりしたいときには「せんせい」と呼びながら、保育者のひざなどをたたき伝えようとしている。
◇着替えを気分でしたりしなかったりするのでいっしょにできるようにかかわり、できたときはおおいに褒めるようにする。 ◆ひも通しや小麦粉粘土など、指先を使って遊べるような玩具を用意しておく。 ◇指先を見て遊べるように「しっかり見てね」と声をかけ、できたときはいっしょに喜ぶ。	◎簡単な衣服の脱ぎ着はひとりでできるようになってきている。 ◎指先の巧緻性が増しており、小麦粉粘土を小さく丸めて遊んだり、ひも通しではさまざまに通して遊んだりしている。

12月 月案

第3週

- 月 戸外、ブロック、積み木
- 火 なぐり描き
- 水 クリスマス会
- 木 戸外、なぐり描き
- 金 誕生会、戸外

玩具・画用紙、パス、積み木、ブロック
歌・『ヤッター！サンタがやってくる』
絵本・『てぶくろ』

第4週

- 月 戸外、ままごと
- 火 なぐり描き
- 水 戸外、身体計測、小麦粉粘土
- 木 戸外、なぐり描き
- 金 戸外、おおそうじごっこ

玩具・ままごとセット、小麦粉粘土
歌・『お正月』
絵本・『かさじぞう』

評価・反省・課題 (P.138でくわしく説明！)	寒い時期ではあるが、戸外に出るときはトレーナーを着用するなどし、元気に体を動かして遊んでいた。また、クリスマスの歌をうたったり、絵本を見たりすることで季節感を味わうことができた。

12月 個人案

11月 P.122から　　　1月 P.142へ

	D児（1歳10か月）スプーンの使い方がじょうずになってきた	E児（1歳10か月）秋の自然物をたくさん拾った	F児（2歳）靴の脱ぎ履きをしている
前月の子どもの姿 ○	○手づかみで食べることもあるが、スプーンとフォークを使って食べている。 ○歌を聞いていっしょにうたおうと、歌詞を言おうとすることがある。	○衣服をひとりで脱ぎ着しようとし、セーターなどを首の部分からかぶったり、ズボンの片方に両足を通したりする。 ○戸外でドングリや落ち葉を拾い、遊んでいる。	○保育者に手伝ってもらいながらも、自分で靴の脱ぎ履きをしようとしている。 ○「せんせい」と保育者に話しかけ、単語やしぐさで思いを伝えようとしている。
ねらい★・内容☆	★スプーンを使って食べることを楽しむ。 ★歌や繰り返しのある絵本を通して言葉を発し、話すことを喜ぶ。 ☆保育者に介助されながらも、スプーンを使って食べる。 ☆保育者といっしょに歌ったり話したりして遊ぶ。	★衣服の脱ぎ着に興味を持てるようにする。 ★音楽に興味を持ち、楽しむ。 ☆保育者に介助されながら自分で衣服の脱ぎ着をする。 ☆秋の自然物で作った玩具を、音楽に合わせて振って遊ぶ。	★保育者に介助されながら、靴の脱ぎ履きをしようとする。 ★身近な音楽や保育者とのやりとりを楽しむ。 ☆自分で靴の脱ぎ履きをする。 ☆歌ったり、保育者と言葉のやりとりをしたりして遊ぶ。
環境づくりと保育者の援助 ◆◇	◇スプーンを下から握れるように、さりげなく手助けしていく。 ◆繰り返しの言葉を楽しめるように音楽のCDや絵本を用意しておく。 ◇子どもといっしょに歌うようにし、言葉が出るように誘いかける。	◇衣服の脱ぎ着のときは「気持ち良いね」「さっぱりするね」と声をかけながら着替える気持ち良さを味わえるようにする。 ◆拾っておいたドングリを使って、手作りのマラカスなど、玩具を作っておく。 ◇リズムを楽しめるように誘いかける。	◆靴のかかとの部分にひもを付け、自分で引っ張って履きやすいようにする。 ◇指先を使って引っ張ったりマジックテープを止めたりできるように知らせ、ひとりでできるようにしていく。 ◇子どもの思いにこたえ、わかりやすく話しかけ、やりとりを楽しめるようにする。
子どもの発達・評価・反省・課題 ◎★	◎簡単な手遊びや歌を、保育者がしているのをまねて、いっしょにしようとする姿がある。	◎自分で衣類の脱ぎ着をすることを楽しんでおり、靴下などの簡単な脱ぎ着を自分でしている。	◎「せんせい」と呼びスキンシップを取りに来たり、言葉のやりとりをしたりしてニコニコと笑っている。

週案的要素

	第1週	第2週
クラスの生活と遊び（環境配慮）	・エアコン、加湿器のフィルターは、1週間に一度、掃除をする。加湿器の水は毎日取り替える。（月末まで） ・手洗いのとき、自分で水を出したり止めたりしているので、水回りはふき掃除をして、常に清潔にしておく。せっけん液の容器もきれいに洗っておく。 ・寒い日の戸外遊びのときは、トレーナーを着用する。	・室内で、体を動かして遊べるように、動きを誘う曲や体育用具を用意しておく。 ・自分で衣服の脱ぎ着ができるよう言葉をかけ、介助する。 ・大きな声で歌ったり、絵を描くときに単語や二語文で話したりしながら描いたりできるようにする。

 育ちメモ

乳児期からすでに始まっている探索活動は、周囲の興味ある物の性質や扱い方などを知り、状況に応じて使用できるようになる力と、見たてて活用する力がはぐくまれます。イメージが育つようになる

CD-ROM　12月　▶個人案_1

11月 P.123から　／　1月 P.143へ

G児（2歳）
トイレでの排尿に慣れてきた

- 保育者に誘われるとトイレに行き、付き添われて排せつしている。
- うまくつまめないこともあるが指先を使う遊びを喜んでしようとする。

- ★ トイレでの排尿に慣れるようにする。
- ★ 保育者といっしょに指先を使う遊びを楽しむ。
- ☆ 保育者に見守られながら排せつする。
- ☆ つまむ、丸める、めくるなどして遊ぶ。

- ◇ 不安そうにしているときは「だいじょうぶよ」と声をかけ、トイレで安心して排尿できるようにする。
- ◆ 洗濯バサミや小麦粉粘土など指先を使って遊べる遊びを用意しておく。
- ◇ 指先を使って繰り返し遊びを楽しめるように、ことばがけをしていく。

- ◎ 洗濯バサミで遊んだり、小麦粉粘土をちぎったり丸めたり指先を使って遊ぶことを楽しんでいる。繰り返し遊んで楽しめるようにする。

H児（2歳1か月）
嫌いなものを少し食べようとしている

- 嫌いなものが出てくると顔をそむけて食べようとしないが、保育者のことばがけで口に入れようとしている。
- 保育者が歌うといっしょに歌おうとしたり、手や体を動かしたりしている。

- ★ 苦手なものも少しずつ食べられるようにする。
- ★ 季節の歌に親しみうたったり、体を動かしたりして楽しむ。
- ☆ 苦手なものを少しずつ食べる。
- ☆ 保育者といっしょに歌ったり体を動かしたりして遊ぶ。

- ◆ 量を加減して少しずつでも食べれるように配慮していく。
- ◆ 食べようとする意欲を持てるように、味を伝えたり食材にふれる機会を設けたりしていく。
- ◆ 季節の歌（『サンタは今ごろ』『お正月』）を用意しておき、いっしょに楽しめるようにしておく。
- ◇ 先に歌ってみせ、みずから歌いたくなるように誘いかける。

- ◎ 絵本を読んでいると、その絵に関連する手遊びや歌をみずからうたい、楽しんでいる。

I児（1歳11か月）
乗り物の絵本が好きな

- 器に残っている食べ物を、スプーンでかき集めて食べている。
- 乗り物が描かれた絵本が好きで、指しながら見ている。

- ★ スプーンを使ってひとりで食べるようにする。
- ★ さまざまなものや名前、言葉に興味を持つ。
- ☆ スプーンでひとりで食べる。
- ☆ 絵本を読んでもらい、指さしで保育者に知らせる。

- ◇ ひとりでするのが難しいときにはそっと手伝うようにし、自分でできるようにしていく。
- ◆ 乗り物が描かれた絵本を用意しておく。
- ◇ 指さしで知らせてきたときはこたえるようにし、正しい名前を子どもに言葉で伝えるようにする。

- ◎ 絵本の乗り物を「これ、これ」とひとつずつ指をさし、乗り物の名前を保育者に聞き、楽しんでいる。

12月 個人案

第3週	第4週
● 排尿後、自分でトイレットペーパーを使用できるように、適当な長さに切ってカゴに入れて置いておく。 ● 鼻水のかみ方を知らせ、ふき取った紙を入れたビニール袋は、こまめに外のゴミ箱にかたづける。 ● 身体計測をするときは、暖房を入れ、室内を暖めておく。ほこりを掃除しておく。	● クリスマスを楽しめるように、ツリーやリースを見たり、曲を用意したりしておく。 ● 年末年始やお正月に興味が持てるように、保育室の飾り付けを見たり、あいさつをいっしょにしたりする。 ● ままごと遊びが十分できるように、スペースを作ったり、玩具をそろえたりしておく。

✎ と、ごっこ遊びが盛んになりますが、ごっこを引き出す玩具を、時期や季節に応じ、発達を見通してそろえることが、保育者の大きな役割と考えられます。

12月 個人案

11月 P.124から　　　1月 P.144へ

	J児（2歳4か月） 手遊びや歌を楽しんでいる	K児（2歳4か月） 思いを保育者に伝えようとする	L児（2歳6か月） ジブンデしようとする
前月の子どもの姿 ○	○スプーンを口にまっすぐ入れながら食べている。 ○手遊びをしたり歌をうたったりすることは楽しんでいるが、楽器遊びではようすをうかがい、触らず見ている。	○排せつの前にもじもじして、しぐさでトイレに行きたいと伝えている。 ○思いが通らないと泣いて訴えたり、物を投げたりすることがある。	○衣服の脱ぎ着を時間がかかっても自分でしようとしており、畳むことにも興味を持っている。 ○気に入った友達の後ろをついて行ったり、そばで遊ぼうとしたりしている。
ねらい ★・内容 ☆	★楽しい雰囲気の中で食事を楽しむ。 ★近くの友達や身の回りのものに興味を持ち、かかわることを楽しむ。 ☆自分でスプーンを使って食べる。 ☆手作り楽器に親しみ遊ぶ。 ☆保育者や友達といっしょに遊ぶ。	★自分の思いを言葉で伝えようとする。 ☆泣いて訴える前に言葉で伝える。 ☆保育者に見守られながら、ひとりで排せつする。	★身の回りのことを自分でしようとできるようにする。 ★友達に関心を持ち、かかわろうとする。 ☆衣服の脱ぎ着や畳むことを自分でする。 ☆仲のよい友達とかかわって遊ぶ。
環境づくり ◆と保育者の援助 ◇	◇自分で食べたいと思う気持ちを大切にし、十分に食べているときはそばで見守る。 ◆保育者が楽器を鳴らして見せ、誘いかける。 ◇ほかの友達が楽しんでいるようすも見せながら、いっしょに遊べるようにする。	◇尿意を知らせてきたときはおおいに褒め、いっしょにトイレに行くようにし、知らせていないときでもしぐさを見逃さずに誘うようにする。 ◇泣いたり物を投げたりするときには抱き寄せて思いを受け止める。	◇自分でしたい気持ちを認め、時間がかかってもひとりでできた満足感を味わえるようにする。 ◆積み木や汽車の玩具など、友達とかかわって遊べるような玩具を用意しておく。 ◇友達と共通のイメージを持って遊べるように声をかけながら遊びを進められるようにする。
子どもの発達 ◎と評価・反省・課題 ✸	◎ほかの友達が楽器を鳴らしている姿を見て楽しんだり、保育者といっしょに鳴らしたりする姿が出てきた。繰り返し遊んで楽しめるようにしていく。	✸言葉で伝えることもあるが、まだ手が先に出ることが多い。また泣いて訴えている。ことばがけをして思いを受け止め、かかわっていく。	◎友達の名前を呼び、同じ玩具でいっしょに遊ぶことを喜んでいる。 ✸玩具の取り合いになると泣いて訴えることがあるので、言葉で自分の思いを伝えられるように仲立ちしていく。

週案的要素

クラスの生活と遊び（環境配慮）

第1週	第2週
・毎日の気温や湿度に応じて、暖房や加湿器の使用をし、快適な環境をつくる。 ・季節の旬の野菜（ダイコン、ハクサイ、レンコン　など）の実物を触ったり、味わったりする。 ・いろいろな色のブロッククレヨンを使って、のびのびと描くことを楽しむ。	・友達と見たて遊びをしながら、言葉のやりとりをして楽しむ。 ・排せつ後、冷たいといやがらず、水で手を洗い、手洗いの後タオルで水気をふき取る。子どものようすをよく見て、手助けの必要な子どもの介助をする。 ・暖かい日は、戸外へ出て、しっぽ取り遊びなど、走り回って遊べるようにする。

💡 **育ちメモ**　ひとりひとりの欲求を十分に満たして、保育者が正しく働きかけをしていけば、共通の興味を持った同年齢の友達と遊ぶことは、1歳児後半でも大きな喜びとなるでしょう。社会性の芽生える時期です♪

11月 P.125から　CD-ROM　12月 ▶個人案_2　1月 P.145へ

友達に興味を持っている	見たてて遊ぶことを楽しんでいる	衣服を自分で畳もうとする
M児（2歳6か月）	N児（2歳7か月）	O児（2歳3か月）
○自分で簡単な衣服の脱ぎ着をしているが、途中で遊びに行ったり、遊びたさから「して」と言ったりすることがある。 ○友達の遊んでいるようすをじっと見て、時には同じ遊びをしている友達のそばに行って名前を呼んでいる。	○トイレに行きたいときは保育者に知らせることが多くなってきている。 ○友達と言葉のやりとりをし、かかわって遊ぼうとしている。	○前後逆に着ていることがあるが、援助を受けながら衣服の脱ぎ着をし、脱いだものを畳もうとしている。 ○絵本を見ながら「ニャーニャー」「ポッポー」など指さして保育者に伝えている。
★自分から衣服の脱ぎ着を進んでできるようにする。 ★友達に興味を持ち、かかわって遊ぶことを楽しむ。 ☆ひとりで衣服の脱ぎ着をしようとする。 ☆友達とあいさつをしたり、名前を呼び合ったりする。	★トイレでの排せつに慣れる。 ★友達との言葉のやりとりをしながら見たて遊びを楽しむ。 ☆保育者に知らせ、トイレで排せつする。 ☆保育者や友達と見たてて遊ぶ。 ☆友達と言葉のやりとりをしてかかわる。	★自分で身の回りの衣服の始末をしようとする。 ★保育者に自分の思いを言葉で伝えることを楽しむ。 ☆自分で衣服の脱ぎ着をし畳む。 ☆絵本を指さして言葉で伝えようとする。
◇自分でしているところをできるだけ見守るようにし、ひとりでできたときはおおいに褒めるようにする。 ◆保育者が仲立ちとなって、遊びを広げることができるようにする。 ◇子ども同士のかかわりの中でトラブルが起きたときは、互いの思いを受け止めて代弁し、気持ちに気づけるようにしていく。	◇N児の排尿間隔に合わせてトイレに誘うようにするが、無理強いしない。 ◆ままごとの玩具やおもちゃなどを置いたコーナーを用意し、見たてて遊ぶことができるようにする。 ◇遊びが広がっているときは見守り、なかなか広がらないときは仲立ちするなど、状況に応じてかかわるようにし、言葉を引き出していく。	◇「前はこっちよ」と脱ぎ着のたびに知らせるようにし、自分で間違えずに着ることができるようにする。 ◆子どもが日ごろ親しんでいるものが出てくる絵本を、数多く用意しておく。 ◇子どもの伝えようとする思いを存分に見守り、そのつど受け止めて答えるようにしていく。
✳簡単な衣服の脱ぎ着をひとりでできるようになったが、できないときは遊びだしてしまうのでいっしょにできるようにかかわっていく。	◎保育者だけでなく友達の名前を呼び、いっしょに遊んでいる。また簡単な言葉のやりとりもするようになり、会話することを楽しんでいる。	◎簡単な衣類の脱ぎ着を自分で行ない、時に保育者の援助をいやがり自分ですることを楽しんでいる。

12月 個人案

第3週	第4週
・自分の思いや伝えたい用事を簡単な言葉で話そうとする。 ・友達の遊びに興味を持ち、いっしょに遊ぼうとそばで同じ遊びをする。保育者が仲立ちとなり、仲間に加わるようにする。 ・クリスマスの歌や曲で、リズム楽器を使って打ち鳴らす。	・手作り楽器に親しみ、歌ったり鳴らしたりして楽しむ。 ・もちつきのゲームで楽しむ。 ・保育者がお正月のたこや羽子板を壁面に飾り付けしているのを見て、楽しみに待つ。

から、保育者の配慮で充実した日々を楽しませたいものです。

今月のねらい

寒くなり室内で過ごすことが多くなりますが、今月はクリスマスやもちつき、お正月が近くなるなど、心がわくわくする行事があります。それらにちなんだサンタさんの歌や、もちつきの手遊び、たこ揚げの歌などで楽しく、室内遊びを安全かつ充実して過ごしましょう。

文例
季節にちなんだ歌や遊びを楽しめるようにする。

健康・食育・安全

厚着は子どもの動きを妨げます。運動することで筋肉や骨格、体全体が育っていく子どもにとっては、薄着になって日光を浴び体を動かすことが好ましいのです。しかし小さな体はすぐ冷えますので、その日の気温を考慮して、戸外遊びの時間を調節していきましょう。

文例
戸外へ出るときは、調節しやすい服装を選んだり、出ている時間を考えたりし、体を冷やさないようにする。

これも！おさえておきたい
12月の計画のポイントと文例

本指導計画の月案では、A〜O児に合った今月のねらいなどを掲載しています。より参考にしていただけるように、ここでは、この月によくある、ほかにも押さえておきたいポイントを紹介しています。

CD-ROM 12月 ▶文例

保育者間の連携

寒くなると室内遊びの時間が多くなりますが、1歳児クラスの子どもは、まだまだ歩き回って探索したり、体をしっかり動かして遊び回ったりすることが重要です。しかし限られた空間の使用は、ほかのクラスとの時間調整が必要になることでしょう。担当保育者間で話し合います。

文例
のびのびと体を動かして遊べるように、ホールの使用時間をほかのクラスと調整しておく。

家庭・地域との連携

年末年始の休暇中の家庭での過ごし方によって、生活リズムが乱れる子どもが多くなります。休暇に入る前に個別懇談をして、その時点での子どもの生活習慣の自立の段階を伝え、よい条件反射が身についていくしくみを話し合って、しつけに自信を持ってもらいましょう。

文例
年末年始の家庭での過ごし方についてよく話し合い、生活習慣の自立過程を確認してもらい、よい条件反射を身につける方法をなどを伝える。

12月 日の記録

保育を振り返るために、また仕事の証として、日々の記録は欠かせません。ここでは例として、同じ日の月齢の近い6人を抜き出して掲載しています。次の計画に生かしましょう。

CD-ROM 日の記録フォーマット

12月 3日（水）

時刻	A児 (1歳9か月)	B児 (1歳11か月)	E児 (1歳10か月)	F児 (2歳)	I児 (1歳11か月)	O児 (2歳3か月)
8	登園 オ	登園 小	登園 オ 小	登園 オ	登園 小	登園 オ 小
9	間食(全)	間食(全) 小(便器)	間食(全) 小	間食(全) 小	間食(全) 小	間食(全) 小(便器)
10	小(便器)	小(便器)	小(便器)	オ	オ	
11	給(サラダ残す) オ	給(全) 小(便器)	給(コロッケ残す) 大	給(全) オ	給(全) 小	給(全) 小(便器)
12	12:15 ↓	12:20 ↓	12:25 ↓	12:15 ↓	12:20 ↓	12:20 ↓
13						
14	14:45	14:45	14:40	14:45	14:10	14:20
15	間食(全) 小	小(便器) 間食(全) 小(便器)	小 間食(全) 小	小 間食(全) 小	小 間食(全) 小	小 間食(全) 小
16	降園	降園	延長保育へ	降園	延長保育へ	延長保育へ
17						
18						

主な保育の予定

本日のねらい
- もちつき大会の雰囲気を味わう。
- 手洗いをていねいにしようとする。

登園時に留意すること
- 健康観察をていねいに行ない、身だしなみを点検する。

環境づくり（歌・絵本・素材・コーナーなど）
もちつきのようすを見る。
歌、手遊び：『もちつき』
戸外：かけっこ、ボール、探索

降園時に留意すること
- 1日のようすを伝える。もちつきのもちを持ち帰る。

保育の実際と評価・反省・課題

登園時の健康観察（異常 無・有… ）

養護（生命の保持と情緒の安定）にかかわること
手洗いでは、せっけんをすぐに流す子どももいるので「おててきゅっきゅ」など、声をかけ、ていねいに洗えるようにする。

環境づくりについて
戸外遊びのときはトレーナーを着用する。2グループに分かれて、もちつき大会を見に行った。

保育者の援助について（チームワークを含む）
ホールでの、もちつきのようすをよく見ることができた。部屋に戻り、『もちつき』の歌で手やひざをたたいて遊ぶことができた。

降園時の健康観察（異常 無・有… ）

小：排尿　大：大便　オ：オムツ交換　く：薬　給：給食　(全)：全食　茶：お茶　↓：睡眠

実践ポイント
手洗いをするときに、手にせっけんを付けてこすらずに流すことがあります。泡を立てて汚れを取ることを知らせることが大切です。

※ SIDS（シッズ）とは「乳幼児突然死症候群」と呼ばれる、睡眠中突然死する病気です。一定時間ごとに睡眠中の子どものようすを確認しましょう。ここでは10分ごとに複数の保育者でチェックしています。SIDSについて詳しくはP.172をご覧ください。

12月のふりかえりから1月の保育へ

今月のねらい (P.130参照)
- ひとりひとりの体調に留意しながら、寒い時期を元気に過ごせるようにする。
- 保育者や友達と歌ったり、体を動かしたりして遊ぶことを楽しむ。

私たちの保育はどうでしょう。
場面を思い浮かべて振り返ってみましょう。

T先生(5年目) / S先生(2年目)

ふりかえりポイント
- ★ ねらいの設定は?
- ◆ 環境構成・援助は?
- ○ 子どもの育ちは?
- 次月へのつながりは?

例えば…

寒さに負けずに元気に遊ぼう!

★寒い時期でも元気に過ごすために、◆戸外遊び用のニット服を用意してもらって、晴れの日にはできるだけ戸外で遊べるようにしましたね!

12月

- 外気に触れることで子どもたちの抵抗力がつくのよね。とはいえ、無理に戸外に出すのではなく、ひとりひとりの体調に合わせて室内でも戸外でも遊べるようにできたわね。
- はい! 保育者間の役割分担について、毎日確認して、チームワークを取ってできましたね。
- そうね。来月は、年末年始の休暇明けで、家庭と園での生活リズムのずれで疲れが出やすくなるわ。子どもたちひとりひとりの健康観察をていねいにしていきましょう。

J児(2歳4か月)の場合

約110mlの空き容器 / カラフルなテープで留める / ドングリ / 乳酸菌飲料の空き容器

歌遊びが大好きなJちゃんは、★友達といっしょに歌に合わせて楽しめるように、◆クリスマスの歌でリズム楽器遊びをしようと思ったの。◆やってみたいと思えるように、楽しんでいる友達のようすをいっしょに見るようにしたわ。

- 先月、子どもたちが拾った◆ドングリを空き容器に入れてマラカスを作っておきました。
- そうそう。あれ、すごく子どもたちに人気だったわね。
- サンタクロースの歌が好きな子どもたちは、クリスマスの絵本を何度もめくっていましたね。その月特有の楽しさを十分に味わえるように、来月はお正月らしい遊びを取り入れていきたいです!

伝えたい!! 園長先生のおはなし

キーワード 冬の戸外遊び

木枯らしが吹く寒い冬は、暖かい部屋で過ごすほうが子どもを守ると思いがちですね。子どもは風の子といわれるように、冷たい外気に触れることで、体温の自己調節機能が鍛えられたり、走り回って筋肉を動かすことで体温を高めたり、抵抗力が身についたりするのです。興味を引く遊び環境をつくり、体を動かして遊ぶ時間を十分に取りましょうね。

クラス全体では

次月の指導計画に生かせます!

- 戸外や室内で体を動かして、元気に過ごすことができたわね。感染症などには引き続き敏感になって、健康に過ごせるようにしましょうね。
- はい! クリスマスの遊びを楽しめたので、お正月など冬の遊びを楽しんだり、冬の自然に興味を持てるように工夫したいです。

今月の評価・反省・課題 (P.131参照)

寒い時期ではあるが、戸外に出るときはトレーナーを着用するなどし、元気に体を動かして遊んでいた。また、クリスマスの歌をうたったり、絵本を見たりすることで季節感を味わうことができた。

1月

ねらいより
室温や湿度に留意して健康に！

月案（A〜C児） …… P.140

絵本を見ている
A児（1歳10か月）

友達の遊びに興味を持っている
B児（2歳）

なぐり描きをしている
C児（2歳3か月）

個人案（D〜I児） …… P.142

便器でも排尿している
D児（1歳11か月）

保育者に言葉で知らせる
E児（1歳11か月）

靴の脱ぎ履きに慣れてきた
F児（2歳1か月）

ボール遊びが好きな
G児（2歳1か月）

友達とも遊んでいる
H児（2歳2か月）

戸外遊びを楽しんでいる
I児（2歳）

個人案（J〜O児） …… P.144

衣服の脱ぎ着が上達してきた
J児（2歳5か月）

ブロックで遊んでいる
K児（2歳5か月）

衣服の脱ぎ着を自分でしている
L児（2歳7か月）

友達の名前を呼ぶ
M児（2歳7か月）

言葉で保育者に伝える
N児（2歳8か月）

ボタンはめに興味を持っている
O児（2歳4か月）

これも！おさえておきたい

1月の計画のポイントと文例 …… P.146

日の記録 …… P.147

1月のふりかえりから2月の保育へ …… P.148

1月 月案

 CD-ROM 1月 ▶月案

* 🔍マークのマーカーが引いてある部分は、ページ下部の解説とリンクしているのでご覧ください。
* 「今月のねらい」「健康・食育・安全」「保育者間の連携」「家庭・地域との連携」については、P.146の内容も、立案の参考にしてください。

今月のねらい（クラス全体としてのねらいです）

- 室温や湿度に留意し、健康に過ごせるようにする。
- 冬の自然にふれ、興味を持つ。
- 保育者や友達と遊びながら、言葉のやりとりを楽しむ。

	前月の子どもの姿	ねらい★・内容☆
絵本を見ている A児（1歳10か月）	○苦手な食べ物も食べ、意欲的に食事をしている。 ○絵本を見ると指さししたり、簡単な単語を話したりしている。	★楽しい雰囲気の中で、食事を進められるようにする。 ★保育者と簡単な言葉のやりとりを楽しむ。 ☆自分でスプーンやフォークを使って食べる。 ☆絵本を見ながら、言葉のやりとりをする。
友達の遊びに興味を持っている B児（2歳）	○トイレに行きたいときは保育者に「トイレ」と言って伝えることが増えてきている。 ○友達が遊んでいる姿を見て遊びに興味を持っている。	★自分からトイレに行くことを知らせようとする。 ★興味ある遊びを友達といっしょに楽しむ。 ☆保育者に言葉やしぐさでトイレに行くことを伝える。 ☆友達といっしょに正月遊びやたこ揚げをする。
なぐり描きをしている C児（2歳3か月）	○なぐり描きで「○○かいた」と描いたことを知らせ、目や口を描き、顔を描くようになる。	★簡単な衣服の脱ぎ着を自分でしようとする。 ★のびのびとなぐり描きを楽しむ。 ☆大きなボタンを外したり付けたりして遊ぶ。 ☆さまざまな色のパスを使い、描く。

1月 月案 週案的要素

クラスの行事・生活・遊びの計画

	第1週		第2週	
	月 戸外、正月遊び 火 戸外、正月遊び 水 たこ揚げ大会 木 戸外、なぐり描き、正月遊び 金 戸外、正月遊び	玩具・たこ、段ボールごま、絵カード 歌・『たこのうた』『バスにのって』 絵本・『おおきなかぶ』『てぶくろ』	月 なぐり描き 火 戸外、ままごと 水 戸外、空き箱遊び 木 戸外、なぐり描き、バスごっこ 金 戸外、鬼の面作り	玩具・色画用紙、のり、色紙、空き箱 歌・『こすれこすれ』『ほかほかじゃん』 絵本・『ももたろう』

 書き方のヒント いい表現から学ぼう！

子どもが描いたものを知らせてきたときはこたえるが、「大きく描いたね」「きれいな線だね」など、描線そのものを十分に認めるようにする。

理由 → 描いたこと自体を褒める

1歳代は、描くものを事前にイメージして描くのではなく、腕の運動の軌跡としてできた物に命名します。「～みたい」と言った場合は「そう～みたいね」などと共感しますが「のびのび描けたね」と描いたことも褒めるようにします。よい援助のしかたですね。

＊💡マークのマーカーが引いてある部分は、左ページ下部の解説とリンクしているのでご覧ください。
＊「今月のねらい」「健康・食育・安全」「保育者間の連携」「家庭・地域との連携」については、P.146の内容も、立案の参考にしてください。

健康・食育・安全	保育者間の連携	家庭・地域との連携
●冬の感染症が流行しやすいときなので手洗いはていねいにする。 ●七草がゆに興味が持てるように見たり食べたりする。 ●室温・湿度をチェックし、適度に暖房や加湿器を使用する。時々窓を開けて換気をする。	●感染症の情報を共有する。 ●ホールの使用や、生活発表会の準備やかたづけが各クラスでできるよう調整していく。 ●生活発表会、豆まきなどの、各クラス、職員の動きを調整し、理解しておく。	●受け入れや迎え時に、または連絡ノートで子どもの体調を知らせ合い、病気の早期発見、体調維持に努めていく。 ●感染症が出たときは、はり紙をして情報を共有する。 ●生活発表会の案内の手紙を出す。

環境づくり◆と保育者の援助◇	子どもの発達◎と評価・反省・課題✳
◆子どもの食欲に合わせて食事を楽しめるように量を加減していく。 ◆A児の好きな車や動物の絵本を用意しておく。 ◇言葉のやりとりをできるように、顔を見ながらゆっくりと読むようにする。	✳保育者が絵本を読んでいると、簡単な言葉をオウム返ししたり、そこに出てくるものを言ったりしている。絵本を通しての言葉のやりとりを楽しめるようにする。
◇B児の排尿間隔に沿ってトイレに誘うようにするが、自分で知らせることができるように意識づけていく。 ◆季節の遊びに親しめるようにたこやこま、絵カードを準備しておく。 ◇戸外に誘って友達といっしょにたこ揚げをして体を動かせるようにする。	✳友達が楽しく遊んでいると近寄る姿がある。友達のすることをまねしたり同じ遊びをしたりする。保育者の仲立ちを通してかかわりも見られるようにしていく。
◇自分でできたときはおおいに褒め、楽しみながら衣服の脱ぎ着を自分でできるようにしていく。 ◆パスや絵の具など、十分に描ける描画材を用意しておく。 ◇子どもが描いた物を知らせてきたときはこたえるが、「大きく描いたね」「きれいな線だね」など、描線そのものを十分に認めるようにする。	✳共感する言葉をかけながらのびのびと腕を動かして描く楽しさを感じられるようにし、「がんばって描いたね」と声をかけ満足感が持てるようにする。

1月 月案

第3週		第4週	
月 戸外、ブロック、洗濯バサミ 火 なぐり描き、洗濯バサミ、鬼の面作り 水 誕生会、洗濯バサミ、鬼の面作り 木 身体計測、ふれあい遊び 金 戸外、鬼の面作り	玩具・ブロック、積み木、洗濯バサミ 歌・『ゆげのあさ』 絵本・『くだもの だーれ？』	月 戸外、ままごと 火 戸外、小麦粉粘土 水 戸外、ボール（サーキット） 木 戸外、なぐり描き（染め紙） 金 空き箱遊び	玩具・ままごとセット、小麦粉粘土 歌・『豆まき』 絵本・『おにはうち！』

評価・反省・課題 (P.148でくわしく説明！)	インフルエンザに感染する子どもが増え、流行した。感染症がはやったときには、掃除・消毒を徹底した。また、お正月遊びでは、初めての遊びに子どもたちも興味を持ち、遊びを楽しんでいた。来月も引き続き、楽しめるようにしていきたい。

1月 個人案

	D児（1歳11か月）便器でも排尿している	E児（1歳11か月）保育者に言葉で知らせる	F児（2歳1か月）靴の脱ぎ履きに慣れてきた
前月の子どもの姿 ○	○尿を紙パンツにしていることが多いが、便器で排尿するようになる。 ○保育者が歌をうたったり、手遊びをしたりすると、そのようすを見てまねている。	○自分から衣服を脱ぎ着しようとしている。 ○してほしいことやいやなことなどを、言葉で保育者に知らせている。	○マジックテープ付きの靴をひとりで脱ぎ履きできるようになってきている。 ○保育者のことばがけにうなずいたり、「○○した」など簡単な言葉を話すようになったりする。
内容 ねらい ★・☆	★便器で排尿することに慣れる。 ★保育者といっしょに手遊びや歌を楽しむ。 ☆便器で排尿することを喜ぶ。 ☆季節の歌をうたったり手遊びをしたりして遊ぶ。	★自分で衣服の脱ぎ着をしようとする。 ★自分の思いを伝えようとする。 ☆靴下の脱ぎ履きや上着を脱ぐ。 ☆自分の思いを保育者に簡単な言葉で表す。	★簡単な衣服を自分で脱ごうとする。 ★保育者と簡単な言葉のやりとりを楽しむ。 ☆上着を自分で脱ぐ。 ☆保育者と手回しごまで遊ぶ。
環境づくりと保育者の援助 ◆・◇	◇便器で排尿したときは「出たね」と褒め、共に喜ぶようにする。 ◆正月や節分に関する歌をピアノで弾き、季節の歌に親しめるようにする。 ◇いっしょに歌いながら楽しめるようにする。	◆自分で脱ぎ着を進められるように、簡単な靴下の脱ぎ履きや、上着の脱ぎ着から始められるようにする。 ◇子どもが言いたいことを「こうなのね」と言葉にして返し、言葉で伝える満足感を味わえるようにする。	◆脱ぎ着をできるように、型はめやパズルなど手先を十分に使う遊びを取り入れていく。 ◇衣服の裏表がわかるように、アップリケなどで印を付けるようにする。 ◆段ボールで手回しごまを作っておく。 ◇「みててね」や「まわせた！みて！」などのF児の言葉に必ず反応し、やりとりを楽しめるようにする。
評価・反省・課題 子どもの発達 ◎と❋	◎便器で排尿ができたとき、保育者が「出たね」と喜ぶとうれしそうにしている。 ❋排尿したこと、できたことをわかり、喜べるようにし、便器での排尿に慣らしていく。	◎保育者に何かを伝えようとする姿が多くなってきた。 ❋言葉で伝えられることは伝えようとするが、できないときもある。代弁してあげるとうなずくので、伝えられるようにしていく。	◎簡単な言葉を話すようになり、保育者にそれを伝えようとしている。保育者もその言葉に受け答えすると満足している。 ❋やりとりをしていき、しゃべることを楽しめるようにする。

	第1週	第2週
週案的要素 クラスの生活と遊び（環境配慮）	・排尿したくなると保育者に告げ、トイレの便器で排尿できるよう配慮する。 ・七草がゆに関心が持てるように、唱えごとをして作る過程を見たり、食べたりする。 ・たこを用意しておき、見つけた子どもからたこを持って走り回って遊べるようにする。	・雪が降ったときは、その機会を逃さずに雪に触れて遊ぶ。遊んだ後は湯で手を温める。 ・自分の身の回りのことを、自分でしようとしているので、その姿を大切に援助をし、見守っていく。 ・金属製のトレーに水をはっておき、氷ができるように日陰に置いておく。

育ちメモ

つまんで引っ張るという指先の機能を、十分に発揮できる喜びと、何が出てくるのかという好奇心から、ティッシュペーパーの箱から次々とペーパーが無くなるまで引っ張り出して遊びます。手作りの

CD-ROM 1月 ▶個人案_1

G児(2歳1か月)　ボール遊びが好きな	H児(2歳2か月)　友達とも遊んでいる	I児(2歳)　戸外遊びを楽しんでいる
○戸外に出るとかけっこをしたり、ボールを投げたりけったりすることを楽しんでいる。	○保育者に誘われて手を洗い、「気持ち良いね」と言葉をかけられると、にっこり笑っている。 ○保育者の名前や友達の名前を呼び、いっしょに遊ぶようになる。	○スプーンを使って食べているが、好き嫌いが出ている。 ○戸外でかけっこを楽しみ、追いかけたり追いかけられたりすることを喜んでいる。
★戸外で十分に体を動かすことを楽しむ。 ☆ボールを投げたり、たこを揚げたりして遊ぶ。 ☆保育者といっしょにかけっこする。	★手を洗う気持ち良さを感じる。 ★保育者や友達といっしょに遊び、言葉のやりとりを楽しむ。 ☆自分から手を洗い、きれいにしようとする。 ☆保育者や友達とふれあいながら遊ぶ。	★嫌いなものも少しは食べようとする。 ★戸外で体を十分に動かして楽しむ。 ☆嫌いな物も少しずつ食べるようにする。 ☆かけっこや待て待て遊びをする。
◆ボールやビニールだこを十分に用意しておく。 ◇ボールを試しにけって見せたり、いっしょに追いかけたりして、十分に体を動かして楽しめるようにする。 ◇作っておいたビニールだこを、保育者がまず揚げてみせ、興味が持てるようにする。	◆保育者もいっしょに手を洗ってみせ、洗い残しがないようにする。 ◇手を洗った後は、「Hちゃん、きれいになったね」と声をかけて気持ち良さを味わえるようにする。 ◇言葉のやりとりを楽しむ中で、十分にスキンシップも取りながら遊びを進めていく。	◆友達といっしょに食べ、嫌いな物も食べる意欲が出るようにする。 ◇捕まらない程度に追いかけるようにし、十分に体を動かして楽しめるようにしていく。
◎体を使って遊ぶを楽しめるように保育者や友達といっしょにかけっこやボール遊びを行ない、声をかけるようにした。	◎友達に少しずつ関心を持っている。保育者の仲立ちを通し、同じ遊びをしたり、絵本をみんなで見たりしている。 ＊取り合いやトラブルにならないよう気をつけて促していく。	◎戸外遊びでは、園庭の中を十分にかけっこをして楽しむことで満足し、帰るときもいやがることなく帰るようになっている。 ＊十分に遊びを楽しめるようにしていく。

第3週	第4週
● 遊びの中で会話をしたり、子ども同士の会話を仲立ちして、身近な言葉を知らせる。 ● ボタンに興味を持ち、外したり、はめたり自分でしようとする。 ● 戸外でかけっこを楽しみ、追いかけたり追いかけられたりする遊びをする。	● 保育者や友達といっしょに、歌をうたったり、音楽に合わせて体を動かしたりして遊ぶ。 ● 室温・湿度をチェックし、適切に暖房加湿器を使用する。時々窓を開けて換気をする。 ● 指先を使う遊びに興味を持ち、物の出し入れ、引っ張り出す遊びを楽しめるようにする。

引っ張り出す玩具を用意し、ポイポイ出したり、引っ張ったりして遊び、指先、手の発達を促しましょう。

1月 個人案

	J児（2歳5か月） 衣服の脱ぎ着が上達してきた	**K児（2歳5か月）** ブロックで遊んでいる	**L児（2歳7か月）** 衣服の脱ぎ着を自分でしている
前月の子どもの姿 ○	○衣服の脱ぎ着を自分でし、脱いだ衣服を畳んでいる。	○ブロックを組み合わせて車や家を作り、それを使って遊んでいる。	○脱いだ衣服をていねいに畳もうとし、ボタンのはめ外しもひとりでしようとする姿がある。
ねらい ★・内容 ☆	★ボタンのはめ外しに興味を持つ。 ☆自分でボタンのはめ外しをして遊ぶ。	★身近な素材を使って遊ぶことを楽しむ。 ☆ブロックや空き箱を組み合わせて遊ぶ。	★自分で衣服の脱ぎ着をしようとする。 ★冬の自然にふれて楽しむ。 ☆保育者に見守られながら衣服の脱ぎ着をする。 ☆氷や霜を見つけて、かかわって遊ぶ。
環境づくりと保育者の援助 ◆◇	◆ボタンのはめ外しの練習になるような、着せ替え人形を用意する。 ◇先に保育者がして見せたり、子どもが自分でできたときはおおいに褒めるようにしたりする。	◆組み合わせを楽しめるように、さまざまな大きさのブロックや空き箱を十分な数用意しておく。 ◇作ったものに共感したり、保育者や友達といっしょに「○○も作ってみよう」と誘うことで、遊びが広がるようにしたりしていく。	◇自分で衣服の脱ぎ着をしようとする気持ちを大切にし、できなかったところはさりげなく援助してできたことを認め、自信につなげていくようにする。 ◆金属製のトレーに水を入れて氷が張るようにしたり、朝、霜ができている場所を確認したりしておく。 ◇氷や霜に気づけるようにことばがけをしていく。
子どもの発達 ◎と評価・反省・課題 ✻	✻保育者といっしょにボタンのはめ外しを行なったり、やり方を伝えたりして自分でできるように声をかけて進めていく。	◎イメージしたものを最後まで作るようになり、完成したことを喜んでいるようすが見られる。	◎脱いだ衣服を自分で畳み、ロッカーに入れるようになった。

週案的要素

	第1週	**第2週**
クラスの生活と遊び（環境配慮）	・七草がゆに関心が持てるように、唱えごとをして作る過程を見たり、食べたりする。 ・たこを用意しておき、たこ揚げしたい子どもからたこを持って、戸外へ出るようにする。 ・小さく切ったもちを入れた雑煮を味わえるように、用意しておく。	・雪が降ったときはその機会を逃さずに雪に触れて遊ぶ。遊んだあとは湯で手を温める。 ・金属製のトレーに水をはっておき、氷ができるように日陰に置く。 ・排せつや戸外遊びの後の手洗いのときには、ぬれた手をふき残していないか見届ける。

育ちメモ　絵本の『おおきなかぶ』の、動物や登場人物がみんなで腰を持ち、「うんとこしょ、どっこいしょ」と引っ張る場面は、子どもの大好きな思わずまねをしたくなる場面です。一斉に声を上げて「うんと

M児 (2歳7か月) 友達の名前を呼ぶ	N児 (2歳8か月) 言葉で保育者に伝える	O児 (2歳4か月) ボタンはめに興味を持っている
○友達の名前を呼び気の合う友達といっしょに遊ぶ姿が出てきている。	○してほしいことや思ったことを言葉にして伝えている。	○脱いだ服を畳もうとしたり、ボタンに興味を持ち、自分ではめようとしたりしている。
★友達と言葉のやりとりをしながらいっしょに遊ぶ楽しさを味わう。 ☆友達とかかわって遊ぶ。	★保育者と言葉のやりとりを楽しむ。 ☆保育者や友達とのごっこ遊びで、言葉のやりとりをして遊ぶ。	★簡単な衣服の脱ぎ着を自分でしようとする。 ☆ボタンをはめたり外したりを自分でしようとする。
◇友達のようすを伝えたり気の合う友達との遊びに誘うことによりいっしょに遊ぶ楽しさを味わえるようにする。	◇保育者や友達とやりとりを楽しめるような問いかけをしたり、話しやすい雰囲気をつくったりすることで、友達とのかかわりを増やしていく。	◇集中して遊んでいるときは見守り、満足するまで遊べたときは褒めるようにしていく。
◎気の合う友達ができ、いっしょに遊ぶことを楽しんでいる。	◎言葉のやりとりで、ごっこ遊びが盛り上がり、遊びが続くようになった。	◎パジャマのボタンを着替えのとき、はめ外ししている。さりげなく補助しようとするといやがる。自分ですることに喜んでいる。

第3週	第4週
● 脱いだ衣服をていねいに畳もうとし、ボタンのはめ外しもひとりでしようとする。 ● 外から室内へ入ったときは、うがいや手洗いを十分にする。 ● 鼻水のかみ方、使用したティッシュペーパーの処理のしかたを知らせ、ティッシュを入れたビニール袋は、こまめに戸外のゴミ箱に入れる。	● 室温・湿度をチェックし、適切に暖房加湿器を使用する。時々窓を開けて換気する。 ● 保育者や友達といっしょに、歌をうたったり、劇遊びをしたりできるように曲を準備したり、大道具を作ったりしておく。 ● 戸外でボールを投げたりけったりすることを楽しめるように、ボールやゴールを用意する。

「こしょ、どっこいしょ」と引っ張るまねをします。そこで大道具の大きなかぶを作っておくと劇遊びが始まるのです。生活発表会の目玉ストーリーですよ。

今月のねらい

年末年始の家庭での過ごし方によっては、生活リズムが後退している子どもの姿も見られますが、一時的な甘えもありますので、ようすを見ながら整えていきます。足腰がしっかりするようになると、立ったまま着替えることができ、自分でパンツをはこうとします。

文例
生活リズムを整えてもらいながら、簡単な身の回りのことを自分でしようとする。

健康・食育・安全

冬の感染症が伝染しやすい時期ですので、登園時の検温、健康状態の観察、保護者との連絡などをていねいに行ない、記録します。室内遊びが多くなりますがこまめに換気し、室温・湿度の管理を徹底します。昼寝の目覚めのときも検温して、発熱がないかチェックします。

文例
健康管理をていねいに行なうとともに、室内をこまめに換気し、加湿器を使用して湿度に気をつける。

これも！おさえておきたい
1月の計画のポイントと文例

本指導計画の月案では、A～O児に合った今月のねらいなどを掲載しています。より参考にしていただけるように、ここでは、この月によくある、ほかにも押さえておきたいポイントを紹介しています。

保育者間の連携

冬は体の動きが鈍くなるうえに、服を重ね着して動きが不自由になる条件も重なり、転倒事故などが起きやすくなります。過去の事故事例などからけがが起こりやすい場所、時間帯などを検討し、保育者の立ち位置を再確認したり、役割分担を明確にしたりして、安全第一を心がけます。

文例
動きが活発になり行動範囲も広がり、けがが起きやすくなるので、起こりやすい場所、過去の事例などを共有して再発を防止するよう話し合う。

家庭・地域との連携

生活習慣の自立には、家庭と園との連携が大切です。家では甘えて、自分でできることも手伝ってもらったり、保護者が干渉しすぎたりすることがあります。園での自立過程や段階の姿をビデオで見てもらったり、記録を見せたりして情報を伝え、共育てをめざします。

文例
衣服の脱ぎ着や排せつなど、身の回りのことを意欲的に行なっているようすを伝え、家庭でも少し待ったり見守ったりするよう協力してもらう。

1月 日の記録

保育を振り返るために、また仕事の証として、日々の記録は欠かせません。ここでは例として、同じ日の月齢の近い6人を抜き出して掲載しています。次の計画に生かしましょう。

CD-ROM 日の記録フォーマット

1月19日（月）

時刻	C児 (2歳3か月)	J児 (2歳5か月)	K児 (2歳5か月)	L児 (2歳7か月)	M児 (2歳7か月)	N児 (2歳8か月)
8	登園	登園 オ	登園 小(便器)	登園	登園 小(便器)	登園 オ 小(便器)
9	間食(全) 小(便器)	間食(全) 小	間食(全) オ	間食(残) 小	間食(牛乳残す) 小(便器)	間食(全) 小(便器)
10	小(便器)	小	小	小	小	小(便器)
11	給(全) 小(便器)	給(全) 小	給(全) 小	給(全) 小	給(残) 小	給(残) 小(便器)
12		12:15 ↓	12:20 ↓	12:40 ↓	12:20 ↓ 13:00	12:20 ↓
13	13:30 ↓					
14	14:45 小(便器)	14:45 小	14:45 小	14:45 小	14:45 小	14:45 小
15	間食(全) 小(便器)	間食(全) オ	間食(全) 小	間食(全) 小	間食(全) 小(便器)	間食(全) 小(便器)
16	降園	延長保育へ	延長保育へ	延長保育へ	延長保育へ	降園
17						
18						

主な保育の予定

本日のねらい
- 手洗いをていねいにしようとする。
- 保育者や友達と体を動かす事を楽しむ。

登園時に留意すること
- 健康観察を行ない、久しぶりの登園を笑顔で受け入れる。

環境づくり（歌・絵本・素材・コーナーなど）
歌：『豆まき』
戸外：かけっこ
コーナー：ブロック、洗濯バサミ

降園時に留意すること
- 1日のようすを伝える。

保育の実際と評価・反省・課題

登園時の健康観察（異常 無・有… C児-階段から落ちておでこにすり傷あり）

養護（生命の保持と情緒の安定）にかかわること
インフルエンザや体調不良で休んでいた子どもも登園できた。久しぶりの登園で泣く子どもたちに寄り添い、体調面に配慮した。

環境づくりについて
戸外のかけっこでは、白線で丸をいくつか描き、円から円へかけっこで移動したり、線の上を走ったりして楽しめるようにした。

保育者の援助について（チームワークを含む）
脱ぎ着や手洗いを、「ジブンデ」と言ってする子どもが増えてきた。自分でできた達成感を持ち、自信へとつなげられるよう見守りたい。

降園時の健康観察（異常 無・有… ）

小：排尿　大：大便　オ：オムツ交換　く：薬　給：給食　(全)：全食　茶：お茶　↓：睡眠

実践ポイント　高月齢になると、「ジブンデ」と主張して衣服の脱ぎ着や手洗いをして、できた達成感を感じる大切な時期を迎えます。理解して対応します。

※SIDS（シッズ）とは「乳幼児突然死症候群」と呼ばれる、睡眠中突然死する病気です。一定時間ごとに睡眠中の子どものようすを確認しましょう。ここでは10分ごとに複数の保育者でチェックしています。SIDSについて詳しくはP.172をご覧ください。

1月のふりかえりから2月の保育へ

今月のねらい（P.140参照）
- 室温や湿度に留意し、健康に過ごせるようにする。
- 冬の自然にふれ、興味を持つ。
- 保育者や友達と遊びながら、言葉のやりとりを楽しむ。

ふりかえりポイント
- ★ ねらいの設定は？
- ◆ 環境構成・援助は？
- ◎ 子どもの育ちは？
- 次月へのつながりは？

T先生（5年目）：私たちの保育はどうでしょう。
場面を思い浮かべて振り返ってみましょう。
S先生（2年目）

例えば…

F児（2歳1か月）の場合

「みててね」など簡単な言葉が増えているFちゃんは、★遊びながら言葉のやりとりを楽しめるように、◆手回しごまを用意しました！

- 段ボールを丸く切って、中心に穴をあけて竹串を差して作ったわよね。いろいろな色を塗っておいたから、回すときれいな虹みたいだったわ。
- はい。両手をこすり合わせて回すので、できるだろうと思って。
- 初めは難しそうだったけれど、両手をじょうずに使って回している子どももいたわね。
- Fちゃんは、◎回せたときに、「できた！」と言って何回も「みて！ みて！」と言って回していました。

G児（2歳1か月）の場合

★戸外で風で遊べるように、◆ビニール袋でたこを作っておいたの。◆まず、私が揚げてみて興味を持てるようにしたの。

- 「とりさんだ〜」と言って、興味津々でしたね。
- Gちゃんは、初めは私の揚げているたこを捕まえようとして、追いかけていたんだけど、「Gちゃんもしてみる？」と誘ってからは夢中で走ってたこを揚げていたわ。
- 風で遊ぶおもしろさを体験できたみたいですね。

> たこに紙テープを垂らしたり、布やポリ袋を子どもといっしょに持ったりすると、風の音や重さを感じながら遊ぶことができます。

伝えたい!! 園長先生のおはなし

キーワード：年齢に合ったお正月遊び

子どものころ、「もう何日でお正月」と思うだけで胸がキュンとしたものです。トランプをしたり、すごろくをしたり…さて1歳児ではどんなお正月遊びができるでしょうね。走ることができる子どもはビニールのたこ揚げ、両手でねじって回すこま回し、羽根をひもでつった羽根突きなど、工夫をして遊びましょう。

クラス全体では

次月の指導計画に生かせます！

- お正月遊びや冬の自然にふれて遊びを楽しむことができましたが、インフルエンザがはやりましたね。
- 蔓延防止のために、掃除や玩具などの消毒の回数を増やしたわね。ひとりひとりの健康状態をこまめに観察し、うがい、手洗いを徹底していきましょう。
- はい！ 来月もよろしくお願いします。

今月の評価・反省・課題（P.141参照）

インフルエンザに感染する子どもが増え、流行した。感染症がはやったときには、掃除・消毒を徹底した。また、お正月遊びでは、初めての遊びに子どもたちも興味を持ち、遊びを楽しんでいた。来月も引き続き、楽しめるようにしていきたい。

2月

ねらいより
健康状態に留意し元気に過ごす。

月案（A〜C児） ・・・・・・ P.150

絵本を読んで楽しんでいる
A児（1歳11か月）

洗濯バサミで遊んでいる
B児（2歳1か月）

食材に興味を示す
C児（2歳4か月）

個人案（D〜I児） ・・・・・・ P.152

保育者とブロックで遊んでいる
D児（2歳）

脱ぎ着に興味を持っている
E児（2歳）

タオルを保育者に渡しに来る
F児（2歳2か月）

保育者に介助されながら脱ぎ着する
G児（2歳2か月）

歌を楽しんでいる
H児（2歳3か月）

たこ揚げをしている
I児（2歳1か月）

個人案（J〜O児） ・・・・・・ P.154

絵本を読む保育者のまねをする
J児（2歳6か月）

パスでなぐり描きしている
K児（2歳6か月）

音楽を喜んでしている
L児（2歳8か月）

音に喜んで体を揺らす
M児（2歳8か月）

畳むことにも興味が出てきた
N児（2歳9か月）

スプーンをじょうずに使っている
O児（2歳5か月）

これも！おさえておきたい
2月の計画のポイントと文例 ・・・・ P.156

日の記録 ・・・・・・・・・・・・ P.157

2月のふりかえりから3月の保育へ ・・ P.158

2月 月案

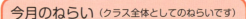

CD-ROM　2月 ▶ 月案

今月のねらい（クラス全体としてのねらいです）
- ひとりひとりの健康状態に留意しながら、寒い時期を元気に過ごせるようにする。
- 保育者や友達といっしょに見たてやつもり遊びを楽しむ。

* 💡マークのマーカーが引いてある部分は、ページ下部の解説とリンクしているのでご覧ください。
* 「今月のねらい」「健康・食育・安全」「保育者間の連携」「家庭・地域との連携」については、P.156の内容も、立案の参考にしてください。

	前月の子どもの姿 ○	ねらい ★・内容 ☆
A児（1歳11か月） 絵本を読んで楽しんでいる	○タイミングが合うとトイレで排尿する。 ○絵本を読むといっしょにせりふを言う。	★トイレで排尿することに慣れるようにする。 ★言葉のやりとりを楽しむ。 ☆保育者に誘われてトイレで排尿する。 ☆絵本を読んでもらい、楽しんで見る。
B児（2歳1か月） 洗濯バサミで遊んでいる	○自分でズボンをはこうとしている。 ○洗濯バサミを使って遊んでいる。	★身の回りのことをできることは自分でしようとする。 ★指先を使った遊びを楽しむ。 ☆手伝ってもらいながら簡単な衣服の脱ぎ着を自分でする。 ☆洗濯バサミやひも通しなど、指先を使った遊びをする。
C児（2歳4か月） 食材に興味を示す	○さまざまな食材に興味を示し名前を言ったり、知らないものは「これなに？」と聞いたりしている。	★食材に興味を持ち、喜んで食事をする。 ☆食材の名前を知る。

2月 月案　週案的要素

クラスの行事・生活・遊びの計画

	第1週		第2週	
	月 節分ごっこ、豆まきごっこ 火 お掃除ごっこ、ジャングルジム 水 なぐり描き、ボール 木 表現遊び、大玉遊び 金 ままごと、三輪車	玩具・豆、入れ物 歌・『豆まき』 絵本・『ももたろう』『あなたはだあれ』	月 避難訓練、ひも通し 火 なぐり描き、フープ 水 なぐり描き 木 サーキット、ままごと 金 生活発表会	玩具・布、ブロック 歌・『ゆき』『ゆげのあさ』 絵本・『ねずみくんのチョッキ』

書き方のヒント　いい表現から学ぼう！

食事の介助の際に「ニンジンよ、おいしいね」と食材の名前を言いながらよそうなど、食材に興味を持てるようなことばがけをしていく。

理由：食材に興味を持たせる

言葉、特に物の名前を知りたがる1歳後半の子どもは、食器に手を突っ込んで指先で食材をつまみ上げ、「コレハ？」と聞こうとします。保育者から「ニンジンよ」と言われると、「ニンジン」とまねて興味を持って食べようとします。心理にかなったかかわりです。

* 💡マークのマーカーが引いてある部分は、左ページ下部の解説とリンクしているのでご覧ください。
* 「今月のねらい」「健康・食育・安全」「保育者間の連携」「家庭・地域との連携」については、P.156の内容も、立案の参考にしてください。

健康・食育・安全
- 天気のよい日は戸外に出て全身を使った遊びを楽しみ、体力をつける。
- 最後まで自分で食べようとするようにしていく。
- 活発に動くようになるので危険物がないようにする。

保育者間の連携
- 流行している感染症の対策について職員間で共通認識しておく。
- ひとりひとりの子どものようすを共有し、進級を視野に入れたグループづくりを行なう。
- 生活発表会について共通認識する。

家庭・地域との連携
- 感染症の流行を知らせ予防に努めてもらう。
- 生活発表会について知らせ、楽しみにしてもらい、1年間の子どもの成長を喜べるようにする。
- 脱ぎ着しやすい衣服を用意してもらう。

環境づくり◆と保育者の援助◇	子どもの発達◎と評価・反省・課題✺
◇排尿を知らせてきたときは褒め、トイレで出たことをいっしょに喜ぶようにする。 ◆動物など親しみのあるものが出てくる絵本を用意し、言葉に親しめるようにする。	◎便器で排尿し、出たことを知らせている。 ◎絵本を指さし、「ワンワン」「ブーブー」と言っている。 ◎自分で食べたいという気持ちがあり、スプーンで食事している。
◆洗濯バサミに加えて、ひも通しなど指先を使って遊べる玩具を準備しておく。 ◇ズボンを引き上げるときはさりげなく介助し、自分から脱ぎ着できるようにしていく。	◎紙パンツやズボンの脱ぎ着をしている。便器で排尿することが多くなってきている。 ◎洗濯バサミやひも通しなど、指先を使った遊びを楽しんでいる。
◇食事の介助の際に「ニンジンよ、おいしいね」と食材の名前を言いながらよそうなど、食材に興味を持てるようなことばがけをしていく。	◎ゆっくりではあるがひとりでスプーン、フォークを使って最後まで食べている。いろいろな食材の名前を知り、食事を楽しみにしている姿がある。

第3週
- 月 紙遊び、しっぽ取り
- 火 スタンプ遊び、大玉遊び
- 水 身体計測、表現遊び、サーキット
- 木 なぐり描き
- 金 なぐり描き、かけっこ、ボール

玩具・絵の具、スタンプ、洗濯バサミ
歌・『いとまき』
絵本・『だれのあしあと』

第4週
- 月 しっぽ取り、積み木
- 火 なぐり描き、三輪車
- 水 小麦粉粘土、フープ
- 木 誕生会、かけっこ
- 金 紙遊び、ボール

玩具・絵合わせ
歌・『うれしいひなまつり』
絵本・『ゆっくりむし』

評価・反省・課題（P.158でくわしく説明!）
寒い日でも戸外に出て遊ぶことができていた。かけっこをしたり、ボールを追いかけたり、体を使って遊ぶことができた。また、生活発表会に向けて、楽しみながら活動することができた。

2月 月案

2月 個人案

1月 P.142から　　3月 P.162へ

	D児(2歳) 保育者とブロックで遊んでいる	E児(2歳) 脱ぎ着に興味を持っている	F児(2歳2か月) タオルを保育者に渡しに来る
前月の子どもの姿 ○	○以前に比べ、食べ物の好き嫌いが出ている。 ○ブロックをつなげて遊んでいる。	○衣服の脱ぎ着に興味を持っている。 ○言葉が出てきており、自分から保育者に話しかけようとする。	○自分のタオルがいらないときは自分から保育者に渡しに来る。 ○ズボンを自分ではけると「じぶんでできた」と喜んでいる。
ねらい ★・内容 ☆	★さまざまな食材に興味を持ち、少しでも食べようとする。 ★保育者といっしょに作って遊ぶことを楽しむ。 ☆食材にふれ、さまざまなものを食べる。 ☆保育者とブロックや積み木で遊ぶ。	★簡単な衣服の脱ぎ着をしようとする。 ★保育者との言葉のやりとりを楽しむ。 ☆ズボンやパンツの脱ぎ着をする。 ☆言葉のやりとりをして遊ぶ。	★簡単な衣服の脱ぎ着をしようとする。 ☆ズボンの脱ぎ着をひとりでする。
環境づくりと保育者の援助 ◆◇	◇食材に実際に触れてみるようにして、食事への意欲が増すようにする。 ◇D児が作ったものを十分に認めるようにし、見たてる遊びが広がるようにする。	◇「じょうずにはけたね」と声をかけながら、はくことを楽しめるようにし、おしりの部分をうまく上げられないときはさりげなく手助けをして満足感を味わえるようにする。	◆自分でしようとする気持ちが出るように、パンツをはく向きに並べておく。 ◇「片足ずつ入れてみようか」など、自分でできるようにことばがけをしていくが、無理強いせず介助するようにする。
子どもの発達 ◎と評価・反省・課題 ※	◎好き嫌いはあるが、自分で食べようとする姿が見られている。 ◎簡単な単語を話したり、自分の要求を指さしで伝える。	◎いろいろな言葉を発し、保育者と言葉のやりとりを楽しんでいる。 ◎ズボンや紙パンツの脱ぎ着をしている。	◎紙パンツやズボンを自分ではき、「できた」と知らせている。いろいろな言葉を発し、保育者と言葉のやりとりを楽しんでいる。

週案的要素

クラスの生活と遊び（環境配慮）

第1週	第2週
・毎日、保育室内の1日のほこりを掃除機で取り、清潔に保てるようにする。木曜日には畳を上げて掃除をする。 ・自分の靴を靴箱へ自分で取りに行くので、場所がわかるようにマークを付けて覚えられるようにする。進級する2歳児クラスにも、同じマークを付けることにする。 ・季節の歌を楽しめるように用意する。	・感染症などが流行してきたときは、消毒するなどすぐ対応できるようにする。 ・戸外へ出るとき、2歳以上児が出入りする玄関を使用するなど、進級に向けて慣れていけるようにする。 ・生活発表会でうたう歌をよく聞き慣れたり、リズム楽器を使い慣れたりできるように準備しておく。

育ちメモ

『あなたはだあれ』の絵本に出てくる「わたしはやぎです。メェメェメェ」などの言葉のやりとりに興味を持ち、まねて大きな声で一斉に言うようになります。繰り返し読んでいると、そのやりとりを

> CD-ROM　2月 ▶個人案_1

G児（2歳2か月） 保育者に介助されながら脱ぎ着する	H児（2歳3か月） 歌を楽しんでいる	I児（2歳1か月） たこ揚げをしている
○保育者に手伝ってもらいながら衣服の脱ぎ着をしている。	○自分でズボンを脱ぎ排せつに行こうとする。 ○好きな歌をうたっている。	○してほしいことなど言葉で伝えようとする。 ○たこ揚げなどで体を十分に動かしている。
★簡単な衣服の脱ぎ着に興味を持ち、自分でしてみようとする。 ☆ズボンやパンツを保育者に介助されながら脱ぎ着する。	★身の回りのことに関心を持つ。 ★季節の歌をうたうことを楽しむ。 ☆自分からズボンを脱ぎ、排せつする。 ☆保育者や友達といっしょに歌をうたう。	★自分の思いを簡単な言葉で表そうとする。 ★思い切り体を動かして楽しむ。 ☆思いを言葉で表す。 ☆体を動かして遊ぶ。
◆ひとりで脱ぎ着できるように、低い台を用意しておく。 ◆脱ぎ着のときは「気持ち良いね」「さっぱりするね」と声をかけながら着替える気持ち良さを味わえるようにする。	◇個室のトイレでも安心して排せつできるように、そばについて「だいじょうぶだよ」と伝えながら自分で排せつできるようにする。 ◆『コンコンクシャンのうた』など、子どもが喜ぶ曲や歌いやすい曲を用意しておく。 ◇友達といっしょに歌っているときはその思いに共感し、気持ち良く歌えるように「楽しいね」など声をかけていく。	◇子どもと目を合わせて「どうしたの」と話しかけ、ゆったりと子どもの思いにこたえられるようにする。 ◆一本橋や巧技台など、体を十分に動かせる用具を用意したり、広いスペースを確保したりしておく。 ◇1日の中でも暖かい時間をねらって戸外で遊べるように誘いかけていく。
✴衣服の脱ぎ着など自分でしようとしているがうまくできず「ヤッテ！」と知らせたり、手伝ってもらうのを待っていたりする。ひとりでできるように援助していく。	◎自分でできることは自分でしたいという気持ちが強く、着替えや食事、手洗いなど自分でしようとしている。	◎園庭を走り、体を動かし遊んでいる。 ◎便器で排尿することが多くなってきている。 ◎保育者の発した言葉をまねし、話している。

第3週	第4週
● 手洗いを自分でしようとしているので、ゆったりと見守り、洗い方も知らせていく。 ● 手洗い場のせっけん液は常にチェックし、補充しておく。水回りは清潔にしておく。 ● 絵本で覚えた言葉で、劇遊びのように、言葉のやりとりをする。	● ヒヤシンスを育て、生長を見て楽しむ機会をつくる。 ● ひな祭りの製作したものを飾り、見て楽しめるようにする。 ● ポスターカラーで絵を描き、「おさかな」などと命名する。

覚え、遊びの中でも「あなたはだあれ」「わたしはいぬですワンワンワン」と言って楽しんでいます。そのような場面を生活発表会に出すことができますね。

2月 個人案

1月 P.144から / 3月 P.164へ

	J児（2歳6か月） 絵本を読む保育者のまねをする	**K児**（2歳6か月） パスでなぐり描きしている	**L児**（2歳8か月） 音楽を喜んでしている
前月の子どもの姿 ○	○言葉で自分の思いを伝えている。 ○絵本に興味を示し、見たい本を選んだり絵本を読む保育者のまねをしたりしている。	○いろいろな色のパスを使いなぐり描きを楽しみ「○○かいた」と描いたものを知らせている。	○保育者や友達と歌ったり、手遊びを喜んでしたり見たりしている。
ねらい・内容 ★☆	★絵本を通して言葉にふれ、楽しむ。 ☆絵本に親しみ、繰り返しの言葉やフレーズをまねて遊ぶ。	★のびのびと描くことを楽しむ。 ☆画用紙いっぱいになぐり描きをして遊ぶ。	★音楽に合わせて体を動かして楽しむ。 ☆音楽のリズムに合わせて保育者といっしょに体を動かす。
環境づくりと保育者の援助 ◆◇	◆繰り返しの言葉が出てくる絵本を用意しておく。 ◇子どもといっしょに繰り返しの言葉を楽しみながら言うようにする。	◆八ツ切画用紙でなぐり描きを楽しめるようにし、いっぱい描いたときは新たな紙に描けるように準備しておく。 ◇描線が弱いときは「しっかり握ろうね」と言葉をかけ、力強い線でなぐり描きをできるようにする。	◆日ごろ楽しんでいる歌や、季節の歌を楽しめるようにしておく。 ◇保育者も大きく体を揺らしたり歌ったりしながら、体を動かすことをおおいに楽しめるようにする。
子どもの発達と評価・反省・課題 ◎✻	◎言葉がはっきりとし自分のしてほしいこと、いやなこと、思ったこと、感じたことを口に出して言えるようになる。 ◎絵本も何度も読んでいるとストーリーがわかり物語を楽しんでいる。	◎画用紙いっぱいにいろいろなパスを使い、絵を描くことを楽しんでいる。	◎季節の歌やほかのクラスが歌っている曲に親しみ、いっしょに歌ったり、体を動かして踊ったりして、保育者や友達と楽しんでいる。

週案的要素

クラスの生活と遊び（環境・配慮）	第1週	第2週
	・衣服の脱ぎ着を自分で行ない、脱いだ衣服の始末も最後まで自分でしようとする。 ・絵本に興味を示し、見たい本を選んで「これ読んで」と持ってくる。 ・音楽が聞こえると、喜んで体を動かしたり、うたったりしている。	・絵本に親しみ繰り返しの言葉のフレーズをまねて楽しむ。 ・保育者といっしょに歌ったり、体を動かしたりして楽しむ。 ・いろいろな色のパスを使い描き、「○○かいた」と描いたものを知らせる。

育ちメモ

1歳の表現は表出的な要素が多いものですが、遊びながらひとりごとを言ったり、絵を描きながらぶつぶつしゃべったり、これらは子どもにとっては表出の段階です。しかし、言葉が使えるようになり

M児 (2歳8か月) 音に喜んで体を揺らす	N児 (2歳9か月) 畳むことにも興味が出てきた	O児 (2歳5か月) スプーンをじょうずに使っている
○音楽が聞こえると喜んで体を動かしたり歌ったりしている。	○衣服の脱ぎ着を自分で行ない、ボタンのはめ外しや衣服を畳むことに興味を持っている。	○スプーンを使い自分で最後まで食べようとする。 ○丸や線など描こうとしている。
★遊びの中で、保育者といっしょに表現することを楽しむ。 ☆保育者や友達といっしょに歌い遊ぶ。	★脱いだ衣服の始末も最後まで自分でしようとする。 ☆自分で衣服を畳もうとする。	★きれいに食べ切る喜びを味わう。 ★いろいろな色を使い描くことを楽しむ。 ☆楽しい雰囲気の中で、食べられるようにする。 ☆さまざまな色や形に興味を持って遊ぶ。
◆『豆まき』『うれしいひなまつり』など、季節の歌に親しめるように、歌って誘いかける。 ◇いっしょに手をたたきながらリズムを取り、楽しめるようにする。	◆畳もうとしている姿を十分に認め、少しでも自分でしようとしているときはおおいに褒めるようにする。	◇さりげなくスプーンをいっしょに握って、きれいに食べきれるように介助していく。 ◆画用紙と色の組み合わせに気をつけ、なぐり描きを十分に楽しめるようにしておく。 ◇何を描いたか知らせてきたときは受け止める。
◎季節の歌をいっしょに口ずさんだり、手遊びもいっしょに楽しんだりしている。友達とのかかわりもあり、遊ぶことを喜んでいる。	◎衣服の脱ぎ着をほぼひとりでできるようになる。脱いだ衣服も自分で畳み、最後までひとりでする姿が見られる。	◎丸をたくさん描き、何を描いたのか知らせている。 ✻給食を自分で食べているが、食べている途中に眠くなることがある。

第3週	第4週
・さまざまな食材に興味を示し、名前を言ったり知らないものは「これなに？」と聞く。 ・食材の名前を知り、喜んで食事をする。 ・寒いときはお湯を用意し、戸外から帰った後、手を温めるようにする。	・ひな祭りの製作したものを飾り、見て楽しめるようにする。 ・生活発表会でうたう歌をよくうたったり、リズム楽器を使ったりすることを楽しむ。 ・戸外遊びから帰った後、すぐにうがいや手洗いをていねいにする。

人前で歌ったり、劇遊びをすると明らかな表現になります。頭にイメージが浮かび、それを紙に描く描画も表現です。1歳後半からみごとに表現をします。

今月のねらい

生活習慣の形成とは、健康と安全を保つためにはどうすればよいか、生活のしかたを身につけることですが、身辺処理を大人に依存しているときは、心の面でも依存しています。自立が進むにつれ、1歳児なりに自信となり精神的な個が確立しそこに喜びを感じるのです。

文例

身の回りのことを意欲的にしようとし、自分でできた喜びを感じる。

健康・食育・安全

乳児や1歳児は、手にしたものを何でも口にします。感触で確かめ、認識していく大事な段階の行為なのですが、ウイルスなどが付着している危険性があります。玩具などは、毎日消毒したり清潔に保管し、感染症の二次感染を予防することが大切になります。

文例

子どもの手や口に触れるものは、毎日消毒するなど取り扱いに気をつけ、感染症の二次感染を予防する。

これも！おさえておきたい

2月の計画のポイントと文例

本指導計画の月案では、A～O児に合った今月のねらいなどを掲載しています。より参考にしていただけるように、ここでは、この月によくある、ほかにも押さえておきたいポイントを紹介しています。

保育者間の連携

新年度を迎えると1歳児も2歳クラスへ進級します。過ごし慣れた保育室、なついている保育者とも別れ、新しい生活の場への移行は、不安を伴うこともあります。2月中旬ごろから時々2歳児クラスの保育室へ行き、新しい場に徐々に慣れるようにします。

文例

進級に向けて、2歳児との交流や保育室で過ごす内容について話し合ったり、課題を確認したりして、子どもたちが安心して移行できるようにする。

家庭・地域との連携

ひとり歩きが自由にできだすと、行動の主体者としての自分を実感させていくのでしょう。大人が構おうとすると「だめ」「じぶんで」を連発するようになり、母親は拒否されたとショックを受けます。子どもの成長の姿であることを伝え、喜び合いましょう。

文例

園での生活習慣の自立のようすを伝え、「ジブンデ」と主張し始める子どもの成長を共感し合うとともに、自我の芽生えの受け止め方などをアドバイスしていく。

2月 日の記録

保育を振り返るために、また仕事の証として、日々の記録は欠かせません。ここでは例として、同じ日の月齢の近い6人を抜き出して掲載しています。次の計画に生かしましょう。

CD-ROM 日の記録フォーマット

2月 9日（月）

時刻	B児 (2歳1か月)	E児 (2歳)	F児 (2歳2か月)	G児 (2歳2か月)	H児 (2歳3か月)	I児 (2歳1か月)
8	登園／小	登園 オ／オ	登園	登園／オ	登園／小	登園 大
9	間食(全)／オ	間食(全)／小	間食(全)／オ	間食(全)／オ	間食(全)／小	間食(全)／小(便器)
10	オ	オ	オ	小	オ	小(便器)
11	給(全)／オ	給(全)／小	給(野菜・ご飯1/3残す)	給(全)	給(全)	給(全)／小(便器)
12	12:20 く ↓	12:20 ↓	12:15 ↓	12:15 く ↓	12:20 ↓	12:10 ↓
13	↓	↓	↓	↓	↓	↓
14	14:45 小	14:45 小	14:45 小	14:45 オ	14:45 小	14:45 小(便器)
15	間食(全)／小	間食(全)／小	間食(全)／小	間食(全)／オ	間食(全)／オ 小(便器)	間食(全)／オ 小(便器)
16	延長保育へ	延長保育へ	降園	延長保育へ	降園	延長保育へ
17						
18						

主な保育の予定

本日のねらい
- 保育者や友達といっしょに遊ぶことを楽しむ。

登園時に留意すること
- 健康観察を行ない、身だしなみ、つめの点検をする。

環境づくり（歌・絵本・素材・コーナーなど）
歌：『ゆげのあさ』、『うれしいひなまつり』
発表会ごっこ：ホールにイスを持って行く。
＊避難訓練

降園時に留意すること
- 1日のようすを伝える。

保育の実際と評価・反省・課題

登園時の健康観察（異常　無・有…B、G児・かぜ薬の服用あり　　）

養護（生命の保持と情緒の安定）にかかわること
排せつや着替えの後など、服がズボンから出ていることが多いので、身だしなみを子どもたちも気にしていけるようにしていく。

環境づくりについて
発表会ごっこではイスを用意しておき座って見ることを楽しめた。座って見る場所が子どもたちにわかるようにスペースを用意しておく。

保育者の援助について（チームワークを含む）
舞台上で遊ぶことを喜んでいた。子どもたち（お客さん）がたくさんいて、固まる子どももいたが、いっしょに楽しめるようにしていきたい。

降園時の健康観察（異常　無・有…　　　　　　　　　）

小：排尿　大：大便　オ：オムツ交換　く：薬　給：給食　(全)：全食　茶：お茶　↓：睡眠

実践ポイント
衣服の脱ぎ着には、身だしなみの要素も入ってきます。鏡を見せて、「シャツがズボンから出ているよ」と指摘することが大切です。

※SIDS（シッズ）とは「乳幼児突然死症候群」と呼ばれる、睡眠中突然死する病気です。一定時間ごとに睡眠中の子どものようすを確認しましょう。ここでは10分ごとに複数の保育者でチェックしています。SIDSについて詳しくはP.172をご覧ください。

2月のふりかえりから3月の保育へ

今月のねらい (P.150参照)
- ひとりひとりの健康状態に留意しながら、寒い時期を元気に過ごせるようにする。
- 保育者や友達といっしょに見たてやつもり遊びを楽しむ。

ふりかえりポイント
- ★ ねらいの設定は？
- ◆ 環境構成・援助は？
- ○ 子どもの育ちは？
- 次月へのつながりは？

T先生(5年目)：私たちの保育はどうでしょう。場面を思い浮かべて振り返ってみましょう。

S先生(2年目)

例えば…

I児（2歳1か月）の場合

★戸外で元気に遊べるように、追いかけっこをしました。◆子ども同士で衝突しないように少人数グループで目が届くようにしました。でもなぜかあまり続かなくて……。

- 繰り返し楽しめるようにするには、どうしたらいいかしら。Iちゃんは、何が楽しいと思っているかしら？
- え〜っと…、たこ揚げをしたときは、自分で揚げるよりも揚がっているたこを追いかけていました。○動く物を追いかけることが楽しいのでしょうか。
- 動くものね。風に乗ったたこは、不規則な動きをするわよね。それを追いかけるのはとても楽しい遊びよね。
- 追いかけたくなるものを用意するとしたら…、あ、風で転がる手作り玩具などどうでしょう。凸凹のあるボールも動きがおもしろいですよね。いろいろ試してみます！

紙コップ

J児（2歳6か月）の場合

絵本の中のせりふを気に入って、何度も言っているJちゃんは、★せりふを言うことを楽しめるように ◆絵本に出てくる物を作って置いておいたの。

- せりふを言いながら、絵本の中と同じ動きができるようにしたんですね！
- そうね。○見つけたら笑顔で、せりふをまねして言っていたわ。○友達と、声と動きを合わせている姿も見られて、同じイメージを共有できていたのね！
- はい！子ども同士でやりとりを楽しむ場面が増えてきましたね！

2月のふりかえりから3月の保育へ

伝えたい!! 園長先生のおはなし

キーワード　イメージを共有して遊ぶ

2月ごろになると、1歳のほとんどの子どもが2歳代を迎えています。2歳になると二語が話せるようになり、イメージが豊かになりますね。同じ絵本をみんなで繰り返し楽しんでいると、絵本の中の「うんとこしょ、どっこいしょ」の言葉を、動きまで添えていっしょに発するでしょう。イメージを共有できますので表現遊びに取り入れましょうね。

クラス全体では

次月の指導計画に生かせます！

- 寒くても遊びたいと思えるような環境について考えることができました！季節の変わり目なので、子どもたちの健康管理もていねいにしていきたいです。
- そうね。また今月は生活発表会があって、子ども同士のかかわりが増えたわね。どんなやりとりが楽しいのかしら？考えてみましょうね。

今月の評価・反省・課題 (P.151参照)

寒い日でも戸外に出て遊ぶことができていた。かけっこをしたり、ボールを追いかけたり、体を使って遊ぶことができた。また、生活発表会に向けて、楽しみながら活動することができた。

3月

ねらいより
気候や体調に気をつけ、ゆったりと快適に！

月案 (A～C児) ・・・・・ P.160

 好き嫌いがある
A児 (2歳)

 保育者に思いを伝える
B児 (2歳2か月)

 ごっこ遊びを楽しむ
C児 (2歳5か月)

個人案 (D～I児) ・・・・・ P.162

 自分で脱ぎはきしようとする
D児 (2歳1か月)

 自分で食べようとしている
E児 (2歳1か月)

 ズボンをはこうとする
F児 (2歳3か月)

 のびのびと描いている
G児 (2歳3か月)

 自分でしようとする
H児 (2歳4か月)

 便器での排尿に慣れてきた
I児 (2歳2か月)

個人案 (J～O児) ・・・・・ P.164

 自分で畳もうとしている
J児 (2歳7か月)

 言葉のやりとりを楽しむ
K児 (2歳7か月)

 三輪車が好きな
L児 (2歳9か月)

 パスを使って楽しんでいる
M児 (2歳9か月)

 前後ろの区別もついてきた
N児 (2歳10か月)

 保育者や友達に話しかける
O児 (2歳6か月)

これも！おさえておきたい

3月の計画のポイントと文例 ・・・・ P.166

日の記録 ・・・・・ P.167

3月のふりかえりから次年度へ ・・・・ P.168

今月のねらい（クラス全体としてのねらいです）

- 気候やひとりひとりの体調に気をつけ、ゆったりと快適に過ごせるようにする。
- 友達や異年齢児といっしょに、簡単な言葉のやりとりをして遊ぶことを楽しむ。

 マークのマーカーが引いてある部分は、ページ下部の解説とリンクしているのでご覧ください。

* 「今月のねらい」「健康・食育・安全」「保育者間の連携」「家庭・地域との連携」については、P.166の内容も、立案の参考にしてください。

	前月の子どもの姿	ねらい★・内容☆
好き嫌いがある A児（2歳）	○好き嫌いはあるが、スプーンやフォークを使い、食事をしている。 ○自分で衣服を脱ぐようになってきているが、着るときは保育者に「デキナイ」と言って保育者のそばに来ている。	★苦手なものも少しずつ食べようとする。 ★自分で衣服の脱ぎ着をしようとする。 ☆いろいろな食べ物に興味を持つ。 ☆手伝ってもらいながら着替えをする。
保育者に思いを伝える B児（2歳2か月）	○保育者に誘われて、タイミングが合うときには便器で排せつしている。 ○指さしや喃語で自分の思いや要求を伝えようとしている。	★便器で排せつすることに慣れる。 ★保育者とのかかわりの中で言葉を聞き、話そうとする。 ☆自分からトイレに行き、排せつする。 ☆言葉で自分の思いを伝えようとする。
ごっこ遊びを楽しむ C児（2歳5か月）	○生活やごっこ遊びの中で、言葉のやりとりを保育者や友達といっしょに楽しんでいる。	★保育者や友達とのかかわりを楽しむ。 ☆保育者や友達とごっこ遊びをする。 ☆保育者と言葉のやりとりをして遊ぶ。

3月 月案 週案的要素

クラスの行事・生活・遊びの計画

第1週
- 月：お掃除ごっこ、空き箱遊び
- 火：砂場、なぐり描き
- 水：ボール、なぐり描き
- 木：戸外、ままごと
- 金：フープ、洗濯バサミ
- 玩具：積み木、楽器、洗濯バサミ
- 歌：『うれしいひなまつり』
- 絵本：『ゆっくりむし』

第2週
- 月：身体計測、しっぽ取り
- 火：砂場、ままごと、なぐり描き
- 水：誕生会、三輪車
- 木：三輪車、ブロック
- 金：砂場、ひも通し
- 玩具：ままごと、ブロック
- 歌：『手をたたきましょう』
- 絵本：『三びきのくま』

 書き方のヒント いい表現から学ぼう！

ひとりひとりの子どもの発達や成長について担任間で話し合い、まとめたものを次年度の担任に引き継いでいく。

 理由

発達や成長を確認し引き継ぐ

ひとりひとりの子どもの1年間の成長は、記録に残されていますが、生活習慣の自立などは、個人差が大きいものです。次年度への評価と課題を確認し合って、次年度の担任予定の保育者に伝えます。

＊💡マークのマーカーが引いてある部分は、左ページ下部の解説とリンクしているのでご覧ください。
＊「今月のねらい」「健康・食育・安全」「保育者間の連携」「家庭・地域との連携」については、P.166の内容も、立案の参考にしてください。

健康・食育・安全	保育者間の連携	家庭・地域との連携
●季節の変わりめで肌寒い日もあるので体調に合わせて衣服の調整をしたり、室温や湿度に気を配ったりする。 ●戸外や室内の遊具や玩具などの整備、安全点検をていねいに行なう。	●ひとりひとりの子どもの発達や成長について担任間で話し合い、まとめたものを次年度の担任に引き継いでいく。 ●進級を楽しみに待てるように2歳児クラスへ遊びに行ったり、トイレを使ったりする。	●気温に合わせて調整しやすい衣服を用意してもらう。 ●進級に向けて用意するものなどを知らせ、安心して次のクラスに移行できるようにしていく。

環境づくり◆と保育者の援助◇	子どもの発達◎と評価・反省・課題✳
◇ゆったりとした雰囲気の中で食べることを楽しめるようにし、ひと口でも食べたときには「おにいちゃんになったね！」など褒める。 ◇そでを通す、首の部分に頭を入れるなど、難しいところは介助しながら自分でできるところを増やしていく。	◎紙パンツやズボンを自分ではいている。上の服も手を掛け、脱ぎ着しようとしている。便が出ているときには、トイレットペーパーを手に取り、保育者に渡している。
◇安心して排せつできるように保育者は見守り、タイミングよく出たときには褒めるようにする。 ◇子どもの思いを十分に受け止めるようにし、言葉に表してかかわる。	◎単語を話し、自分の思いや要求を伝えている。 ◎便器で排せつすることが増えている。 ◎気に入らないことがあると、大きな声を出すことがある。
◆保育者が仲立ちとなって、C児とほかの子どもとの間で言葉のやりとりができるようにする。 ◇子どもの見たてやつもりに共感し、名前を呼んだり言葉のやりとりをできるようにしたりする。	◎友達の名前を言ったり「どうぞ」「ありがとう」など簡単な言葉のやりとりをしたりして、ごっこ遊びをしている。

3月 月案

第3週		第4週	
月 避難訓練、お別れ会、ボール 火 砂場、お掃除ごっこ 水 フープ、紙遊び 木 サーキット遊び 金 終了式、三輪車、積み木	玩具・紙遊び、積み木 歌・『思い出のアルバム』 絵本・『三びきのくま』	月 弁当日、かけっこ、ままごと 火 砂場、ブロック 水 しっぽ取り、空き箱遊び 木 三輪車、積み木 金 一本橋、洗濯バサミ	玩具・ままごと、ブロック、空き箱 歌・『ぶんぶんぶん』 絵本・『おおきくなるっていうことは』

評価・反省・課題 (P.168でくわしく説明！)	寒い日にはトレーナーを着たり、少し暖かい日にはそのまま戸外に出るなど、気温に合わせて衣服を調整した。また、2歳児以上が使用する玄関から戸外に出るなど、次年度を意識し、進級を楽しみに待てるようにした。感染症にかかる子どもがいたので掃除や消毒をして予防していくようにする。

3月 個人案

	自分で脱ぎはきしようとする D児（2歳1か月）	**自分で食べようとしている** E児（2歳1か月）	**ズボンをはこうとする** F児（2歳3か月）
前月の子どもの姿 ○	○ズボンや紙パンツに手を掛け、自分で脱いだりはいたりしようとしている。	○スプーンを使って自分で食べようとしているが、まだこぼすことも多い。 ○簡単な言葉を話し、保育者や友達とかかわっている。	○紙パンツやズボンをはこうとしている。
ねらい ★・内容 ☆	★介助してもらいながら、衣服の脱ぎ着を自分でしようとする。 ☆自分でズボンの脱ぎはきをする。	★こぼしながらも自分で食事をする。 ★かかわりの中でいろいろな言葉を話そうとする。 ☆スプーンやフォークを使って食べる。 ☆保育者や友達と言葉のやりとりをする。	★衣服の脱ぎ着を自分ひとりでしようとする。 ☆ズボンやパンツの脱ぎはきをする。
環境づくりと保育者の援助 ◆◇	◆「足を片方ずつ入れようね」など具体的にことばがけをしながら自分でズボンをはけるようにし、ズボンを上げにくそうにしているときはさりげなく手を添えるようにする。	◆食事中は子どもの方に皿を引き寄せ、自分で食べられるようにする。 ◇「モグモグね」など言葉をかけながら自分で食べる意欲を十分に認める。	◆ひとりで脱ぎはきできるように、十分に時間をとる。 ◇ズボンをはいているときはそばについて見守り、はけたときはいっしょに喜ぶようにする。
子どもの発達◎と評価・反省・課題✻	◎少しずつ自分でズボンや紙パンツを脱いだり、はいたりしている。靴下を自分で履く姿が見られる。	◎排せつ時に便が出ていれば、自分でトイレットペーパーを持ち保育者に手渡している。 ◎保育者や友達に話しかけながらかかわっている。	◎紙パンツやズボンに手を掛け、脱いだりはいたりしている。上の服にも手を掛け脱ごうとしている。自分でしたいときには「じぶんでする」と伝えてくる。

	第1週	第2週
クラスの生活と遊び（環境配慮）	・毎日、掃除機をかけて1日のほこりを取り、保育室をきれいに保てるようにする。 ・戸外へ出るときは、2歳以上児が出入りする玄関を使用するなど、進級に向けて慣れていけるようにする。 ・ひな祭りなどの伝統行事を楽しむ。	・友達と言葉のやりとりができるように、友達とのかかわりを仲立ちしていく。 ・衣服の脱ぎ着に興味を持ち、自分でできることは自分でしようとする。 ・2歳児クラスを訪ね、保育室で遊んだり、トイレを使ったりする。

育ちメモ　1歳児は成長したといっても、まだまだ新しい生活環境が変わると、緊張したり、萎縮して情緒不安になる子どもがいます。2月、3月のころから、進級する2歳児クラスへ行き、保育室や玩具に慣

3月 個人案

のびのびと描いている G児（2歳3か月）	自分でしようとする H児（2歳4か月）	便器での排尿に慣れてきた I児（2歳2か月）
○いろいろな色を使い「○○かいた」と後づけで絵を指さしながら話している。	○いろいろなことに興味を持ち、なんでも自分でしてみようとしている。	○紙パンツがぬれておらず、便器で排尿することが増えている。
★簡単な衣服の脱ぎ着を自分でしようとする。 ★色に関心を持ち、のびのびと描くことを楽しむ。 ☆ズボンや上着の脱ぎ着を自分でする。 ☆パスやマーカーでのびのびと描く。	★自分でできたことを喜び、達成感を味わう。 ☆ボタンの付け外しを自分でする。 ☆なんでも自分で食べようとする。	★便器での排尿に慣れていく。 ★身の回りのことを自分でしようとする。 ☆保育者に見守られながら便器で排尿する。 ☆自分で靴を履く。
◆筆圧が弱くても、十分に描いた満足感を味わえるように、パスのほかにマーカーも用意しておく。 ◇描いた後に指さしで伝えてきたときは十分に受け止め、満足するまで描けるようにする。	◇自分でしようとする気持ちに共感するが、スプーンから食べ物をこぼしたり、ボタンをはめるときに手間取っていたりするときは、さりげなく介助し、自分でできた達成感を大切にする。	◇自分で便器に座って排尿しているときは見守り、できたときには褒め、次への意欲につながるようにする。 ◇「よく見てかかとを引っ張ろうね」など、自分で履けるようにことばがけをしていく。
◎保育者に手伝ってもらうことをいやがり、自分でしようとするがうまくいかず泣くことがある。さりげなく介助する。 ◎赤・青・黄色など色を言ったりして絵を描いている。	◎衣服の脱ぎ着、靴の脱ぎ履きを自分でしている。ボタンも自分ではめることができる。脱いだ衣服を畳んだり、保育者がしていることを「したい」と興味を持ち、しようとしている。	◎排せつ時に自分から便器に座ろうとし、排尿している。 ◎靴下や靴を自分で履こうとする姿が見られている。 ◎単語を使い、自分の思いを伝えようとしている。

第3週	第4週
・鼻水のかみ方を覚え、ティッシュペーパーを自分で使う。 ・新しい保育室、保育者に慣れるよう、少しずつかかわらせ、見守っていく。 ・異年齢児とのかかわりを楽しむ。	・こまめに保育室を掃除し、整理整とんしていき、次年度に引き渡せるようにしていく。 ・季節の花を飾るなど、暖かい春を感じられるような雰囲気づくりをする。 ・入園や進級を楽しめるように、環境を整える。

れるように心がけていきました。新しく担任する保育者にも、親しめるように少しずつかかわっていきました。そうした配慮を、保護者にも伝え、不安感を払拭してもらいましょう。

3月 個人案

	J児（2歳7か月） 自分で畳もうとしている	K児（2歳7か月） 言葉のやりとりを楽しむ	L児（2歳9か月） 三輪車が好きな
前月の子どもの姿 ○	○脱いだ衣服を畳んだり、始末を最後まで自分でしたりしている。	○絵本に興味を示し、保育者とのやりとりを楽しんでいる。	○三輪車に乗って遊ぶことを楽しんでいる。
ねらい ★・内容 ☆	★身の回りのことを自分でしようとする。 ☆脱いだ衣服を畳もうとする。	★繰り返しの言葉をまねて楽しむ。 ☆繰り返しの言葉をまね、保育者と言葉のやりとりをして遊ぶ。	★戸外で十分に体を動かすことを楽しむ。 ☆三輪車に乗ってこぎ、探索して遊ぶ。
環境づくりと保育者の援助 ◆◇	◆カゴやロッカーに付けた印を知らせ、畳んだ衣服をかたづけやすいようにする。 ◇自分のことを自分でしたいという気持ちを十分に受け止め、認めていく。	◆繰り返しの言葉が出てくる絵本を用意しておく。 ◇ともに繰り返しの言葉を楽しめるように、いっしょに言葉にしていく。	◆けがをしないように、園庭のようすをあらためて確認しておく。 ◇保育者が率先して体を動かし、好きな所へ行けるよう促す。
子どもの発達 ◎ と評価・反省・課題 ✻	◎身の回りのことは自分でしたがり、ひとりでしている。できない所は「できない」と知らせ、援助を求めている。できるところは見守り自信へつなげていく。	◎絵本を見て保育者に話しかけたり「○○よんで」と好きな絵本を持ってきたりリクエストをしたりする姿がある。	◎三輪車に乗って遊ぶことを楽しみ、自分の好きな所にこいで行って遊んでいる。繰り返し遊びを楽しめるようにかかわっていく。

週案的要素

	第1週	第2週
クラスの生活と遊び（環境配慮）	・毎日掃除機をかけて1日のほこりを取り、保育室をきれいに保てるようにする。 ・戸外へ出るとき、2歳以上児が出入りする玄関を使用するなど、進級に向けて慣れていけるようにする。 ・ひな祭りの伝統行事を楽しむ。	・仲よしの友達ができ、いっしょに遊ぶのを楽しむ。 ・脱いだ服を畳み、決められた場所へかたづけるようにする。 ・2歳児クラスを訪ね、保育室で玩具を使って遊んだり、トイレを使ったりする。

育ちメモ　ひとりひとりの子どもの生活習慣の自立過程を確認し、それぞれの子どもの課題を各担任が把握して、引き継いでいくようにします。それぞれの子どもには、できている習慣についてシールをはるなどし

CD-ROM ▶3月 ▶個人案_2

M児 (2歳9か月) パスを使って楽しんでいる	N児 (2歳10か月) 前後ろの区別もついてきた	O児 (2歳6か月) 保育者や友達に話しかける
○いろいろな色のパスで絵を描くことを楽しんでいる。	○衣服の前後ろや靴の左右など気にしながら着たり、はいたりしている。	○保育者の話す言葉をまねしたり、保育者や友達に話しかけたりしている。
★色に関心を持つ。 ☆パスでのびのびとなぐり描きをする。	★身の回りのことを自分でしようとする。 ☆ひとりで衣服の脱ぎ着をする。	★保育者に見守られながら、身の回りのことを自分でしようとする。 ★言葉を話すことを楽しむ。 ☆靴の脱ぎ履きを自分でする。 ☆保育者や友達とやりとりをして遊ぶ。
◆色も楽しめるように、いくつもの色のパスを用意し、自分で選べるようにしておく。 ◇大きく腕を動かして描いているようすを認め、意欲につながるようにする。	◆保育者も上着を持って着てみせ、着方がわかるようにする。 ◇ひとりで衣服の脱ぎ着をできるように、前後ろが反対になっているときはそれとなく伝えるようにする。	◆自分で靴の脱ぎ履きをできるように、靴の向きをそろえておく。 ◇「かかと、トントンしようね」など自分でできるように具体的にことばがけしていく。 ◇まねしやすいようにゆっくり言葉を発してかかわるようにし、友達に話しかける仲立ちをしていく。
◎いろいろな色を使い、「○○かいた」と描いたものを保育者に知らせている。色にも関心があり赤・青・黄など色を言う姿も出てきている。	◎前後、左右反対になることはあるが、ほとんどひとりで衣服の脱ぎ着ができるようになる。畳もうとする姿も出てきている。	◎脱いだ服を畳もうとしている。靴の脱ぎ履きを自分でしようとしている。保育者の話す言葉をまねしたり、話しかけたりしてかかわっている。

第3週	第4週
● 新しい保育室、担任保育者に慣れ、かかわって遊ぶ。 ● 異年齢児とかかわって遊び、楽しく過ごす。 ● 物を使ったら、もとの場所にかたづけることを覚える。	● こまめに保育室を掃除し、整理整とんしていき、次年度に引き渡せるようにしていく。 ● 季節の花を飾るなど、暖かい春を感じられるような雰囲気づくりをする。 ● 入園・進級を楽しめるように、環境を整える。

て自信を持たせて、送り出しましょう。

今月のねらい

言葉の使用は人間の人間たる最大の特徴であり、誇りでもあります。1歳児が人間の誕生だといわれるゆえんです。言葉によるあいさつや、意志の疎通ができだすと、やりとりを喜び、つもり遊びやごっこ遊びを繰り広げられるようになります。言葉の発達をねらいとします。

文例
保育者や友達と、言葉のやりとりを喜び、さまざまな遊びを楽しむ。

健康・食育・安全

3月は、春の気配はするものの、暖かい日があったり、油断をすると急に寒さがぶり返す日があったりと、不安定な気候が特徴です。その日の気温、風の強さなどに注意し、室温や湿度を調節したり、換気に留意します。衣服の調節は保育者の感覚でこまめに行ないます。

文例
寒暖の差が大きいので、室温、湿度、換気に留意し、衣服の調節をこまめに行なう。

これも！おさえておきたい
3月の計画のポイントと文例

本指導計画の月案では、A～O児に合った今月のねらいなどを掲載しています。より参考にしていただけるように、ここでは、この月によくある、ほかにも押さえておきたいポイントを紹介しています。

保育者間の連携

1歳児の1年間の成長発達は、めまぐるしいものであり、あらためて感動しますが、記録を基に話し合うとともに、次年度への課題を確認し、次年度の担当保育者へ引き継ぎをします。また、保護者に渡す作品集や記念写真などに問題点はないか全員で確かめます。

文例
ひとりひとりの1年間の成長を話し合い、情報や記録を次年度の担任に引き継ぐ。

家庭・地域との連携

保護者の中には、来年度移行する新しいクラスへの、子どもの適応に不安を持っている方がおられます。2月からすでに2歳児クラスを訪問して、保育室で遊んだり、2歳児と交流したりと、徐々に移行の準備をしてきたことを伝え、不安を期待に変えてもらいます。

文例
2歳児クラスとの交流のようすや、進級への準備をしてきたことを伝え、進級への保護者の不安を払拭し、意欲や期待を持ってもらう。

3月 日の記録

保育を振り返るために、また仕事の証として、日々の記録は欠かせません。ここでは例として、同じ日の月齢の近い6人を抜き出して掲載しています。次の計画に生かしましょう。

CD-ROM 日の記録フォーマット

3月26日（木）

時刻	C児(2歳5か月)	J児(2歳7か月)	K児(2歳7か月)	L児(2歳9か月)	M児(2歳9か月)	N児(2歳10か月)
8	登園 小(便器)	登園 オ	登園 小	登園 小	登園 小(便器)	登園 オ 小(便器)
9	間食(全) 戸外	間食(全) 戸外	間食(全) 戸外	間食(全) 戸外	間食(全) 戸外	間食(全) 戸外
10	小(便器) コーナー 小(便器)	小 コーナー 小	小 コーナー オ	オ コーナー 小(便器)	小 コーナー 小(便器)	小 コーナー 小(便器)
11	給(全) 小(便器)	給(残) オ	給(全) 小	給(残) オ	給(全) 小(便器)	給(残) オ
12	12:30 ↓	12:40 ↓	12:15 ↓	12:30 ↓	12:30 ↓	12:20 ↓
13	↓	↓	↓	↓	↓	↓
14	14:40 小(便器)	14:40 小	14:40 小(便器)	14:40 オ	14:38 小(便器)	14:40 小(便器)
15	間食(全) 小(便器)	間食(全) オ	間食(全) 小(便器)	間食(全) オ	間食(全) 小(便器)	間食(全) 小(便器)
16	降園	延長保育へ	延長保育へ	延長保育へ	延長保育へ	降園
17						
18						

主な保育の予定

本日のねらい
- 脱いだ衣服を畳もうとする。
- 体を動かして遊ぶことを楽しむ。

登園時に留意すること
- 健康観察を行ない、身だしなみを点検する。

環境づくり（歌・絵本・素材・コーナーなど）
歌：『チューリップ』
戸外：三輪車
コーナー：積み木、パズル

降園時に留意すること
- 1日のようすを伝える。

保育の実際と評価・反省・課題

登園時の健康観察（異常 (無)・有…　　　　　）

養護（生命の保持と情緒の安定）にかかわること
暖かくなってきているので衣服を薄手のものにしてもらうなど、保護者に知らせ衣服の調節を促していく。

環境づくりについて
2つのコーナーに区切り、落ち着いて遊べるようにする。トラブルになりやすい子どもは把握し、座り方なども考えるようにする。

保育者の援助について（チームワークを含む）
身の回りのことを「じぶんでできる」と言ってひとりでしたり、友達を手伝ったりする姿も見られる。できたときはいっしょに喜ぶ。

降園時の健康観察（異常 (無)・有…　　　　　）

小：排尿　大：大便　オ：オムツ交換　く：薬　給：給食　(全)：全食　茶：お茶　↓：睡眠

実践ポイント
子どもの遊びも遊び込む子どもが出てきます。スペースを区切り、落ち着いて遊べると持続して集中できるので、よい配慮だと思います。

※ SIDS（シッズ）とは「乳幼児突然死症候群」と呼ばれる、睡眠中突然死する病気です。一定時間ごとに睡眠中の子どものようすを確認しましょう。ここでは10分ごとに複数の保育者でチェックしています。SIDSについて詳しくはP.172をご覧ください。

3月のふりかえり から次年度へ

今月のねらい (P.160参照)
- 気候やひとりひとりの体調に気をつけ、ゆったりと快適に過ごせるようにする。
- 友達や異年齢児といっしょに、簡単な言葉のやりとりをして遊ぶことを楽しむ。

ふりかえりポイント
- ★ ねらいの設定は？
- ◆ 環境構成・援助は？
- ○ 子どもの育ちは？
- 次月へのつながりは？

私たちの保育はどうでしょう。 — T先生(5年目)
場面を思い浮かべて振り返ってみましょう。 — S先生(2年目)

例えば…

2歳児クラスとの出会い

★2歳児の保育室に慣れ、進級の期待が持てるように、◆2歳児クラスで過ごす時間を設けたわね。

- はい！ 今、子どもたちが楽しんでいるままごとセットを多めに持っていて、保育者が仲立ちしながら、2歳児クラスの子どもたちもいっしょに遊べました。
- 少人数ずつ訪問したから、ゆったりと過ごすことができたのね。
- そうですね！ 新しい玩具で遊んだり、今まで通らなかった玄関から戸外に出たりすることを、喜んでいました。
- 新しい環境での生活に少しでも早く慣れられるように、保育間の伝達事項をていねいに整理しておきましょうね。

☞ 発達のようすや体調・体質・生活習慣の自立過程など。

G児（2歳3か月）の場合

Gちゃんは、なぐり描きをしたときなど、「○○かいた〜」と言って、描いた物を伝えてくれるんです。★自分の思いを伝えるうれしさを味わえるように、◆Gちゃんが描いたお母さんの作品を飾るようにしました。

- お迎えのときなどに、保護者にも作品を見てもらえるようにしたのね。
- はい！ ◆Gちゃんの見える高さに飾っておいたので、いっしょに楽しめました。
- Gちゃんがした意味づけを、ていねいに受け止めているわね。保護者との個別懇談会で、成長を喜び合ったり、課題を確認したり不安を取り除けてよかったわね。

園長先生のおはなし　伝えたい!!

キーワード　次年度への引き継ぎ

慈しみ育んできた1歳児クラスの子どもも、いよいよ進級の時期を迎えるころになりました。1年の成長記録、作品の整理、保育者間の引き継ぎとともに、進級に不安を持っている保護者との懇談会も大切です。個別の子どもの成長発達を確認して喜び合ったり、作品の記録を見て感動を共感したりしつつ、次年度への課題を引き継いでいきましょうね。

クラス全体では

- 感染症の予防や拡大防止に努めたり、気温に合わせて衣服の調節をしたわね。進級を前に、ひとりひとりていねいにかかわることで、自信と次年度の期待が持てたんじゃないかしら。
- そうですね。進級に向けて保護者ともよく話し合い、不安なく移行できるようにします！

次年度の指導計画に生かせます！

今月の評価・反省・課題 (P.161参照)

寒い日にはトレーナーを着たり、少し暖かい日にはそのまま戸外に出るなど、気温に合わせて衣服を調整した。また、2歳児以上が使用する玄関から戸外に出るなど、次年度を意識し、進級を楽しみに待てるようにした。感染症にかかる子どもがいたので掃除や消毒をして予防していくようにする。

第3章

ここでは、指導計画以外のさまざまな資料や計画例を掲載しています。園全体では、共通理解を持って進めていけるようにしましょう。

計画サポート集

- 施設の安全管理 …………… P.170
- 健康支援 …………………… P.172
- 避難訓練 …………………… P.174
- 食育 ………………………… P.176
- 子育て支援 ………………… P.180

施設の安全管理

保育中の子どもたちの事故防止のために園内外の安全点検に努めると同時に、保育者間で共通理解を図る必要があります。下に示す一例を見ながら、あなたの園をイメージしてみましょう。

施設の安全管理チェックリスト　保育室

共通チェック
- ☑ 破損はないか
- ☐ 危険物は落ちていないか（口に入りそうなもの・とがっているもの）

出入り口
- ☐ 外れやすくなっていないか
- ☐ 開閉はスムーズにできるか
- ☐ 出入りにじゃまなもの・危険物は放置していないか

窓
- ☐ 窓・戸は外れやすくなっていないか
- ☐ 開閉はスムーズにできるか
- ☐ カーテンは安全につって使用しているか
- ☐ ガラスのひび・窓枠の破損はないか
- ☐ 身を乗り出すことのできるようなものを窓際に置いていないか

備品
- ☐ 戸棚、ロッカーなどは倒れやすくなっていないか

園によって保育室内の設備はさまざまです。一例としてご覧ください。

床
- ☐ 床板の破損はないか
- ☐ 床板は滑りやすくなっていないか
- ☐ 押しピン・針・ガラスなど危険物を放置していないか

沐浴室
- ☐ 湯騰器は正常か（ガスコック）
- ☐ 浴槽の破損はないか

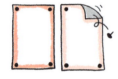

天井・壁
- ☐ 扇風機は安全か
- ☐ 電灯は安全か
- ☐ 掲示用部屋飾りの押しピンは落ちそうになっていないか
- ☐ 掲示物・時計は落ちそうになっていないか
- ☐ コンセントにはカバーが付いているか

手洗い場
- ☐ 水道のコックは安全で漏水はないか
- ☐ 水道の漏水はないか
- ☐ 排水の状態はよいか

トイレ
- ☐ 水洗の排水状態はよいか
- ☐ 便器、壁などのタイル、戸の破損はないか
- ☐ 床の破損はなく、水などで滑りやすくなっていないか
- ☐ 手洗い場の排水はよく、漏水はないか
- ☐ 水道のコックは正常であるか

サポート資料 ❶

CD-ROM
計画サポート集 ▶ 施設の安全管理チェックリスト

保育室外・園庭

共通チェック
- ☑ 不要なもの・危険なものは置いていないか
- ☐ 危険なものなど放置していないか
- ☐ ぬれて滑りやすくなっていないか、汚れていないか

園庭
- ☐ 遊具の破損はないか（ネジ・鎖 など）
- ☐ プランターの置き場所や畑は安全か
- ☐ 周辺の溝に危険物はないか
- ☐ 溝のふたは完全に閉まっているか、また、すぐに開けられるか
- ☐ 石・ゴミ・木くず・ガラス破損など、危険物はないか
- ☐ でこぼこや穴はないか

避難経路
- ☐ 危険物などがなく、正常に通行できるか
- ☐ 非常口の表示燈はついているか

駐車場
- ☐ 周りの柵や溝のふたが破損していないか
- ☐ マンホールのふたは完全に閉まっているか
- ☐ マンホールのふたは、すぐに開けられる状態になっているか
- ☐ 石・ゴミ・木くず・ガラス破損など、危険なものは落ちていないか

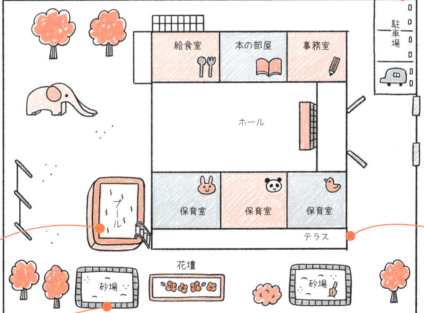

プール
- ☐ プールの周辺に不要な物、危険なものはないか
- ☐ 遮光用のネットがあるか
- ☐ プール監視役の体制が整っているか

テラス
- ☐ 不要なもの・危険なものは置いていないか
- ☐ ぬれて滑りやすくなっていないか、汚れていないか（雨の日は特に注意しましょう）
- ☐ 紫外線を遮るテントやグリーンカーテンがあるか

園によって園内の設備はさまざまです。一例としてご覧ください。

砂場
- ☐ 砂の状態はよく、砂の中に危険物・汚物(とがっているもの、ネコのふん など)はないか
- ☐ 遮光用のテントがあるか

廊下
- ☐ 消火器は指定場所に安全に設置されているか

ホール
- ☐ 不要なもの・危険なものはないか
- ☐ 巧技台や体育用具など、安全点検がなされ、安全に保管されているか
- ☐ 時計や掲示物は落ちないように固定されているか
- ☐ 床がぬれて滑りやすくなっていないか、汚れていないか

☑ チェックリストの使い方

このチェック項目は月に1回の定期的な点検に向け作成されたものです。付属のCD-ROM内のデータには、貴園の環境に合わせて書き換えていただけるような一欄になっています。貴園に合わせてアレンジする過程で、保育中のヒヤリ・ハッとする場や園独自の設備、災害時の安全も含めて話し合いましょう。また、日常の点検の参考資料としてもお役だてください。

171

健康支援

子どもの生命の保持とすこやかな生活の確立は、保育の基本となります。子どもひとりひとりの健康状態、発育・発達の状態に応じて、心身の健康増進を図り、疾病等の対応に努めましょう。

健康支援のポイント

❶ 常に健康観察を
常に、子どもひとりひとりの健康状態を把握しておきます。乳児は、体の不調を言葉で伝えられないことが多いのです。常に子どもの健康状態に気を配り、きめ細かな観察を心がけましょう。

❷ 早期発見で適切な処置を
乳児は、症状の進行が早いので、早期発見と適切な処置が求められます。嘱託医など、医療機関とも連携を取り、迅速に対応してもらえるようにしておきましょう。

❸ 保護者や保育者との情報共有を
子どもの健康状態や体質などについてできるだけ、保護者と情報共有しておきます。全職員が見られるように記録に残し、適切な処置を取れるように話し合っておきましょう。ふだんのようすを把握しておくことが、異状のときの正しい判断につながります。

健康観察チェックポイント

子どもの健康状態を把握するために、毎日の健康観察を欠かさず行ないましょう。

特に…

登園時

家庭でのようすを保護者から聞き、健康状態やきげんの良し悪しなどを観察します。体温や与薬のチェックも忘れずに。

午睡前後

SIDSの予防のためにも、健康状態を観察します。午睡中も10分間隔で観察します。

引き継ぎ降園時

別クラスの担当保育者や、保護者に、健康状態や保育中のようすを伝えます。虫刺されやけが、切り傷、擦り傷、打撲などは見落としがちです。

全体
- □ 朝のあいさつが明るく生き生きしているか
- □ 保育者の働きかけにのってくるか
- □ きげんは良いか
- □ 顔色はよいか

目
- □ 輝いているか
- □ 充血していないか

耳
- □ 耳垂が出ていないか

鼻
- □ 鼻汁が出ていないか

おなか
- □ 腹痛を訴えていないか

口
- □ おう吐やせきはないか

ほほ
- □ はれていないか

皮膚
- □ つやがあるか
- □ 清潔であるか
- □ 湿疹(ぶつぶつ)が出ていないか
- □ 乾燥していないか(かさかさ)

ひじ・股関節・足首
- □ 関節に異状はないか
  急に引っ張られると、関節脱きゅうが起こります。子ども自身が気づかないことが多いので要注意です。

0歳児は特に注意！

SIDS(乳幼児突然死症候群)

乳幼児が睡眠中に突然、呼吸が止まって死亡してしまう病気です。原因がまだはっきりとしていませんが、生後7か月ごろまでに発症しやすいようです。まれに1歳以上でも発症します。

●**毛布テストの実施を**
あおむけに寝かせ、顔の上にガーゼやタオル、毛布などをかぶせ、首を振って払いのけるまでの時間を記録します。この記録が、万が一突然死が起こってしまった場合の証拠資料にもなり得ます。

●**予防のために**
- うつぶせで寝かさない　うつぶせ寝はあおむけ寝に比べて発症率が高いというデータがあります。
- 健康状態の確認を大切に　家庭との連絡を十分に取り、記録に残します。
- 睡眠中は定期的に確認を　1歳児は10分に1回、子どものようすを確認しましょう。
- 睡眠時の環境の整備を　硬めの敷ふとん、軽めの掛けふとんに薄着で寝かせます。ベッドの周りにビニール袋などを置かないよう注意しましょう。

サポート資料 ❷

「保健計画」に準ずるものとして
健康支援年間計画表

CD-ROM 計画サポート集 ▶ 健康支援年間計画表

子どもたちの健康管理のために園で取り組む内容の年間計画表の一例です。家庭や嘱託医・専門医と協力して進める内容も記入します。全職員が確認できるようにしておきましょう。

	支援内容	検診・予防措置（嘱託医・専門医によるものも含む）	家庭連絡
4月	●新入児の健康診断　●子どもの身体的特徴の把握（発育状況、既往症、予防接種状況、体質、特に健康時における状況） ●生活習慣形成の状況を把握する ●室内整備、医薬品整備　●健康観察の徹底	●予防接種の計画と指導 ●安全保育の研修 ●流行病の予防（麻疹、水痘、耳下腺炎　など） ●健康診断（嘱託医）	●健康生活歴、生活習慣形成状況の実態調査、保険証番号調査 ●緊急時の連絡、かかりつけの医師の確認
5月	●目の衛生指導、清潔の習慣づけ、手洗いの励行 ●戸外遊びを十分に楽しませる　●外気浴の開始 ●新入所（園）の疲労に留意する		●清潔指導について
6月	●歯科検診 ●梅雨時の衛生管理（食品、特に既製食品）に留意する ●汗の始末に気を配る ●ふとん、玩具などの日光消毒、パジャマの洗濯励行 ●気温の変化による衣服の調節をする	●食中毒の防止 ●消化器系感染病の予防 ●眼疾の予防 ●あせもの予防 ●プール熱の予防 ●健康診断（嘱託医） ●歯科検診（専門医） ●眼疾検査（専門医）	●歯科検診結果の連絡 ●眼の検査報告 ●夏の生活用具についての連絡（汗取り着、プール用品、寝具など）
7月	●暑さに体が適応しにくいので休息を十分に取る。デイリープログラムを夏型に変え、生活のリズムを緩やかにする ●プール開き（水遊び時の健康状態の確認をていねいに行なう） ●皮膚、頭髪の清潔強化　●水分補給に注意　●冷房器具の整備、日よけの完備、室内を涼しげに模様替えする　●職員の健康診断		
8月	●冷房器具の扱いに留意する、寝冷えしないように留意する ●プール遊びを実施する（衛生管理に十分に気を配る） ●夏季の疲労に注意し休息を十分に取る　●健康観察の強化		●健康カード提出について、徹底を計る ●夏の衣服についての連絡
9月	●疲労の回復を図る、生活リズムを徐々に立て直してゆく ●体育遊びを推進する、疲れすぎにならないよう注意する	●けがの予防 ●破傷風の予防 ●しもやけの予防 ●健康診断（嘱託医）	●活動しやすい服装について
10月	●戸外遊びを推進し、体力増強を図る。疲れすぎに気を配る ●衣服の調節（薄着の励行）をする　●運動用具の点検・整備		●衣服の調整（薄着の励行）について
11月	●暖房開始　●体温の変動に注意する		●かぜの予防について
12月	●室内の換気、室温（15℃より下がらないようにする、温度の急激な変化は避ける）、湿度に留意する　●検温の徹底	●応急手当ての研修（職員、保護者） ●「冬の下痢・ノロウイルス・RSウイルス感染症」について　研修 ●健康診断（嘱託医）	●薄着の励行 ●「冬の下痢・ノロウイルス・RSウイルス感染症」について
1月	●寒さに負けないよう戸外遊びを推進する　●肌荒れの手当て		
2月	●生活習慣の自立について、実態を再確認し、指導する ●健康記録の整理	●予防接種の徹底指導 ●健康診断（嘱託医）	●生活習慣や健康状態について話し合う
3月	●健康状態の引き継ぎ		●個人記録表を渡す

※参考資料　待井和江・川原佐公『乳児保育』

予防接種（BCG、麻疹、風疹混合など）

●定期接種…決まった期間内に公費で受けられる
●任意接種…任意で自費によって受ける
予防接種は、子どもたちを感染症から守るための大切な方法です。それぞれの接種状況を把握し、計画的な接種を保護者に推奨するために、市町村が定める実施内容、推奨時期をこまめに確認しておきましょう。

常に伝えていきたいこと

●流行病発生時について
●基本的生活習慣の自立について
●新たな伝染症について
●SIDS（乳幼児突然死症候群）について
●栄養（食事）に関する指導
●発熱時の家庭連絡について

避難訓練

保育者は、子どもたちの安全・命を守る責任があります。非常災害に備えた、月に一度の避難訓練や日ごろの防災意識が、いざというときの冷静な判断・沈着な動作につながります。

避難訓練のポイント

❶ 不安や恐怖心を与えない

まず、保育者自身が落ち着いて指示を与えることが大切です。非常ベルを怖がるときは、園内放送や言葉で伝えます。避難車は常に活用して、子どもに慣れさせておくなど、子どもたちが混乱しない方法を考えます。

❷ 職員間の話し合いを大切に

想定しておくべき事態や避難方法など、職員間で意見を出し合い、共通認識を持てるようにしましょう。避難訓練後、今回はどうだったか、改善できるところはあるかなどを振り返り、万一に備えて準備します。

❸ 地域の諸機関と連携を

地域の医療機関や消防署、警察署、区役所などの統治機関、また、地域住民と協力し、緊急時に地域一体となって、子どもたちを守る体制を整えておきましょう。緊急避難時の経路も話し合っておくといいですね。

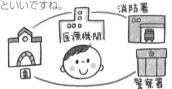

3歳未満児の防災って？

● 日ごろの意識と指導が大切です！

地震や火災など、命にかかわる災害は、いつ起こるかわかりません。日ごろから防災意識を持って、いざというときに備えましょう。

0歳児

緊急時を想定し、だっこ（おんぶ）ひもや、避難車を利用しやすいところに置いておき、すぐに逃げられるようにしておきましょう。避難経路の確認も大切です。

1・2歳児

だっこ（おんぶ）をする、避難車に乗る、防災ずきんを着けて逃げるなど、ひとりひとりの子どもの避難のし方の判断をしておきます。また、ふだんから戸外に出るときは靴を履く、保育者の話をしっかりと聞くなどの習慣をつけておきましょう。リング付き誘導ひもを作り、避難訓練で使用し、慣れておくという方法もあります。

● 家庭と共通認識を！

緊急時の園の対応、避難先（経路を含む）連絡方法、迎えの所要時間、兄弟間の順序など、確認できるようにし、共通認識を図ります。連絡先が変わったら、必ず報告してもらうよう呼びかけましょう。

● 非常時、持ち出し袋の準備を！

緊急時に備えて準備しておきましょう。

保育室用

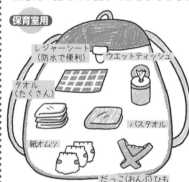

その他
- トイレットペーパー
- 着替え
- ビニール袋
- ゴミ袋
- ホイッスル
- おかし
- ペットボトル
- 哺乳瓶　など

事務室用

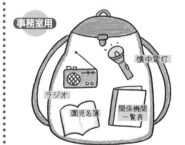

その他
- クラフトテープ
- 救急用品
- 軍手
- ヘルメット
- 携帯電話
- フェルトペン　など

定期的に見直しを

粉ミルクや食料品など、交換が必要なものは、定期的にチェックします。残量の確認もしておきましょう。

持ち出しやすい場所に

玄関やベランダなど避難時に持ち出しやすい場所に、箱などを用意して置いておきましょう。防災ずきんも同じ場所に置いておくとよいです。

※参考資料『保育施設のための防災ハンドブック』（経済産業省）

サポート資料 ❸

避難訓練年間計画表

定期的な避難訓練の年間計画の一例です。貴園の想定しうる災害に備えて作成してください。

予定		内容		ねらい	
月日	時刻	設定	火元	子ども	保育者
4/23(火)	10:30	火災	給食室	● 避難訓練について知る	● 火災の通知後は保育者の指示をよく聞き速やかに避難場所に避難する。 ● 消火班は消火器設置場所を点検し初期消火の訓練を行う。
5/21(水)	10:00	火災	給食室	● ベルの音に慣れる	● 非常ベルを鳴らすことを予告しておく。避難後も保育者の指示をよく聞くよう知らせる。 ● 消火班は消火器設置場所を点検し初期消火の訓練を行う。
6/18(水)	10:30	火災	給食室	● ベルの音に慣れる	● ベルの音に慣れ、保育者の指示を聞いて行動するよう言葉をかける。 ● 消火班は消火器設置場所を点検し初期消火の訓練を行う。
7/16(水)	10:30	地震 (引火なし)		● 避難訓練について知る	● 事前に地震時の避難方法を知らせておく。保育者の指示をよく聞き従うよう促す。 ● 消火班は消火器設置場所を点検し初期消火の訓練を行う。
8/27(水)	10:30	地震		● 地震時の避難方法について知る	● 地震の大きさにより避難方法が異なることを知らせ保育者の指示をよく聞くよう促す。 ● 消火班は消火器設置場所を点検し初期消火の訓練を行う。
9/17(水)	10:30	火災	調乳室	● 指示をよく聞いて行動する	● 出火場所により避難経路が変わることを保育者間で確認し合い子ども達にも知らせる。 ● 消火班は初期消火の訓練を的確に行う。
10/22(水)	15:30	火災	調乳室	● 指示をよく聞いて煙の避け方を知る	● 煙を吸わないよう姿勢を低くしながら避難する事を知らせる。 ● 消火班は消火器設置場所を点検し初期消火の訓練を行う。
11/12(水)	15:30	地震		● 指示をよく聞いて避難方法を守る	● 通報があると即座に机の下に隠れて落下物を避ける事を知らせる。 ● 消火班は消火器設置場所を点検し初期消火の訓練を行う。
12/17(水)	15:30	消火訓練		● 指示に従い、二次避難場所に避難する	● 消火班は消火器設置場所を点検し、消火の訓練を行う。
1/21(水)	15:30	地震		● 指示に従い落ち着いて避難する	● 避難ベルが鳴ったら次の指示をよく聞くよう促す。 ● 消火班は消火器設置場所を点検し初期消火の訓練を行う。
2/16(水)	15:30	火災	事務所	● 緊急時に落ち着いた態度で行動する	● 緊急事態が発生した場合、場所・活動内容に関わらず指示に従い、落ち着いて避難する。 ● 消火班は消火器設置場所を点検し初期消火の訓練を行う。
3/18(水)	15:30	火災	事務所	同上	同上

放送事項

非常ベルを鳴らした後、「地域の皆様にお知らせいたします。只今のベルは避難訓練の実施によるものです」と放送すること。
その後「園児の皆さんにお知らせいたします」と言ってから、以下のように火災または地震など目的に応じた放送をする。

- 火災 …「只今より避難訓練を行います。○○から出火しました。先生の指示に従って▲▲に避難してください」
- 地震 …「只今より避難訓練を行います。地震が発生しました。揺れがおさまるまで先生の指示に従ってください。揺れがおさまりました。速やかに▲▲に避難してください」

操作手順

非常起動
↓
火災
↓
放送する場所
↓
通常の一斉放送
↓
チャイム
↓
マイク
↓
復旧

実施上の留意点

① 非常ベルと指示を聞き分ける
② 子どもに不安や恐怖感を与えないよう落ち着き働きかける(点呼)
③ 緊急連絡表を持ち、風向きなどを考慮し避難経路を経て指定場所に誘導する
④ 火元を点検する
⑤ 災害原因に応じて扉を開閉する
⑥ 避難誘導後、人員点呼をして責任者に報告する

避難訓練の実施状況や参加人数、評価・反省も記録しておきましょう。

※資料提供　奈良・ふたば保育園

食育

食育は、園において大切な保育の内容として位置づけられます。子どもたちの豊かな食体験を保障し、実態に合わせてよりよく変えていくために計画をたてて取り組む必要があります。ここでは、1歳の食育に関する計画の例を2つ紹介します。テーマ毎の計画と年間の計画の2つの形態です。立案の参考にしてください。

1歳児の立案のポイント

❶ 摂食機能（咀嚼機能）の発達が進む

咀嚼とは、食べ物の塊を歯や歯茎ですりつぶし、唾液と混ぜていい軟らかさになったものを、まとめて飲み込めるようにする動作です。歯の生えぐあいと、舌の働きの個人差を見極めましょう。

❷ 好き嫌いが出始める

味覚が発達し食材の感触にも敏感になり、自我の発達とともに好みを主張するので、好き嫌いがでてきます。生理的に食欲が落ちる時期なので、楽しい雰囲気で無理強いせず、少しずつ進めましょう。

❸ 意欲的に食べる姿を大切に

指先の握力が強くなり、指先の器用さが見られ、食事のときは、スプーンやフォークを使って、自分で食べるようになる子どもが増えてきます。
運動機能には個人差があるので、個別の意欲を大切にします。

食育ってなに？

食育の目標と目ざす子どもの姿

園における食育の目標は、現在をもっともよく生き、かつ、生涯にわたって健康で質の高い生活を送る基本としての「食を営む力」の育成に向け、その基礎を培うことです。楽しく食べる子どもへの成長を期待しつつ、次の5つの子ども像の実現を目ざします。

①おなかがすくリズムの持てる子ども
②食べたいもの、好きなものが増える子ども
③いっしょに食べたい人がいる子ども
④食事作り、準備にかかわる子ども
⑤食べ物を話題にする子ども

以上の姿を目ざし、食事の時間を中心としつつも、入所している子どもの生活全体を通して進める必要があります。

3歳未満児の食育って…？

3歳未満児においては、その発達特性から見て、項目別に食育に関する活動を区分することがむずかしい面があることに配慮して、計画を作成することが重要です。また、ひとりひとりの生育歴や、発達及び活動の実態に合わせた配慮を行ないます。特に、全職員の協力、家庭との連携を密にして、24時間の生活を通して食の充実が保たれるように、取り組む必要があります。生活リズムや食べ方を身につけていく大切な時期です。「食べたい」という意欲を育て、食事を楽しむ気持ちを大切にしましょう。

食文化の出会いを通して
行事食や旬の食材から季節感を味わえるように、体験の機会を増やしましょう。気持ち良く食事をするマナーを

遊ぶことを通して
思い切り遊ぶことで、子どもは空腹になります。よく遊んでしっかりご飯を食べるようにしましょう

人とのかかわり
大好きな人といっしょに食べることで、愛情や信頼感をはぐくんでいきましょう

食べることを通して
食べ物をおいしく食べられるよう、興味・関心を引き出しましょう

料理づくりのかかわり
見て、嗅いで、音を聞いて、触って、味見して料理への関心が持てるようにしていきましょう

自然とのかかわり
身近な動植物との触れ合いを通して、自然の恵み、命の大切さを気づかせていきましょう

Ⓒ川原 佐公

サポート資料 ❹

テーマに沿った 1歳児の食育計画・参考例1

1歳に適した食育のテーマをもとに立案した食育計画です。全職員や家庭が共通した認識をもって取り組みましょう。

目標
①幼児の生活リズムを身につける。
②自分で意欲的に食べる。

	食事のマナーを身に付けよう	望ましい食事のとり方を知ろう	いろいろな食べ物に親しもう	楽しく食事をしよう
ねらい	●発達に合った基本的な食習慣を身につけながら、自分で食べようとする気持ちが芽生える	●食事の時間内に集中して食べることができ、自分で食べられるようになる	●いろいろな食品に慣れ、素材を生かしたうす味で食べる	●生活リズムが整い、1日3食とおやつをきちんと食べる
食育のテーマ	●決まった時間に食事をする ●手伝ってもらい手を洗う ●いただきます・ごちそうさまをする ●良い姿勢で座って食べる ●食具でも食べる ●食後は口の中をきれいにする	●遊び食べをしない ●ひとりひとりの適量を残さず食べる ●自分と他人のものの区別がつく ●よくかんで食べる	●いろいろな食品が食べられる ●うす味で食材の味が生かされた料理が食べられる ●食べ物の名前や味を知る ●旬の食材に触れる	●食事やおやつに関心を持って食べる ●食事を楽しみに待つ ●行事食を通して年間の行事や食文化にふれる
園での働きかけ	●手洗いの習慣をつける ●あいさつをして食べる ●食べる姿勢を整える ●食具の持ち方を知らせる ●食後に白湯やお茶を飲み、口の中をきれいにする ●食後のぶくぶくうがいをする(見せる)	●保育者が食べるようすを見せ、手本や見本を示す ●自分で食べられたら"ほめる" ●ひとりひとりの食べる適量を盛りつけ、食べきる喜びがわかるように配慮する ●よくかむまねをして見せる	●いろいろな食品を使用し、うす味で多様な味付けの給食にする ●苦手な食べ物は無理強いしない。ただし、1〜2口は勧めてみるようにする ●苦手な食べ物に良いイメージがつくように、楽しい雰囲気をつくる ●献立の食材の名前や味を伝える(声かけ) ●絵本や遊具を使って、食べ物に興味を持たせる ●収穫したものや、料理に使う食材にふれる	●落ち着いて食べられる雰囲気作りをする ●行事食を食べ、楽しむ
家庭での働きかけ	●朝食を準備する ●手洗いの習慣をつける ●いただきます・ごちそうさまを習慣にする ●食環境(イス・食卓)を整える ●食具の持ち方を知らせる ●親が歯を磨いているところを見せる ●軽いタッチのブラッシングを行なう	●空腹で食事ができるように、食前に食べ物を与えない ●食事時間は30分をめやすにし、遊び始めたら片付ける ●テレビは消す習慣をつける ●食べる場と遊ぶ場を区別する ●適切な量・内容のおやつを用意する ●よくかむまねをして見せる	●主食・主菜・副菜のそろった食事を準備する ●親の好みで食材を選ばず、バランスよくそろえる ●苦手なものも、食卓に並べる ●苦手なものを食べたらほめる ●料理に使用する食材を、見せたり触らせたりする	●無理強いせずゆとりを持って食事に付き合う ●大人がおいしそうに食べているようすを見せる ●家族で行事を楽しむ

※資料提供 奈良・ふたば保育園

食育

育ちに添った
1歳児の食育計画・参考例2

1年を4期に分けて立案した年間計画です。本書の指導計画の内容と関連するものではありませんが、1年間を見通す計画としてご参考ください。

	4月、5月	6月、7月、8月
食に関する発達過程	● 手、指の運動機能も発達し、スプーンなどを持ちたがる。 ● 乳歯も徐々に生え揃い咀嚼、飲み込む機能、消化、吸収が発達し、かんで食べるようになり、食べる意欲がでる。 ● 促されて食前、食後のあいさつをしようとする。	● 自分で食べたい気持ちが強くなり、こぼしながらもひとりで食べたがる。 ● スプーンを握り、口まで持ってくると、手首を返そうとするが、よくこぼす。 ● コップを両手で持って水やミルクを飲み、量が多いとこぼす。 ● いすに座った姿勢で食事ができるようになる。
ねらい	● いろいろな食材の感触に慣れる。 ● お腹がすき、食事が解り喜んで食べる。 ● 喉が渇いたら、片言で飲み物の催促をする。 ● よくかんで食べる。 ● 食前、食後のあいさつをする。	● いろいろな食材に関心を持ち、手づかみでもひとりで食べる。 ● スプーンを使って食べることに慣れる。 ● コップで水分をこぼさず飲む。 ● 適量を口に入れ、よくかんで食べる。 ● 食事が終わるまで、イスに座って集中して食べる。
内容	● よく遊び、よく眠り、お腹をすかせて、楽しく食事をする。 ● 友達といっしょに食事をすることを楽しむ。 ● 食事の前後や、手、口などが汚れたときは、ふいてもらい、きれいになった心地良さを感じる。 ● 促されて食前、食後のあいさつを片言や態度でする。	● 手づかみでも最後までひとりで食べる喜びを感じる。 ● スプーンに関心をもち、使い方を知って持って食べる。 ● お茶やミルクをコップで飲む。 ● よくかんで最後まで食べる。 ● 手や口が汚れたら、おしぼりで自分でふく。 ● いっしょに食事をする保育者や、友達に関心をもち、その場を楽しむ。
行事食	○こどもの日 いちごサンド	○夏祭り さわやかゼリー

環境づくりを保育者等の援助・配慮	● 明るく清潔な部屋で、1歳児に適した机やいすを整える。 ● 子どもの見やすい場所に、季節の野菜や果物の実物を置いておく。 ● 離乳食の完了の時期に個人差があるので、ひとりひとりの状況を確かめ、幼児食へ移行する。 ● 食物アレルギーの有無を事前に調べ、注意して個別に対応する。 ● 健康状態や摂取機能、体質の個人差を見極め、無理のないような食材や献立を選ぶようにする。 ● ひとりひとりの咀嚼の発達のようす、手、指の機能・食具の用い方をよく観察し、適した食具を用意し、個別に介助していく。 ● 味付けは、だしの旨みをきかせ、食材の味があじわえるように薄味をこころがける。 ● 季節の旬の食材を取り入れ、栄養のバランスや彩りを考えつつ献立や調理を工夫する。 ● 季節に応じて園外やテラスへ出て、気分転換をはかる食事場面を工夫したり、その日の活動量に応じて、子どもが選べる方式にしたりして、食欲を促していく。 ● 保育者の手伝いや、食後の片付けに興味を持つころには、子どもが無理なくできるような環境を用意し、保育者といっしょにしていく。 ● 菜園に関心を持てるように、いっしょに見たり水やりをしたりする。
家庭地域との連携	● 食物アレルギーの子どもの除去食や代替食については、主治医、保護者、調理師、園長、担当保育者などとよく話し合い、対応のしかたを確認しておく。定期的に相談するようにしていく。 ● 家庭での生活状況、食事の進め方を確かめ、朝食の欠食や、偏った食生活が見られる場合は、よく話し合ったり、情報を伝えたりし、正しい食生活に改善していくよう援助していく。 ● 毎月の給食便り、献立表を配布し、子どもの食べている食事内容に関心を持ってもらうと共に、家庭での食事の話題のきっかけにしてもらったりする。 ● 毎日の給食の実物を展示し、食材やカロリー、分量を知らせる。 ● 菜園に関心を持ってもらうように、収穫物を使った調理食材を試食してもらったり、収穫物を持ち帰ってもらったりする。

※参考資料 川原佐公『食育摂取基準2010・食育計画集』(株式会社サーヴ)

9月、10月、11月、12月	1月、2月、3月
● 乳臼歯でしっかりかむようになる。 ● フォークを持つようになる。 ● スプーンは順手持ちから逆手持ちになり、手首の返しも巧みになり、こぼすことが、少なくなる。 ● フォークではまだ、食べ物を突き刺し口に運ぶ。 ● 遊び食べが始まり、手でこねたり、食べ物を口に入れたり出したりして遊ぶ。	● ほとんど自分で食べるようになるが、食器の中の食べ残しがあり、介助して欲しい姿がある。 ● 食材の味の好みや、食べる量に個人差が出だし、苦手な物を意識的にこぼしたり、残したりするようになる。 ● フォークで食べ物をすくって食べるようになる。 ● 食べながらのおしゃべりが盛んになり、食事が進まなくなることがある。
● 食べ物をスプーンですくい、こぼさずに口に入れ、よくかんで食べる。 ● フォークは必要なときに安全に気をつけて使う。 ● いろいろな食べ物の実物を見る、触る、味わう経験をして、食べ物に関心を持ち、意欲的に食べる。 ● 食事中は、姿勢よくいすに座り、遊ぶことなく集中して食べる。 ● 苦手な食材でも、少しずつ食べる。	● 自分で最後まで食べ、食器の底の食材をスプーンで集めて食べる。出来ないときは保育者等に告げる。 ● 必要なときはフォークを使って食べる。 ● 季節の行事食を見たり、味わったりして、関心を持つ。 ● 箸に興味を持って、食べている人を見たり、箸を触ってみる。
● スプーンやフォークを使って、よくかんで食べる。 ● 季節の野菜や果物を見たり、触ったり、食べたりして、楽しむ。 ● 立ち歩いたり、遊び食べをしたりしないで、おいしく食べる。 ● 苦手な食材の現物や、調理の過程を見たりして、慣れる。	● できるだけ最後までひとりで食べる。 ● 食器に食べ物を残さないように食べ、できないところは、保育者等に介助してもらう。 ● 季節の行事食を食べ、楽しむ。 ● 調理をしてくれる人に関心を持つ。
○月見、クリスマス 月見団子 焼き芋 スポンジケーキ	○お別れ会、雛祭り ちらし寿司 雛あられ シフォンケーキ

園における食物アレルギー対応10原則（除去食の考え方等）

食物アレルギーは乳幼児に多く、疾患の状態は育ちにつれて変化します。アレルギー児や保護者が安心し、安全に保育を実施するために、それぞれが役割を認識し、組織的にこまめに対応することが重要です。

① 食物アレルギーのない子どもと変わらない安全・安心な、保育園での生活を送ることができる。
② アナフィラキシー症状が発生したとき、全職員が迅速、かつ適切に対応できる。
③ 職員、保護者、主治医・緊急対応医療機関が十分に連携する。
④ 食物除去の申請には医師の診断に基づいた生活管理指導表が必要である。（診断時＋年1回の更新）
⑤ 食物除去は完全除去を基本とする。
⑥ 鶏卵アレルギーでの卵殻カルシウム、牛乳アレルギーでの乳糖、小麦での醤油・酢・麦茶、大豆での大豆油・醤油・味噌、ゴマでのゴマ油、魚でのかつおだし・いりこだし、肉類でのエキスなどは除去の必要がないことが多いので、摂取不可能な場合のみ申請する。
⑦ 除去していた食物を解除する場合は親からの書面申請で可とする。
⑧ 家でとったことがない食物は基本的に保育園では与えない。
⑨ 共通献立メニューにするなど食物アレルギーに対するリスクを考えた取り組みを行なう。
⑩ 常に食物アレルギーに関する最新で、正しい知識を職員全員が共有し、記録を残す。

※参考資料『保育所におけるアレルギー対応ガイドライン』（厚生労働省）

子育て支援

子育て支援計画では、地域性や、園の専門性を十分に考慮して計画をたてましょう。ここでは、地域における子育て支援の年間計画例を紹介します。

子育て支援の6つの基本

★ **子育て親子の交流**
親子間や子育て家庭間の交流の場の提供や交流の促進に努めます。
● 子育て広場の開催・保育体験　など

★ **子育て不安等についての相談**
子育てなどに関する相談に応じたり、援助や指導を行なったりします。
● 電話相談・面談相談　など

地域における 子育て支援年間計画表

ねらい　子育ての負担感の緩和を図り、安心して子育て・子育ちができる環境を整備するため地域の子育て機能の充実を図る。
＊年齢や発達に合わせたいろいろな遊びの場を提供して、子育て家庭が育児のノウハウを知るきっかけをつくる。
＊園児や子育て支援事業に参加の子どもたちとの交流の中で異年齢児とのかかわりを深める機会を持つ。親同士の交流を深められるように仲介する。

		子育て親子の交流	子育て不安等についての相談	子育て関連情報の提供
支援の内容		●「親子で遊ぼ　わくわく広場」（フリー参加）園の専門性を活かし遊びを紹介する中で、子どもの発達などを知らせる。 ●「いっしょにあそぼ」（フリー参加）家ではなかなか体験できない運動会・水遊び・もちつきなどを親子で体験する。 ●「うきうき広場」（会員限定）コーナー遊びで園児との交流を図る。 ●「子育て広場」（会員限定）表現遊び・製作遊び・運動遊び・読み聞かせ・身体計測など。	● 電話相談 随時相談に応じる（子どもの発達・しつけ・遊び場・一時預かりなどについて）。 ● 面談相談 随時相談に応じる（相談に応じて対応する。子育てが楽しくできるように遊び場の紹介をする）。 ● 遊びの広場に相談コーナーを設ける。 ● 登録参加者にもそのつど相談に応じる。 ● 遊びを通してその遊びからの子どもの発達を知らせる。	● ブログ 遊びの広場紹介・絵本の紹介・健康について・リフレッシュ体操など。 ● 子育て通信（ハガキ短信） ● ポスター提示 ● チラシ配布 ● 新聞折込チラシ月2回 ● メール配信
保育者の援助・準備など	1期 4・5・6・7・8月	● 遊びを紹介する中で子どもたちの発達などに関心が持てるように知らせたり、家でも親子でふれあえるヒントが与えられるようにしたりする。 ● 初めての参加の方へは親同士の友達の輪ができるように仲介する。 ● 参加方法やマナー・約束事（遊具やはんこなどの使い方）などを知らせる。友達づくりができるように仲介し、遊びに誘う。	● 遊びの広場では遊びの紹介だけではなく、子育てについての悩みなどの相談も受ける。また、遊びの中で子どもの発達なども知らせる。アンケートなど（どんな疑問や希望を持っているか）。	● ブログで遊びの広場の実施紹介をして、より多くの地域の親子に参加してもらう。 ● 遊びの広場で紹介するなど、ブログを見てもらえるようアピールする。 ● 子育て支援事業のチラシなどを置かせてもらう（市民ホール・保健センター）。 ● 毎週1回メールにて、イベント案内のメールを配信する。
	2期 9・10・11・12月	● 親子の遊びを楽しめるように紹介する。 ● 親同士の交流が楽しくできるようにし、子育ての喜び・苦労などを共感し合えるようにする。 ● 園児との交流を深めていき、異年齢児とのふれあいを通し刺激を受け合うことができるように仲介する。 ● 年齢や発達に応じた遊びを紹介するいろいろな子育ての相談に応じられるようにする。友達と積極的に交流ができるように支援する。	● 遊びの広場では遊びの紹介だけではなく、子育てについての悩みなどの相談も受ける。	● ブログで遊びの広場の実施後、紹介をして関心を持ってもらえるようにする。参加し、友達の輪を広げ、子育てを共に楽しくできるようにする。 ● ブログに感想や意見のコメントをして参加してもらえるように促す。
	3期 1・2・3月	● 子育てが楽しいものになるように相談ができ、子どもの成長にも関心を持つようにする。 ● 地域の親子の方々が園に来られても気軽に遊びの中に入れるように人的・物的環境を整える。 ● 自分たちでの活動がしやすいように、部屋を貸したり遊びのヒントを出したり相談に乗ったりする。 ● 毎回遊具の点検をしてかたづけや使い方のマナーも知らせていく。	● 友達の交流を深めその中でもみんなで相談し合えるように促す。同じ悩みを持っているなどもわかり子育てに意欲を持ってもらう。 ● 楽しく子育てができるようにする。	● 友達を誘ったり約束をしたりしながら、遊びの広場に積極的に参加してもらえるようにする。

サポート資料 ❺

(指針・教育・保育要領に沿って項目を摘出しています。)

★ 子育て支援関連情報の提供
地域の子育て支援に関する情報を、実情に合わせて提供します。
● ポスター提示・チラシ配布・メール配信 など

★ 講演会等の実施
子育てや子育て支援に関する講演会などの催しを実施します。
● 子育て講演・保育者による実技講習 など

★ 子育て人材の育成・援助
子育て支援にかかわる地域の人材を積極的に育成、活用するように努めます。
● 保育サポーターの育成や協力依頼 など

★ 地域との交流・連携
市町村の支援を得て、地域の関係機関や団体、人材と、積極的に連携、協力を図ります。
● 老人会の方々への講師依頼 など

CD-ROM
計画サポート集 ▼ 子育て支援 ▼ 子育て支援年間計画表

評価・反省・課題
来園者はほとんど決まった方であったが、後半は少しずつHPやブログなどを見て子育て広場にも参加する方がいた。もっと広がってほしいと思う。そのためにチラシ配布や宣伝を積極的にしていきたい。その中で交流を仲介したり、話をする機会を設けたりして、ひとりで悩まず情報を少しでも共有できるようにしていきたい。また、「うきうき広場」での園児との交流も、もっと伝えていきたい。

	講習会等の実施	子育て人材の育成・援助	地域との交流・連携
	● 子育て講演（対象 保護者）食育・写真・健康・体操（自彊術）・絵画 ●「いっしょにあそぼ」（対象 保護者と子ども）伝承遊び・絵・親子リトミック・ベビーダンス など	● 保育サポーターサークル サポーター依頼の報告（月の予定・もちつき などの参加依頼） ● 子育て中の保護者 子育て中の保護者の交流を深める。親子遊びを伝えたり、子どもを預かり合い、リフレッシュできる機会をつくったりする。	● 市町村・栄養士 ● 専属カメラマン ● 保健師 ● 地域高齢者の方々 老人会 ● 地域読み聞かせボランティアの方
	● 子どもの食育について関心を持ってもらう。また、疑問などあれば聞けるように援助する。 ● 日ごろ家庭ではできないものを企画して、親子で楽しんでもらえるようにしていく。 ● 親には昔からの伝承行事や、園での行事などにも関心を持ってもらう。	● チラシ依頼 ● 遊びの広場などの計画をたてておき、日程を報告する。積極的に参加してもらえるようにしていく。 ● 部屋を空けておき、交流しやすいようにしておく。	● 講師依頼（講演会） 栄養士（食育について） ● カメラマン（子どもの写真撮影依頼） ● 保健師に年間依頼（子どもの発達について） ● 老人会に、伝承遊びを親子に教えてもらう依頼（お手玉・折り紙・こま回しなどを教えてもらう中で老人の方との交流を深める） ● 地域読み聞かせボランティアに、手遊びや絵本の読み聞かせ依頼
	● 食事について楽しめるようにする。 ● 積極的に自分でも進めて、感想なども聞いていく。 ● 日ごろ家庭ではできないものを企画して、親子で楽しんでもらえるようにしていく。 ● 親には昔からの伝承行事や、園での行事などにも関心をもってもらう。 ● 家でも楽しんでもらえるようにする。	● 活動報告を聞く。 ● 講演などのサポートを依頼してサポーターと地域の方をつなげていけるようにする。 ● 遊びの計画を立て親子で楽しめるように進めていく。	
	● 親がリフレッシュしてもらえるようにし、交流を深めてもらう。また、自分たちで活動していけるようにする。	● 活動を広げていけるようにする。 ● 必要に応じ、家庭に、保育サポーターを紹介する。 ● 子育てを支援し合えるように助言して、お互いにリフレッシュできるようにする。	

※資料提供 奈良・ふたば保育園

サポート資料

子育て支援

子育て家庭に向けて、園の機能を開放することは、地域の子育て拠点として、園で取り組むべき大切な支援内容です。ここでは、子育て広場開催日の1日の流れを紹介します。担当者でなくても、全職員が協働するために、作成し、チームワークを密にするために活用すると良いでしょう。

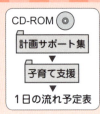

CD-ROM
計画サポート集
▼
子育て支援
▼
1日の流れ予定表

1日の流れを表した例

子育て広場の開催日

	主な活動	担当保育者の動き
8:25		● メール・ブログの確認 返信メールやコメントをする
8:30		● ミーティング 他クラスとの連携 ＊その日の予定確認 ＊予定人数報告など
		● 環境整備 ● 保育室の準備確認 （受付セット準備含む） ● メールの確認
9:45 10:00	登園 ● 受付 ● 保育者が親子遊びを設定する 『おはようのうた』をうたう 朝のあいさつをする 出欠調べ （返事をしたり自己紹介をし合ったりする） 手遊びやふれあい遊びを楽しむ 各広場の親子遊びをする （運動遊び・製作遊び・歌遊び・ふれあい遊び 　絵本読み聞かせ・誕生会・身体計測　など）	● 受付 ＊親子それぞれの名札を付けてもらう ＊子どもの健康状態を把握する為健康チェック用紙に記入してもらう ＊出席カードを各自に作りスタンプを押してもらう ＊初めての参加の方にブログなどの写真掲載許可をもらう （用紙にサインをしてもらう） ● 親子の方々に親子遊びを紹介する
10:55	かたづけ	
11:00	● あいさつ （以降フリータイムになり順次降園する人もいるためみんなで帰りのあいさつをしておく） （名札は指定のカゴに戻す） ● フリータイム（各コーナーでの遊び） ＊親子で好きな遊びをする 　ままごと 　輪投げ 　手作りサイコロ・お手玉 　絵本 　汽車と線路 　ブロックや積み木 　トンネル・お家　など ＊お母さんたちのおしゃべりタイム ● 順次降園する	ブログ掲載の写真撮影 ● 子育て中の親の話を聞く ● 次回の来園を勧める ● 親同士の交流の仲介をする ● ブログの作成をする ● 子育て相談の記録をする ● 今日の子育て広場の出席者の集計をする ● 次回の子育て広場の準備
16:00 16:35		● 保育室の掃除をする ● ミーティング ＊その日の連絡事項の報告 ＊明日の予定を報告

職員間のチームワークのポイント

全職員間のミーティングで、その日の予定や使用場所などを確認し合います。子育て支援担当の保育者からは、上記に加えて、参加予定人数や初参加者の有無などの参加状況を伝え、共通認識を図ります。

準備のポイント

親の名札には
＊○○町
＊名字（姓）を記入。
子どもの名札には
＊子どもの姓名の記入
＊年齢別に台紙の色を変える
＊子どもがわかりやすいようにシールをはる
などして工夫します。

環境のポイント

参加者が自由に遊んだり、交流したりできるようなリラックスした雰囲気づくりを心がけます。要望に応じて、子育てに関する相談の場を設けたり、状況に応じて各コーナーの遊びの見守りやブログの作成を行なったりします。

※資料提供　奈良・ふたば保育園

CD-ROMの使い方

ここからのページで、CD-ROM内のデータの使い方を学びましょう。

⚠ CD-ROMをお使いになる前に必ずお読みください

付属のCD-ROMは、「Microsoft Office Word 2010」で作成、保存したWordデータを収録しています。お手持ちのパソコンに「Microsoft Office Word 2010」以上がインストールされているかご確認ください。付属CD-ROMを開封された場合、以下の事項に合意いただいたものとします。

●動作環境について

本書付属のCD-ROMを使用するには、下記の環境が必要となります。CD-ROMに収録されているWordデータは、本書では、文字を入れるなど、加工するにあたり、Microsoft Office Word 2010を使って紹介しています。処理速度が遅いパソコンではデータを開きにくい場合があります。
○ハードウェア
　Microsoft Windows 10 以上
○ソフトウェア
　Microsoft Office Word 2010 以上
○ CD-ROMを再生するにはCD-ROMドライブが必要です。
※ Mac OSでご使用の場合はレイアウトが崩れる場合があります。

●ご注意

○本書掲載の操作方法や操作画面は、『Microsoft Windows 10 Professional』上で動く、『Microsoft Office Word 2010』を使った場合のものを中心に紹介しています。
　お使いの環境によって操作方法や操作画面が異なる場合がありますので、ご了承ください。
○データはWord 2010以降に最適化されています。お使いのパソコン環境やアプリケーションのバージョンによっては、レイアウトが崩れる可能性があります。
○お客様が本書付属CD-ROMのデータを使用したことにより生じた損害、障害、その他いかなる事態にも、弊社は一切責任を負いません。
○本書に記載されている内容に関するご質問は、弊社までご連絡ください。ただし、付属CD-ROMに収録されているデータについてのサポートは行なっておりません。
※ Microsoft Windows、Microsoft Office Wordは、米国マイクロソフト社の登録商標です。
※ その他記載されている、会社名、製品名は、各社の登録商標および商標です。
※ 本書では、TM、®、©、マークの表示を省略しています。

● CD-ROM収録のデータ使用の許諾と禁止事項

CD-ROM収録のデータは、ご購入された個人または法人・団体が、営利を目的としない掲示物、園だより、その他、家庭への通信として自由に使用することができます。ただし、以下のことを遵守してください。
○他の出版物、企業のPR広告、商品広告などへの使用や、インターネットのホームページ（個人的なものも含む）などに使用はできません。無断で使用することは、法律で禁じられています。なお、CD-ROM収録のデータを変形、または手を加えて上記内容に使用する場合も同様です。
○ CD-ROM収録のデータを複製し、第三者に譲渡・販売・頒布（インターネットを通じた提供も含む）・賃貸することはできません。
○本書に付属のCD-ROMは、図書館などの施設において、館外に貸し出すことはできません。
（弊社は、CD-ROM収録のデータすべての著作権を管理しています）

● CD-ROM取り扱い上の注意

○付属のディスクは「CD-ROM」です。一般オーディオプレーヤーでは絶対に再生しないでください。パソコンのCD-ROMドライブでのみお使いください。
○ CD-ROMの裏面に指紋をつけたり、傷をつけたりするとデータが読み取れなくなる場合があります。CD-ROMを扱う際には、細心の注意を払ってお使いください。
○ CD-ROMドライブにCD-ROMを入れる際には、無理な力を加えないでください。CD-ROMドライブのトレイに正しくセットし、トレイを軽く押してください。トレイにCD-ROMを正しく乗せなかったり、強い力で押し込んだりすると、CD-ROMドライブが壊れるおそれがあります。その場合も一切責任は負いませんので、ご注意ください。

CD-ROM 収録データ一覧

付属のCD-ROMには、以下のWordデータが収録されています。

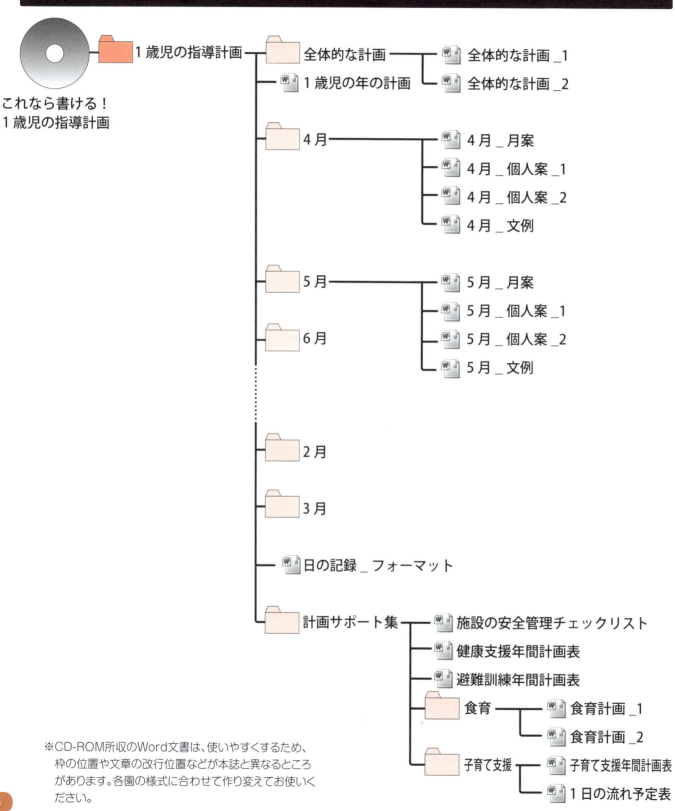

※CD-ROM所収のWord文書は、使いやすくするため、枠の位置や文章の改行位置などが本誌と異なるところがあります。各園の様式に合わせて作り変えてお使いください。

付属のCD-ROMのWordデータを使って
指導計画を作ろう

『Word』を使って、指導計画を作ってみましょう。付属のCD-ROMのWordデータはMicrosoft Office Word 2010で作成されています。ここでは、Windows 10上で、Microsoft Office Word 2010を使った操作手順を中心に紹介しています。

（動作環境についてはP.183を再度ご確認ください）
※掲載されている操作画面は、お使いの環境によって異なる場合があります。ご了承ください。

CONTENTS

- Ⅰ データを開く・保存・印刷する …………… P.186
  - **1** Wordのデータを開く / **2** データを保存・印刷する
- Ⅱ 文字を打ち換える ……………………………… P.187
  - **1** 文字を打ち換える / **2** 書体や大きさ、文字列の方向、行間、文字の配置を変える
- Ⅲ 枠を調整する …………………………………… P.189
  - **1** 枠を広げる・狭める / **2** 枠を増やす・減らす

基本操作

マウス

マウスは、ボタンが上にくるようにして、右手ひとさし指が左ボタン、中指が右ボタンの上にくるように軽く持ちます。手のひら全体で包み込むようにして、机の上を滑らせるように上下左右に動かします。

クリック カチッ

左ボタンを1回押します。ファイルやフォルダ、またはメニューを選択する場合などに使用します。

ダブルクリック カチカチッ

左ボタンをすばやく2回押す操作です。プログラムなどの起動や、ファイルやフォルダを開く場合に使用します。

右クリック カチッ

右ボタンを1回押す操作です。右クリックすると、操作可能なメニューが表示されます。

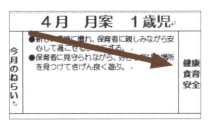

ドラッグ カチッ…ズー

左ボタンを押しながらマウスを動かし、移動先でボタンを離す一連の操作をいいます。文章を選択する場合などに使用します。

元に戻る・進む

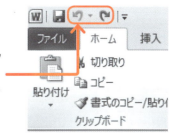

間違えたら ↶ をクリックすると元に戻り、やり直せます。↷ は、その逆です。

Ⅰ データを開く・保存・印刷する

使用するデータをCD-ROMから抜き出し、わかりやすいように名前を付けて保存します。使用する大きさに合わせて印刷サイズも変えることができます。

1 Wordのデータを開く

1. CD-ROMをパソコンにセットする
パソコンのCD-ROM（またはDVD）ドライブを開き、トレイにCD-ROMを入れます。

2. フォルダーを開く
自動的に「エクスプローラー」画面が表示され、CD-ROMの内容が表示されます。画面の右側にある「1歳児の指導計画」フォルダーをダブルクリックして開きます。

「DVD」ドライブ　　「エクスプローラー」ボタン
左記の画面は右下のボタンをクリックした状態です。

3. ファイルをデスクトップにコピーする
使用するWordファイルをデスクトップにドラッグします。

 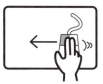

4. ファイルをダブルクリック

デスクトップにコピーしたWordファイルをダブルクリックしましょう。

4月_月案

5. Wordのデータを開く
「Word」が起動して、下の画面が現れます。

2 データを保存・印刷する

1. 「名前を付けて保存」する
「ファイル」タブ→「名前を付けて保存」をクリックし、現れた画面で保存先（「ドキュメント」など）を指定します。わかりやすい名前を付け、最後に「保存」をクリックします。保存したファイルを開くには、画面の左下にある「スタート」をクリック。項目の中から「ドキュメント」（データを保存した保存先）を選択します。

2. 印刷する
プリンターに用紙をセットし、「ファイル」タブ→「印刷」をクリックします。現れた画面で、設定をお使いのプリンターに合わせ、「印刷」をクリックします。
※CD-ROM所収のデータはすべて、A4サイズの設定になっています。適宜、用紙サイズの設定を変えて拡大縮小してお使いください。

※下記の画像が出てくるときは、「はい」をクリックします。

Ⅱ 文字を打ち換える

担当クラスのようすや、担当クラスの子どもたちに合わせて文字を打ち換えましょう。
書体や大きさなども変えるなどしてアレンジしてみてください。

1 文字を打ち換える

1. 変更したい文章を選択する

変更したい文章の最初の文字の前にカーソルを合わせてクリックし、ドラッグして変更したい文章の範囲を選択します。

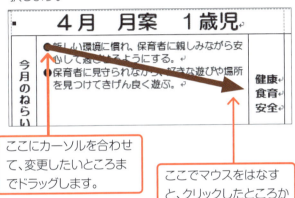

ここにカーソルを合わせて、変更したいところまでドラッグします。

ここでマウスをはなすと、クリックしたところから、ここまでの文章が選択されます。

選択された文字の背景の色が変わります。

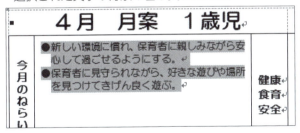

2. 新しい文章を打ち込む

そのまま新しい文章を打ち込みます。

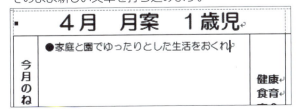

2 書体や大きさ、文字列の方向、行間、文字の配置を変える

1. 文章の「書体」や「大きさ」を変える

文章を好きな書体（フォント）に変えたり、大きさを変えたりして、読みやすくしてみましょう。

まず、「1 1.変更したい文章を選択する」の方法で、変更したい文章の範囲を選択します。

次に、リボン※の「ホーム」でフォント・フォントサイズの右側「▼」をクリックし、書体とサイズを選びます。

※Word 2007以降は「メニューバー」と呼称せず、「リボン」と名称変更されています。

フォント
フォント名が英語のものは、日本語を表示できません。使うことのできるフォントの種類は、お使いのパソコンにどんなフォントがインストールされているかによって異なります。

フォントサイズ
フォントサイズは、数字が大きくなるほどサイズが大きくなります。フォントサイズが8以下の場合は、手動で数値を入力します。

2. 文字列の方向を変更する

変更したい文章を選択し、【表ツール】の「レイアウト」タブの「配置」から希望の文字列の方向を選択します。

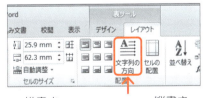

横書き　　縦書き

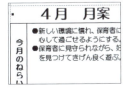

Ⅱ 文字を打ち換える

3. 「行間」を調整する

行間を変更したい文章の範囲を選択します。次に、「ホーム」タブの「段落」の右下の「⇲」をクリックすると、「段落」のメニューが表示されます。

「インデントと行間隔」を選んで「行間」の1行・2行・固定幅など希望の「行間」を選びます。
行間設定の種類により、「行間」を任意に設定できます。固定値を選んだ場合は、「間隔」のところに、あけたい行間の数字を打ち込みます。

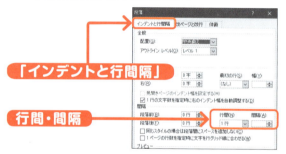

「インデントと行間隔」
行間・間隔

4. 文字の配置を調整する

枠の中の文字を枠の中央に表示させるには、【表ツール】の「レイアウト」の「配置」から「「両端揃え（中央）」を選びます。他にも「両端揃え（上）」「両端揃え（下）」などがあります。

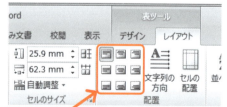

両端揃え（上）・両端揃え（中央）・両端揃え（下）

両端揃え（上）　両端揃え（中央）　両端揃え（下）

ヒント

「複写（コピー&ペースト）」、「移動（カット&ペースト）」の2つの操作をマスターすると、より簡単に文字の編集ができます。

複写（コピー&ペースト）

複写したい文章の範囲を選択し、「ホーム」の、「クリップボード」グループの「コピー」をクリックします。
キーボードの「Ctrl」キー+「C」キーを同時に押してもよい。

貼り付けたい文章の位置を選択して、カーソルを移動します。「ホーム」の「クリップボード」グループの「貼り付け」をクリックすると、文章が複写されます。
キーボードの「Ctrl」キー+「V」キーを同時に押してもよい。

※貼り付けた先と書体や大きさが違う場合は、P.187を参考に、調整しましょう。

移動（カット&ペースト）

移動したい文章の範囲を選択し、「ホーム」で、「クリップボード」グループの「切り取り」をクリックします。
キーボードの「Ctrl」キー+「X」キーを同時に押してもよい。

移動したい位置をクリックして、カーソルを移動します。「クリップボード」グループの「貼り付け」をクリックすると、文章が移動されます。
キーボードの「Ctrl」キー+「V」キーを同時に押してもよい。

Ⅲ 枠を調整する

枠を広げたり狭めたりして調整してみましょう。
自分で罫線を引いたり消したりすることもできます。

1 枠を広げる・狭める

適当に枠をずらすと、それぞれに応じて行の高さや列の幅も変わってきます。行の高さや列の幅を変えることで枠を広げたり狭めたりしてみましょう。

1. 表の枠を上下左右に広げる、狭める

画面上の枠にマウスを合わせ表示画面上で、カーソルを合わせると ╪ や ╫ が出ます。

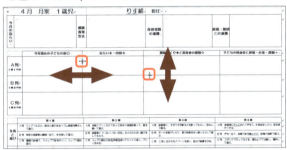

マウスをクリックしたまま上下左右に動かして変更します。このように、上下の高さ、左右の幅が変更できます。

※枠を広げたことで、次のページに及ぶときは、他の枠を狭めて調整してください。

ヒント

罫線をずらす時、近くの罫線とつながってしまうことがあります。その場合、表の形が崩れることがあります。

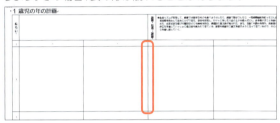

その時は、1度セルを分割(P.190のヒント参照)し、隣のセルと統合(P.190の1参照)させます。

この枠を分割させました。
(列数=2、行数=2)

上を結合させます。　　　　下を結合させます。

つながってしまった罫線の
上の部分を結合させます。　下の部分を結合させます。

そして、罫線をずらしていきます。

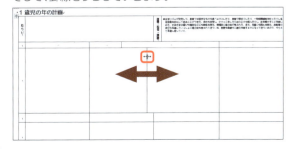

Ⅲ 枠を調整する

2 枠を増やす・減らす

表の中の枠を増やしたり減らしたりするときにはセルの結合・分割を使います。

1. 枠を結合して、枠の数を減らす

この3つの枠を1つに結合して、横枠（列）を1つにしてみましょう

まず、マウスで結合したい枠の範囲をクリックしてドラッグし、選択します。

キーボードの「DEL」（「Delete」）キーを押し、文字を消去します。枠は残り、文字が消えた状態になります。

※「Back space」キーを使うと、セルまで消えてしまうので注意しましょう。

次に、再び結合したい枠の範囲を選択し、【表ツール】の「レイアウト」の「結合」から「セルの結合」をクリックします。

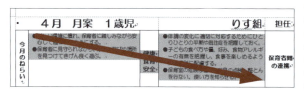

下のように、横枠（列）の数が1つに減りました！

ヒント
打ち間違えたり、表の形が崩れたりした場合、元に戻して、再度やり直してください。

ここをクリックすると、1つ前の操作に戻ります。

ヒント
枠を分割して、枠の数を増やすこともできます。

この枠を横に3分割して、横枠（列）を3つに（縦枠（行）は1つのまま）してみましょう

まず、マウスで分割したい枠をクリックして、【表ツール】の「レイアウト」の「結合」から「セルの分割」をクリックします。

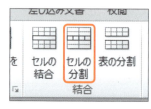

「列数」を「3」、「行数」を「1」と入力し、「OK」をクリックします。

下のように、横枠（列）の数が3つに増えました！

この結合、分割を使って、作りたい指導計画の様式になるように、枠組をどんどん変えていきましょう！

2. 枠の結合・分割で枠の数を変更する

この枠の数を変えてみましょう

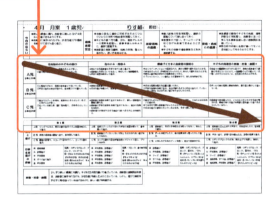

まずは、P.190の1.と同様の方法で、マウスで変えたい枠の中の文字を選択し、「DEL」（「Delete」）キーで文字を消去します。

続いて、P.190の1.と同様の方法で、マウスで結合したい枠の範囲をクリックして選択し、セルを結合します。

結合されました。

次に、P.190のヒントと同様に分割したい枠をクリックして、【表ツール】の「レイアウト」の「結合」から「セルの分割」をクリックし、横枠と縦枠の数を入力して分割します（ここでは、「列数」を「4」、「行数」を「2」とします）。

枠を作り変えられたら、P.189「枠を広げる・狭める」の方法で枠の幅を変えていきましょう。

【監修・編著者】
川原　佐公（かわはら　さく）
元・大阪府立大学教授
元・桜花学園大学大学院教授

【執筆協力者】
田中 三千穂（奈良・ふたば保育園園長）

【原案】
奈良・ふたば保育園

※所属、本書掲載の資料は、執筆当時のものです。

STAFF
本文イラスト：石川元子・北村友紀・町田里美・Meriko・みやれいこ
本文デザイン：太田吉子
企画編集：安部鷹彦・山田聖子・北山文雄
校正：堀田浩之（飯田女子短期大学）
CD-ROM制作：NISSHA株式会社

※本書は、『これなら書ける！　1歳児の指導計画（2016年3月、ひかりのくに・刊）』を、2018年3月施行の保育所保育指針、幼保連携型認定こども園教育・保育要領の内容に沿って、加筆・修正したものです。

▼ダウンロードはこちら

CD-ROM収録のデータは、URL・QRコードより本書のページへとお進みいただけますと、ダウンロードできます。

https://www.merupao.jp/front/category/K/1/

※ダウンロードの際は、会員登録が必要です。

改訂版 これなら書ける！
1歳児の指導計画

2019年2月　初版発行
2024年12月　第10版発行
監修・編著者　川原佐公
執筆協力者　田中 三千穂
発行人　岡本 功
発行所　ひかりのくに株式会社
　〒543-0001　大阪市天王寺区上本町3-2-14
　TEL06-6768-1155　郵便振替00920-2-118855
　〒175-0082　東京都板橋区高島平6-1-1
　TEL03-3979-3112　郵便振替00150-0-30666
　ホームページアドレス　https://www.hikarinokuni.co.jp
印刷所　NISSHA株式会社

©2019 Saku Kawahara　　　　　　　　Printed in Japan
乱丁、落丁はお取り替えいたします。　ISBN978-4-564-60924-4
　　　　　　　　　　　　　　　　　NDC376　192P　26×21cm

本書のコピー、スキャン、デジタル化等の無断複製は著作権法上での例外を除き禁じられています。本書を代行業者等の第三者に依頼してスキャンやデジタル化することは、たとえ個人や家庭内の利用であっても著作権法上認められておりません。